王充闾人物系列

说帝王

王充闾 著

中国青年出版社

（京）新登字083号

图书在版编目（CIP）数据
说帝王/王充闾著. —北京：中国青年出版社，2012.6
（王充闾人物系列）
ISBN 978-7-5153-0721-3

Ⅰ.①说…　Ⅱ.①王…　Ⅲ.①帝王-生平事迹-中国-古代
Ⅳ.①K827=2

中国版本图书馆CIP数据核字（2012）第081551号

责任编辑　李　磊
装帧设计　瞿中华

出版发行　中国青年出版社
社　　址　北京东四十二条21号　邮政编码：100708
网　　址　www. cyp. com. cn
门 市 部　(010)57350370
编 辑 部　(010)57350401
印　　刷　三河市君旺印装厂
经　　销　新华书店
规　　格　700×1000　1/16
印　　张　18.625印张
字　　数　215千字
版　　次　2012年9月北京第1版
印　　次　2012年9月河北第1次印刷
印　　数　1-8000册
定　　价　30.00 元

出版说明

王充闾先生是我国当代散文作家，诗人。他的文章清朗，隽雅，文采斑斓，意蕴深邃，多有新知新见，体现出对文学、历史和哲学的深厚学养以及特有的诗性之美。

王充闾写人物的系列散文尤有特色。“王充闾人物系列”收录了作者不同时期的作品，具体包括《说帝王》、《读文人》和《话女性》三种。《说帝王》从哲学高度纵穿整个历史时代，透视封建王朝递遭更迭的无奈，探索其中耐人寻味的悖论与可悲。《读文人》书写文人的斑斓诗情和他们传奇般波折的身世，并对他们的命运进行透彻多维的思辨性分析。《话女性》从母爱、情爱、友爱、奉献精神、才华、勇气和气质等方面，展现从古至今的女性的种种美质。

本系列的出版，将为广大青年读者认识历史和文化，提供一条有效并且有益的路径。

中国青年出版社

2012 年 8 月

目录

序　言

一个时期以来，国内文艺界、影视界与学术界，正翻涌着一场空前规模的“说史”热浪，就中尤以封建帝王最为红火，风潮所及，滔滔滚滚，无远弗届。

其所以如此，固然和我国有着特别发达的史学传统有关；又兼历史人物具有一种“原型属性”，本身就蕴含着诸多魅力，作为客体对象（例如秦始皇、明太祖、康熙帝），他们具有一般虚构人物所没有的知名度，而且经过时间的反复淘洗，头上往往罩着诡秘、神奇的光环；特别是作为历史活动中的特殊人群，封建帝王有着至高无上的社会地位，予取予夺的政治威权，血火交迸、激烈争夺的严酷环境——那个“犹如火宅，众苦充满，甚可怖畏”的龙墩宝座，往往造成灵魂扭曲、性格变态、心理畸形以及可悲的下场，这就更能唤起人们的注意；而且，历史题材比现实题材更具有多义性、不确定性和更多的“空白”，因而具备一种文体的张力，从而获得一些作家、艺术家、学者的青睐。

而大量层次较高的读者，面对全球化的语境，加上西方现代主义人文科学的影响，主体意识、探索意识、批判意识大大增强，审美趣味发生变化，不再满足于一般性的消遣、娱乐，而是期待通过文学阅读增长生命智慧，深入一步解悟人生；另一方面，处于社会转型期，现实生活中越来越多的人产生现代性的焦虑与深沉的失落感，他们也希望从历史的神秘中寻求可以称为永恒的东西。举凡有关人性的拷问、命运的思考、生存的焦虑以及生命的悲剧意义的探寻，就是说，触及哲学层面的内涵，尤其受到关注。

本书的创意，也正是想要通过具有历史逻辑性的文本，再现封建王朝、宫廷内部耐人寻味、发人深思的“旧时月色”。较之一般的历史书籍，更多地彰显作者的主体意识、思辨意识——对中国封建帝王的个性、命运、人性弱点、艰难处境等进行深度剖析。

书中涉及数千年王朝兴废史中的诸多问题，像王朝继统、王位的禅让与攘夺、北方民族入主中原后的汉化、人性（道德）与事功的悖反、个性与命运、道统与皇统，以及文字狱、宦祸、藩镇割据、后妃干政，等等；还有兴勃亡忽、鼠尾龙头、欲望杀身、“种了龙种，收获跳蚤”、“成也萧何，败也萧何”、“君以此始，必以此终”等蕴涵奇诡的政治、社会、文化现象，都力图在这区区一束文稿中有所展现。就这一点来看，内蕴还是相当丰厚的。

说到写作的特点，首先，我时刻记怀着歌德对曼佐尼的批评：“如果诗人只是复述历史家的记载，那还要诗人干什么呢？诗人必须比历史家走得更远些，写得更好些。”针对近年来影视剧中和讲坛上充斥着美化皇帝、狂热歌颂封建独裁者的倾向，我在这部文稿中，通过反讽、揶揄、置疑等解构手法，以渗透着鲜明的主体意识的偶然性、非理性的吊诡、悖论，对那些所谓圣帝贤王进行艺术的消解。其中一个共同的核心，就是对于人性纠葛、人生困境、命运抉择的关注。由于人性纠葛、人生困境、命运抉择是古今相通的，因而能够跨越时空的限隔，给当代人以警示和启迪。而这种对人性、人生问题的思索，固然是植根于作者审美的趣味与偏好，实际上也是一种精神类型、人生道路、个性气质的现代性的判断与选择。

再者，历史中的人与事，已经渐行渐远，踪迹杳然，原本立体的、多维的历史进程，当后人把它诉诸文字时，统统成为直线、平面、单维的书页，而且必然要经过太多的选择与过滤。这本身就带来了很大的难度；而作为一个散文作家，又不满足于一般性的史实叙述，还期望它成为一部特色鲜明的文学作品，也就是通过灌注情感和意蕴的文学形象来建构整体性的人的生活世界。这就提出了更高的要求。如果总结、归纳本书的特点，那么，这也可以算做一条吧。

王充闾

2012 年春

秦始皇：

欲望的神话

在整个生命途程中，他被欲望的神话折磨得昏头涨脑，颠倒迷离。每一步，都试图挑战无限，冲破无限，超越无限，却又无时无刻不在向着有限回归，向着有限缴械投降。

一

西哲有言，人在根本上看，不过是活脱脱的一团欲望和需要的凝聚体。还说，人类现有的文明，是建立在人类自身进取的本性和欲望的扩张之上的。就是说，生而有欲，原是人之本性；这种本性的升华——欲望的扩张，促进了人类文明的发展，社会的进步。看来，不加分析地、一概地否定欲望与需求，既不符合人性自身的实际，更有悖于几千年来人类文明发展的规律。不过，任何事物，都有一个限度。度，规定了事物的本质，也决定着发展的方向。欲求，自然也不例外。

人的生命有涯而欲求无涯，以有涯追逐无涯，岂不危乎殆哉？遗憾的是，这个道理世人皆知，并且无不认同；然而，举世却少有自觉抑制欲求而知止足者。这就叫矛盾，就叫悖论。

鲁迅先生说过：

> 中国人有一种矛盾思想，即是：要子孙生存，而自己也想活得很长久，永远不死；及至知道没法可想，非死不可了，却希望自己的尸身永远不腐烂。

我以为，号称“千古一帝”的秦王嬴政，就是这种“中国人”的一个典型代表。

秦始皇的欲望真是多极了，大极了：既要征服天下，富有四海，又要千秋万世把嬴秦氏的“家天下”传承下去；既要一辈子安富尊荣，尽享人间的快乐，又要长生不老，永远不同死神打交道；即便是死，也要尸身不朽，威灵永在，在阴曹地府继续施行着他的统治。难为他，想象力竟然如此发达，制造出了一个举世无与伦比的欲望的神话。

宋代诗人陆游有一句非常形象而又意味深长的诗：“利欲驱人万火牛”。说是在欲望的驱使下，人就像有万条“火牛”在屁股后面顶撞着，疯狂地奔逐，拼命地追赶，什么饥寒劳累，崎岖险阻，哪怕是头破流血，甚至于拼上一条命，也全不在乎。

“火牛”是古代的一种军事进攻方法。战国时期，齐将田单曾用“火牛阵”大破燕军。当时，他集中了一千多头牛，每个牛角上缚以利刃，又把灌上膏油的麻、苇等易燃物紧束于牛尾。日落黄昏之时，田单聚集五千壮卒，以五色涂面，各执利器跟随牛后。然后，将牛群驱向燕军营中，点燃起牛尾上浸油的扫把。尾部被火烧痛，牛群激烈奔逐，角刃所触，非死即伤，燕军自相践踏，惨遭败绩。

用陆老诗翁说的这种情境来状写秦王狂妄无度、无极无止的欲望，可说是恰中肯綮。

秦王嬴政首要的欲望是征服四海，统一天下。这盘棋下得很漂亮。从公元前230年扑灭韩国，到公元前221年吞并强齐，十年时间，采用“远交近攻”的战略，把割据称雄的六国群雄一个个吃掉，最后，建立起中国历史上第一个大一统的封建王朝。

他自认已经德侔“三皇”、功迈“五帝”，遂设想将这两种称号兼备于一身，而称为“皇帝”，并在前面冠上一个“始”字。“始”者，开山鼻祖之谓也。一则，说他是中国皇帝之首创；二则，意味着嬴秦氏的“家天下”，万世鸿猷肇基于此。于是，颁布命令说：“朕为始皇帝，后世以计数，二世、三世至于万世，传之无穷。”

要实现这一至高无上的终极目标，就必须彻底消灭一切可能危及其专制统治的政治势力。为此，他对外连年频繁用兵，调遣数十万大军，三次征伐岭南，占领包括现今两广地区及越南北部的“百越之地”，无限度地扩张疆土。如同西汉文章大家贾谊在《过秦论》中所形容的：“振长策而御宇内，吞二周而亡诸侯，履至尊而制六合，执捶拊以鞭笞天下，威振四海。”

他听信了装神弄鬼的方士关于“亡秦者，胡也”的进言，以为防备匈奴的侵扰是当务之急，遂派遣大将蒙恬率领三十万军队，北出朔漠，追击匈奴七百余里，收复被占领的一切失地；并把昔日秦、赵、燕各国所筑长城加以修缮，连接成西起甘肃临洮、东至辽东边陲的万里长城。建立起一个疆域空前广阔的东到东海以及朝鲜，西至临洮、羌中，南到日南郡北户，北方据守黄河以为关塞，依傍着阴山，一直到辽东的以汉族为主体的多民族的封建大帝国。

为了加强中央集权，秦始皇否定了丞相王绾提出的恢复分封制的主张，实行郡县制，分天下为三十六郡。郡置郡守，县置县令，中央设立“三公九卿”，协助皇帝处理政治、军事、经济等事务。这一政治体制，加强了皇帝对政权的有效控制，开创了帝权独揽的封建专制主义的先河。

与此同时，为了防止敌对势力的滋生，他还下令堕毁各地的城池，屠戮天下豪杰之士，收缴全国各地的兵器，把它们聚集在咸阳，统一销毁，熔铸成乐器和十二座铜人，借以消除各种潜在的反抗力量。为了便于朝廷控制，还把关东六国的贵族、豪富十二万户，统一迁徙到秦都咸阳附近，随时侦察他们的动静。并以咸阳为中心，修筑了两条驰道：一条东通海边，一条南入吴楚，以便哪个地方一旦发现叛乱动向与苗头，即能迅速调动军队前去弹压。

他采纳了丞相李斯的主张，下令除医药、卜筮、种植之书和秦国史书外，其他书籍一律烧毁。对于相聚讨论诗书者，在市上处死；推崇古代、诽谤当世者，诛杀全族；知情而不检举者，以同罪论。一年过后，由于发生了议论皇帝“天性刚戾、以刑杀为威”的方士相率叛逃的事件，始皇帝遂迁怒于儒生，以“或为妖言以乱黔首”的罪名，活埋了四百六十多人，制造了历史上首例“焚书坑儒”事件。

这样，就更加激起了人们的反抗。谤议丛生，谶言风起。有人在流星陨石上写下了“始皇帝死而地分”的话。他遂派遣御史逐户审问、搜查，弄不清楚来由，便把住在陨石附近的所有居民，统统抓起来杀掉。紧接着，又有使者报称，有人散布“今年祖龙死”的言论，这进一步加剧了他求生畏死、希冀长生的欲望。

二

其实，期望也好，欲求也好，终归只是一厢情愿，能否付诸实现，并不是个人的主观意志所能主宰的。况且，从根本上说，欲望即是痛苦。纵使某种欲望有幸得以达成，也会迅即进入一种饱和状态，随之惬意的快感也就失去。因为占有的结果，即意味着它的刺激能量的消逝。于是，欲望、需求之火，便会以新的形态重新燃起，否则，寂寞、空虚、无聊，就会迎面袭来。燃烧，熄灭，失落，再燃烧，一辈子陷在这种循环圈里不能自拔。像德国人生哲学家叔本华所说的，“举凡人生，皆消耗殆尽于欲望和达到欲望这两者之间”。

秦始皇就正是这样。

他既平六国，“凡平生志欲无不遂，唯不可必得志者，寿耳”（清人丘琼山《纲鉴合编》）。于是，“生在地上想上天，做了皇帝想成仙”，便成了秦始皇的终极追求。他不相信“死生有命，富贵在天”的宿命论，决意冲破人生百岁的寿命大限，实现长生不老，纵令做不到“王母桃花千遍开”（三千年开一次），起码也要像传说中的彭祖那样，活上个千八百岁。

一些方士遂投其所好，编织神仙下凡的神话，声称海上有仙人仙药，结缘仙人、服食仙药，便可永远健康，长生不死。为此，始皇帝便四出巡行，访药求仙。

他先是仿效黄帝，出巡陇西、北地，登上了鸡头山；向往着周穆王，要像他那样，驾八骏之车，访求神仙，会西王母于瑶池之上。尔后，又率领大队人马前往东方的渤海巡游。他站在芝罘岛上，纵目观览，但见云海迷茫中，隐现着山川人物、殿阁楼台，不禁心驰神往。方士们为了迎合其渴望长生的心理，将这种“海市蜃楼”景象说成是人间仙境。齐地的方士徐福更是趁便上书，侈谈海上有蓬莱、方丈、瀛洲三座仙山，上面住着神仙，有长生不老之术，请求皇帝准许他斋戒沐浴之后，带领童男童女入海求仙。秦始皇全部信以为真，迅速组织大批童男、童女，跟随徐福乘船出海，觅求长生不老之术。

不久，徐福回来诉说，海神已经见到，但嫌礼数不周，品物单薄，拒绝赐予仙药。对于这种明眼人一听就能识破的谎言，欲令智昏的始皇帝却深信不疑，赶忙增派童男童女三千人，以及大量工匠、技师，还带上了各种谷物的种子，统统交给徐福，让他再度率船出海。为着尽早听到“福音”，始皇帝便在东海之滨静候了三个月，最后也不见徐福的踪影，才怅然返驾回銮。

紧接着，又开始了第三次出巡，首途辽西，沿渤海湾前行，抵达碣石山。他指派燕地的方士卢生，去寻访羡门、高誓这两个据说成仙得道、长生不老的仙人，还派遣韩终、侯公、石生等人，继续蹈海穿波，寻求长生不老之药，自然最终都一无所获。后来，卢生终于传递来信息：寻找灵芝奇药和神仙、法术，之所以总是不能奏效，是由于途中有“异类”作祟，妄图伤害皇帝和求仙者。

为此，他们建议，需要改变以往的做法。皇帝应该秘密进出，行踪与驻地不能让任何人知道，以躲避恶鬼的袭击。这样，那些沉水不会濡湿、入火不会烫伤，驾着云气在天空里游行，寿命和天地一样长久的“真人”，才会悄然降临。于是，始皇帝下令在咸阳广建宫观楼阁，并以天桥、复道相连，以便皇帝秘密巡行其中，住所、行踪绝对保密，有不慎泄漏者立即处死。

第五次出巡，再次来到山东琅琊。始皇帝一直惦记着徐福入海求仙的事情，刚一到达，便传唤他前来复命。徐福担心会因为一无所获而遭致重谴，遂“死马当做活马医”，大胆地编造出更为离奇的事由：“蓬莱仙岛的神药是可以拿到的，只是航行中常常受到大鲨鱼的袭击，因此，普通船只无法到达。希望皇帝能够派些技术高强的弓箭手，和求仙者一同前往，发现了大鲨鱼，就用强弓劲弩把它射死。”

始皇帝求仙心切，当即吩咐有关人员带上捕杀鲨鱼的武器，他自己也准备了强弓劲弩，一路上监视着鲨鱼的动静。海船由琅琊北面起程，一直航行到荣成山，也没有见到鲨鱼的踪影，后来船到芝罘，大鲨鱼终于露面了，在万弩齐发之下，流血气绝。始皇帝很高兴，认为此后尽可以安心求仙采药了，无须再费周折，便又命令徐福率船出行。只是，他自己已经等不及了，不久就命断沙丘（在今河北平乡境内）。徐福则乐得自在逍遥，连同载着数千名童男童女的楼船，向着烟水茫茫飘然而去，不知所终了。

面对冀求长生、逃避死亡这一永远无法解决的课题，人类耗尽了精神、气力，历经无数艰难曲折，甚至付出了不知几许的生命代价，最后，所有的努力全部告吹。秦始皇死后一百余年，汉武帝紧步他的后尘，为实现长生不老，同样做了大量的“无效功”；唐代自太宗起，宪宗、穆宗、武宗、宣宗，五代君王“接力赛”一般，竞相寻求长生之术，均以失败告终；而最可悲的却是“一代天骄成吉思汗”，他西征归来，曾踌躇满志地说：“直到如今，我还没有遇到一个不能击败的敌手。我现在，只希望征服死亡。”但是，这话出口不久，他便在清水县行营“一命呜呼”了。

始皇死后，丞相李斯为防止出现变故，遂秘不发丧，将棺材放入辒凉车中，派亲信的宦者驾车，每到一处照常送饭，接受朝臣奏章。当时恰值炎热天气，车上发出了尸臭，只好将鲍鱼装上去，以乱人嗅觉。唐代诗人李贺讽刺妄冀长生的诗句："刘彻（汉武帝）茂陵多滞骨，嬴政梓棺费鲍鱼"，正是抓住了这一点。

三

始皇帝笃信"君权神授"和"万物有灵"的观念，认为天地神灵的喜怒哀乐，能够决定人世间的兴衰成败、祸福休咎，因此，不惜耗费巨大的人力财力，率领浩浩荡荡的巡行队伍，举行封禅泰山、祭告天神等活动。客观上的效应，是借此勒碑刻铭，歌功颂德，传之久远；又可以振武宣威，慑服天下。

史书上说，当日始皇帝御驾出巡，正在咸阳从事徭役的泗水亭长刘邦，目睹了皇家盛大的车马仪仗队，精锐的步骑警卫军，遥遥地仰望着始皇帝渐去渐远的身影，仿佛瞻仰着金光灿烂的太阳，含光受彩之余，身心受到了强烈的震撼，当即色迷迷地说"呜呼！大丈夫当如是也"，艳羡之情溢于言表。而"力拔山兮气盖世"的豪强项羽，竟脱口而出："彼可取而代也。"反正在强权、威势面前，他们谁也不是无动于衷。这从侧面验证了始皇帝耀武宣威、显扬功业的成效。

同炫耀、显示、骄狂一样，穷极奢侈、尽情享乐也是一种人生欲望。据《淮南子·人间训》记载：为了获取越地的犀牛角、象牙和翡翠、珠玑，始皇帝派遣将军尉屠睢调发五十万士卒，分成五路大军，分别扼守镡城山岭、九嶷要塞、番禺城中、南野境内、余干水边。各路人马，三年之中没有解甲弛弓。斑白羸弱的百姓都得在大道上拉车服役，运送给养；官吏们则拿上畚箕在路口搜刮民财。致使各地男子不能在田里耕种，妇女不能在家中纺线织麻，病人得不到医治，死人得不到掩埋。

始皇帝以为咸阳人多，而先王的宫廷狭小，便在渭河南岸的上林苑中营造朝宫，经营壮丽的宫殿。其中前殿阿房，东西五百步，南北五十丈，殿中可以容纳万人，殿下能够竖立五丈之旗。从雍门向东一直到泾水、渭水交汇之处，八百里范围内，离宫别馆林立。又架木为桥，搭成立交桥式的“复道”，四围楼阁宫观彼此相连，把从各诸侯国掳来的美女、钟鼓填置其间。

现如今，宫殿早已化为尘土，但是，唐人杜牧的名篇《阿房宫赋》还在，千载之后读来，还觉宛然如见：

> 明星荧荧，开妆镜也；绿云扰扰，梳晓鬟也；渭流涨腻，弃脂水也；烟斜雾横，焚椒兰也；雷霆乍惊，宫车过也；辘辘远听，杳不知其所之也。一肌一容，尽态极妍，缦立远视，而望幸焉。有不得见者，三十六年。

虽然出于文人丰富的想象力，就中难免有虚饰夸张之处，但是，作为一个纵欲主义者，秦始皇的穷奢极欲，恣意享乐的情形，却表现得淋漓尽致。

刘向在《说苑·反质》中道：（秦始皇）“又兴骊山之役，锢三泉之底，关中离宫三百所，关外四百所，皆有钟盘帷帐，妇女倡优”，共达“数巨万人，钟鼓之乐，流漫无穷”。未兼并天下前，始皇帝的周围已经有不少郑、卫的声色和“随俗雅化、佳冶窈窕”的赵女；灭六国后，更是大量罗致各国诸侯的美人。他死后，后宫许多美女“非有子者”“皆令从死，死者甚众”。

这种骄奢淫逸、纵欲无度的直接后果，是加速了他的“向死”的进程，与冀求长生恰成相反的对照；当然，同时也撒播了众多的种子，经学者考证，始皇帝的子女达三十三人，二世胡亥为第十八子。

始皇帝的欲望在无限度地扩张，又在一重重地幻灭。

先是期待着煌煌帝业千秋万世绵延不绝，因而，下力打造一个固若金汤的千年王国。后来觉得，既然自己是德配“三皇”、功侔“五帝”的不世出的伟人，那就应该像神仙那样，摆脱“生命有期”的限制，于是，求仙拜神，乞求长生不老之药。待到觉察这一欲望轻易难以实现时，便大作死后的文章，奉行中国自古以来“侍死如侍生”的礼制，坚信死后还会有一个幽冥的世界，可以把生前的一切统统带到地下，这样，在阴世间的生活，就会同活着时一样。于是，动用了七十多万民夫，为自己精心营造陵墓——一个规模庞大、形制复杂的地下王国。

始皇陵占地六十多平方公里，周长两千一百多米，高达一百二十米。经过两千多年的人为破坏与风雨剥蚀，至今仍有六十五米高。墓内构思奇特，极具匠心，设计完全仿照都城咸阳模式。内外两重城垣，呈南北狭长的“回”字形。咸阳皇宫所在的小城，位于大城之西；供他死后灵魂起居的寝宫，也建在小城内，同样处于陵墓西部。墓中修建了各种宫殿，厘定百官的位次，并贮藏无数珍稀贵重的宝物。里面砌筑“纹石”，堵塞了地下泉水，四周厚涂丹漆，以防止潮湿。还用水银作成百川四渎，环绕其间，以机械转动，川流不息。

民间广泛流传，秦陵地宫内有水银所制的五湖四海，始皇帝躺在纯金打就的棺材里，游荡在水银液汇成的江河之上，如同生前四出巡幸一般。穹顶上，有日月星辰，状如天体，下面做成山川地理形状，取人鱼脂肪作成蜡烛，经久燃烧不熄。为了防止日后被人盗发，陵寝中遍置能够自动发射的弩机暗箭。

近年，还在地宫中发现了百戏俑坑，无疑为冥间的娱乐场所；而内城、外城之间的珍禽异兽坑，就好比上林苑囿，为“死皇帝”射猎、奔逐的所在。真是应有尽有，匪夷所思。

在墓葬配房中，配置了成组的车马，其中一驾铜马车，由驷马安车和驷马高车两乘銮舆组成。驭手和驾车的骏马，形象生动逼真，栩栩如生。在另一处陪葬坑中，还摆满了数以万计的石质盔甲，这是地下军团的后勤装备库。而最引人注目的，是皇陵三公里外，东门大道北侧的三个陶制兵马俑坑，上万名步、骑、车兵武士，环卫其中，再现了秦帝国当年威武强大的军容。

这支始皇帝的警卫部队、阴间皇城的守护者，代表了人间欲望的巅峰，也标志着两千年前世界塑造史上的极致。兵员全部面向东方，作随时准备出击状。在始皇帝的想象中，如果六国贵族在阴间发动叛乱，连横反抗秦国，这些军队将全部调动起来，进行殊死决战。可见，即便到了阴曹地府，他也要一统冥界，成为名副其实的地下霸主。

四

说到秦始皇的欲望重重，有人认为，这和他出生于赵国的都城邯郸有关——不是有一句“邯郸道上，欲望无穷”的谚语吗？不过，“邯郸梦”导源于唐人的《枕中记》，却是始皇帝身后千年的作品，可见，其间并没有什么瓜葛。

倒可能是遗传因子起了作用。始皇帝的生身父亲、阳翟大贾吕不韦，不满足于贩贱卖贵，家累千金，却要苦心孤诣，在政治上干起“奇货可居”的投机生意，终于成功地实现了谋嫡夺国的如意算盘。《战国策》载：

(吕不韦)谓父曰："耕田之利几倍?"

(父)曰："十倍。"

(吕问：)"珠玉之赢几倍?"

(父)曰："百倍。"

(吕问：)"立国家之主赢利几倍?"

(父)曰："无数。"

(吕)曰："今力田疾作，不得暖衣余食，而建国立君，泽可以遗世，愿往事之。"

一种欲望实现后，竟然无法计利，甚至"泽可以遗世"，岂不"猗欤盛哉"!

贾谊用"怀贪鄙之心，行自奋之智"十个字，概括秦始皇的人生轨迹。这种人一朝得志，便会忘乎所以，无限扩张。而这，也正是体现了所有那些雄心勃勃的封建君王所共有的贪得无厌的社会性。像后世的汉武帝刘彻、元太祖成吉思汗、明太祖朱元璋，都属于这种类型。

当然，始皇帝的残暴与贪婪，又并非一般的"统治阶级本性"足以囊括的，这就关涉到他的个性、品格问题。欲望，是人生的一种真实而自然的存在，又是人的本质的实际展现。由于人的个性的差别，每一个人欲望的指向与欲望的强弱都判然有别。秦始皇这个"千古一帝"，个性是非常鲜明的，一曰贪婪无度；二曰冷酷无情。他是典型的唯我主义者，具有物质追求与权力攫取的强烈意志。他习惯于把自我摆在同社会对立的位置上，在他的视野中，没有"他人"，没有"社会"，只有自我。

方士侯生和卢生认为，始皇帝的为人，天生脾气刚强暴戾，自以为是，从诸侯出身到兼并天下，凡事称心如意，任意而为，因此，自以为从古到今没有人能超过自己。与嬴政有过广泛接触的谋士尉缭，曾私下里议论说，始皇帝鼻如黄蜂，胸同鸷鸟，声似豺狼，这种人刻薄寡恩，以虎狼为心，困难的时候可以对人谦卑，得志的时候便会轻易地吞噬他人。如果真的让他得志于天下，天下人便都会成了他的俘虏。

在遗传基因、阶级本性、个人品格这些重要因素之外，始皇帝还有其特殊的一层，就是他所由成长的环境——秦人的文化基因、价值取向，也大大助长了他的贪婪、残暴，好大喜功。

从文化学的角度看，一个民族的文化包括很多层次，物质的、制度的、风俗习惯的，等等，而根植于最深层的则是价值观念。已故历史学家林剑鸣教授指出，在秦人的价值评断中，并没有给道德伦理留下位置，而完全是以世俗的功利为标准，人们关心的是生产、作战等与日常生活密切相关的利害。正因为如此，追求“大”和“多”就成为秦人的时尚，审美观的重要标准，也成为秦文化的重要特征。

就目前已发现的秦人遗迹、遗物看，抛开其内容不论，单从形式上就很容易看出，它具有“大”而“多”的普遍特征。这种唯“大”尚“多”的价值观，反映在政治上，就是统治者对权力和国土的不断增长的追求欲望。

秦统一之前，整个战国时代四百余年，中国社会出现了法家化的过程，其中又以秦为最甚。权力中心主义、军事至上、强者政治、经济垄断、信赏必罚，这些为法家所崇尚的内容，在秦国都有相当深广的影响。商鞅变法之后，秦国历史的主要内容，就是向外扩展领土，一直到公元前221年最后统一中国。秦的统一，实际是法家的成功。统一之后的秦王朝统治者，并没有停止对外开拓，继续北伐匈奴，南戍五岭，又派人至海外去寻觅“仙山”，这都反映了秦人权力至上、欲望无穷的价值观。在这些方面，始皇帝既是影响的接受者，更是直接的参与者、推进者。

五

应该说，秦始皇的一生，是飞扬跋扈的一生，自我膨胀的一生，也是奔波、困苦、忧思、烦恼的一生；是充满希望的一生，壮丽、饱满的一生，也是遍布着人生缺憾，步步逼近失望以至绝望的一生。他的“人生角斗场”，犹如一片光怪陆离的海洋，金光四溅，浪花朵朵，到处都是奇观，都是诱惑，却又暗礁密布，怒涛翻滚；看似不断地网取“胜利”，实际上，正在一步步地向着船毁人亡、葬身海底的结局逼近。“活无常”在身后不时地吐着舌头，准备伺机把他领走。

按说，号称“千古一帝”的秦王嬴政，原本是一位了不起的历史人物。他以雄才大略，奋扫六合，统一天下，结束了西周末年以来诸侯长期纷争的局面，建立了中国历史上第一个统一的中央集权的封建国家。“百代都行秦政制”，其非凡的功绩，在中国历代帝王中，都是数得着的。可是，无尽的欲望、狂妄的野心，竟弄得他云山雾罩，颠倒迷离，欲望的神话把他折磨得昏头涨脑，结果干下了许许多多堪笑又堪怜的蠢事，成为饱受后世讥评的可悲角色。

历史老人很会同雄心勃勃的始皇帝开玩笑：你不是期望万世一系吗？偏偏让你二世而亡；你不是幻想长生不老吗？最后只拨

给你四十九年寿算，连半个世纪还不到。北筑长城万里，防备强胡入侵，结果是中原大地上两个耕夫揭竿而起；焚书坑儒，防备读书人造反，而亡秦者却是不读书的刘、项。一切都事与愿违，大谬而不然。

他的一生是悲剧性的。在整个生命途程中，每一步，他都试图着挑战无限，冲破无限，超越无限，却又无时无刻不在向着有限回归，向着有限缴械投降，最后恨恨地辞别人世。“但见三泉下，金棺葬寒灰”。（李白诗句）这是历史的无情，也是人生的无奈。

不仅此也。人常说：“一死无大难”，“死者已矣”。他却是，死犹有难，死而未已。盖棺之后两千多年，他从来也没有安静过，消停过。“非秦”与“颂秦”竟然成了一对“欢喜冤家”，时不时地就露头一次；而他，只不过是用来说事的由头，经常以政治需要为转移。当然，完全坐实到他身上的，也所在多有——他的一生中几乎所有的重大行为，都没有逃过史家的讥评和文人的骂笔。

——讥刺他不恤民力，修筑长城者，占了很大篇幅。

唐代诗人陈陶就其导致田园荒芜、民不堪命的恶果，进行直接的控诉：

> 秦家无庙略，遮虏续长城。
> 万姓陇头死，中原荆棘生。

还有人从心劳日拙、枉费心机方面加以讥刺。唐人胡曾指出：

祖舜宗尧自太平，秦皇何事苦苍生。
不知祸起萧墙内，虚筑防胡万里城。

宋人张孝祥在诗中说：北筑长城也好，南修象郡坚城也好，都丝毫不起作用，这些精心设防的地方，偏偏烟尘未起，平静得很；而完全没有料到、始未及防的中原大泽乡里，却有两个耕夫（陈胜、吴广）揭竿而起。

堑山堙谷北防胡，南筑坚城更远图。
桂海冰天尘不动，那知垅上两耕夫！

——“焚书坑儒”遭到了历代诗人的无情鞭挞。

晚唐的章碣路过骊山附近的焚书坑时，写诗指出：秦始皇以为烧掉了诗书就可以消灾去祸，从此天下太平，结果适得其反，很快秦王朝就陷入了风雨飘摇的地步。

竹帛烟销帝业虚，关河空锁祖龙居。
坑灰未冷山东乱，刘项原来不读书。

清人陆士云的诗：

儒冠儒服委丘墟，文采风流化土苴。
尚有陆生坑不尽，留他马上说诗书。

清人王文濡评论这首诗说，秦始皇焚书，却还有黄石公传授张良的兵书；销毁兵器，却留下博浪沙袭击秦皇之铁椎；坑儒生，则尚有“马上说诗书”的陆贾——针对刘邦轻视文化的偏见，陆贾曾提出“马上得天下，不可与马上治之”的高超见解。秦始皇实行文化专制主义，结果事与愿违，文化与学者均未绝种。其愚蠢之处，一经拈出，真觉可笑。

——在各类讽刺诗中，最多的是嘲笑始皇帝求仙不成，终归难免一死。

唐人罗隐诗云：

长策东鞭及海隅，鼋鼍奔走鬼神趋。
怜君未到沙丘日，肯信人间有死无？

先说他叱咤风云，不可一世；然后，笔锋陡然一转，冷冷地设问：“在你病死沙丘之前，大概不会相信人总有一死吧？”

晚清诗人黄道让则从另外一个角度加以讥刺。指出：始皇帝一死，天下就不属于嬴秦氏了——奸相赵高篡权，“指鹿为马”，“二世”都没有维持住，更不必说万世了。可悲的是，费尽心机寻找长生不老之药，到头来什么也没有留下，还赶不上那伙在桃花源中“避秦时乱”的村民了。（事见陶潜《桃花源记》）

世上原无二世秦，况复万世在其身！
可怜觅尽蓬莱药，输与桃源逃难人。

而再早一些的清人朱瑄的诗，更是别开生面：

徐市楼船竟不还，祖龙旋已葬骊山。
琼田倘致长生草，眼见诸侯尽入关。

说徐福不回来也好，否则，求得仙方，始皇帝真的长生了，眼见刘、项大军纷纷入关，心里该是多么难受呀！

——对秦始皇煞费苦心，经营死后的天地，诗人也同样没有放过。

唐人许浑《途经秦始皇墓》：

龙盘虎踞树层层，势入浮云亦是崩。
一种青山秋草里，路人唯拜汉文陵。

“钟阜龙盘，石城虎踞”，原本是状写帝王之都金陵的。现在，诗人把它拿过来形容一个墓地，不说其大，而宏伟自见。层层绿树环绕着，而且，“势入浮云”，高耸天际，实在是峻极无比，气象峥嵘。然而，结果如何呢？“崩”了。大也好，小也好；高也好，低也好，到头来，同样都是“崩盘”。“崩”字，历来都用于书写皇帝之死。“也是崩”三个字安在这里，既嘲笑了始皇帝冀求长生之虚妄，又恰好表明，他生前的威权尽管势可熏天，但最终也免不了撒手人间，一了百了。讽刺意味极为浓烈。

更妙的还在后面。不管你多么巍峨高峻，“势入浮云”，路人却根本不买那个账，反倒是并不怎么显眼的汉文帝的陵墓，却受到路人的虔诚礼拜。原因是汉文帝清静无为，俭朴自律，与民休息，深得人心。对这样一位皇帝，人们衷心仰慕，是自然不过的。一冷一热，一褒一贬，对专横腐败、欲壑难填的鞭挞，对谦卑自抑、不求显赫的颂扬，都在“唯”字中透出。汉文陵在今陕西蓝田县，距始皇陵不过二十几公里，说“一种青山秋草里”，也甚为贴切。

明代诗人齐之鸾也写了一首题为《始皇墓》的七绝：

金泉已涸鲍鱼枯，四海骊山夜送徒。
牧火燎原机械尽，祖龙空作万年图。

传之万世的打算告吹了，长生不死的欲望落空了，包括想象中的“地下王国”也已化为尘土。那么，还剩下了什么？无非是留下“秦始皇帝”这样一个文字符号，作为千秋万世言说不尽的话题，永远弥漫在历史时空里。

汉高祖：
落魄刘郎作帝归

功业把“流氓皇帝”装扮成了英雄；而真正的英雄却因失败而声名受损。流氓成功，小人得志，辄使英雄气短。奸雄欺人，上下其手。一面残酷无情地残杀功臣、诛戮英杰；一面却“泣数行下”，呼唤“猛士”。苍黄翻复，莫此为甚。

一

公元前 195 年，刘邦南面称王的第十二个年头。

这年十月，他率兵讨伐淮南王英布，安抚了南越王赵佗，平定了淮南、荆、楚地区，

还朝途中，经过故乡沛县，留驻了下来。他在沛宫置酒高会，宴请家乡父老与旧时朋友。大家无拘无束地聚集在一起，一块儿喝酒、谈天；还挑选出一百二十名少年，教歌、习舞，尽情欢乐。

酒酣耳热、激情喷涌之际，刘邦回首几十年的戎马生涯，为已经取得的恢弘业绩踌躇满志；同时，也想到自己的身体已经大不如前，而太子又过分仁弱，朝野人心未定，还存在着诸多不安

定的因素。且不说，一些诸侯王不能安分守己，各怀异志；就是边疆上也烟尘未息，需要有足够数量的勇猛、雄强的将士防守。汉兴以来，原本是“猛将如云，谋臣如雨”；无奈，刘邦对于战功卓著的元戎、统帅，心存戒虑，猜忌重重，担心他们拥兵自重，割据称雄，自谋发展，因此，一一剪除殆尽。这样，在他看来，真正赤胆忠心扶保汉室，且又具有超常军事才能的人，实在是少之又少了。于是，喜极而痛，不禁感伤起来，情不自禁地操起筑（一种类似琴的乐器）来，一边弹着，一边唱起自己随口编成的《大风歌》：

大风起兮云飞扬，威加海内兮归故乡，安得猛士兮守四方！

那“风起云扬”的意象，着实令人鼓舞，用它来状写秦汉之际政治形势的发展变化，也是形象而又贴切的。接着，诗思一转，导出这位“马上皇帝”稳操胜券、衣锦还乡的得意心态，也抒发了他对故乡的深厚感情。最后，“卒章显志”，表露出全诗的主旨所在，把他为一手开创的汉家基业而深谋远虑、呕心沥血的内心世界，和盘托出。

那天，高祖令所有的少年都跟着合唱，自己则随歌起舞，慷慨伤怀，“泣数行下”。他对父老乡亲们说：

游子悲故乡，朕虽以关中为都，长住都中，但万年之后，魂魄仍然乐于思念沛县。且朕由沛公身份出兵征讨暴逆，今日方能据有天下。因此，我要以沛县作朕的汤沐邑，免除全县民众的赋税，世世代代都不用交税了。

父老兄弟及旧日朋友听了，自是感激不尽，此后每天都陪着皇帝饮酒、叙话，彼此欢乐逾常。送行时，全县倾城出动。尔后，又在邑西设帐三天，饮酒作乐。

从刘邦的诗句与话语中，我们可以充分地感受到他的"恋乡情结"和其中所隐含的悲凉意绪。"胡马依北风，越鸟巢南枝。"人，何尝不是如此。过往的一切行走，原都是一步步地向着他的来路逼近，即使是那些叱咤风云的盖世豪杰，富有四海的一朝霸主，也不可能例外。特别是人到暮年，更有落叶归根、狐死首丘的强烈愿望。

这一年，刘邦已经六十二岁了。而且，在讨伐英布时为流矢所中，箭镞穿过厚厚的铠甲，进到肉里一寸左右，这使他的锐气为之大挫，心性有些灰颓。尽管眼下的荣华富贵、地位威权已经登峰造极，并世无人可比；但是，毕竟岁月无情，老之将至，正所谓"英雄得志犹情累，富贵还乡奈老何"（清人孙原湘诗）。事实的发展也恰像他所挂虑的那样，回去后仅仅四个月，就在长乐宫中"龙驭宾天"了。

正由于恋乡、怀土意识乃人情之常，因而，往古来今，它已经成为一个言说不尽的热门话题。不过，话又说回来，作为常人，可能说一说也就算了，最后无关大局；若是轮到一些临大事、膺重命、举足轻重的大人物身上，情况可就复杂得多了，最典型的莫过于西楚霸王项羽。

说到项羽，恐怕没有谁会否认他是英雄、好汉、大丈夫；但是，论者又普遍认为，他终究算不得成就宏图伟业、富有政治远见的杰出的政治家。在最关键的时刻，他缺乏"志在四方"的深谋远略，以致功败垂成。当他率军杀进关中，坐上皇帝的龙墩只是举步之劳的时候，他却踌躇不前，望而却步了。倒不是出于恐惧，——西楚霸王心目中没有不可战胜的敌手；而是做了情感的俘虏。当他望见咸阳的宫殿已经化为灰烬，到处都是废瓦颓垣，士兵们又都想念着东方的故土，而他自己也觉得秦人对他或者他对秦人共同没有好感，留在“八百里秦川”很没有意思。当即决定，放弃关中，挥师东向，以紧邻故乡的彭城作为西楚的都城。

当下，谋士韩生加以劝阻，说：“关中高山险要，河流围绕，东有函谷关，南有武关，西有乌关，北有黄河，山河四塞，土地膏腴，作为都城真是太理想了。”项王却说：“富贵不归故乡，有如夜行衣锦，谁知之者?”韩生大失所望，骂他是“沐猴而冠”，结果，被扔进油锅里成了“油炸鬼”。

无赖与英豪过招儿，想的不是如何出奇制胜，而是，眼睛紧紧盯住对手的失误。而粗心大意的乌鸦一唱高调，叼着的肉块便会落入狡猾的狐狸口中。刘邦正是适时捕捉到项羽留置的可乘之机，因势乘便，不出三个月，汉军就大举入关，迅速填补了权力的真空，占据了关中的有利地盘。

宋代文学家苏洵评论项羽，“有取天下之才，而无取天下之虑”。清代诗人王昙也写诗加以批评：“天意何曾袒刘季，大王失计恋江东。早摧函谷称西帝，何必鸿门杀沛公。”针对项羽死前说的“此天之亡我，非战之罪也”，劈头断喝，说天意并没有袒护刘邦；项王的失策在于他留恋江东，决计返回故乡，以致坐失良机。如果能够早日攻破函谷关，进军长安，登上帝座；又何必等到后来刘邦成了“气候”，才不得不设下“鸿门宴”去设法谋杀他呢！

应该说，在这方面，刘邦是很会处理的。尽管他也非常留恋故乡，但并不感情用事，能够从大局出发，作出正确的决策。《资治通鉴》记载，刘邦开始定都洛阳，齐人娄敬劝他迁都长安。他一时拿不定主意，想要听听大家的意见。群臣中当地人占多数，“争言洛阳优势”，唯独张良力排众议，大讲关中在政治、经济、军事方面的重要地位，指出洛阳四面受敌，“非用武之国”。刘邦甚以为是，即日决定迁都长安。宋代学者胡致堂盛赞此举：“高帝起兵八年，岁无宁居，至是天下平定，当亦少思安逸之时也。而敏于用言，不自遑暇如此。其成帝业，宜哉！”

二

对高祖还乡这一颇具轰动效应的著名历史事件，《史记》、《汉书》上都煌煌在录，历代的诗文典籍，也都以不同观点、从不同角度，作了大量的评述。

唐代诗人胡曾题诗予以赞颂：

汉高辛苦事干戈，帝业兴隆俊杰多。
犹恨四方无猛士，还乡悲唱大风歌。

清代诗人袁枚就此写了两首七律，对高皇帝荣归故里、慷慨悲歌这一豪情壮举，特别是对于那首前无古人的千秋绝唱，极尽颂扬之能事。其一云：

高台击筑忆英雄，马上归来句亦工。
一代君王酣饮后，千年魂魄故乡中。
青天弓剑无留影，落日河山有大风。

百二十人飘散尽，满村牧笛是歌童。

第二首诗中的后四句是：

父老尚知皇帝贵，水流如听筑声孤。
千秋万岁风云在，似此还乡信丈夫。

此老一向会作趋奉文章，这些诗句也同样弥漫着这种陈腐的味道。

而最具特色的是元代散曲作家睢景臣的《哨遍·高祖还乡》。作者选取独特的视角，以全新的手法和十分巧妙的叙述方式，再现了当时的场景，对一千多年前的史迹进行生面别开的解读。

作品一开头，就通过一位担当“叙述人”角色的村民，以第一人称描述村社头面人物准备接驾的场景——那些原本土头土脑、懵懵懂懂的村官，今天却显得威风八面、盛气凌人，摊派差使、布置场面，比过去加倍的蛮横无理。一方面描绘了这一盛典的肃穆、庄严；一方面也衬托出这位“草根皇帝”还乡可鄙可笑的行径。

在叙述人看来，你皇上也好，大员也好，回乡就回乡呗，有什么必要招摇造势，小题大做呢！而那班筹划接驾的人，整饰衣裳、执盘备酒、吹笛擂鼓，原本是一帮“乔男女”在那里弄景、“装幺”、“胡踢蹬”。

紧接着，作者以［耍孩儿］、［五煞］、［四煞］三支曲子，描画了皇家仪仗、舆服的赫赫声势，通过村民眼中所见，活灵活现地展示了封建帝王出巡时的盛大排场。但并非正面铺陈，而是以戏谑、调侃的话语出之，从而涂抹掉笼罩在“龙章凤质”之上的神秘灵光。那无比庄严、神圣的月旗、日旗、蟠龙旗、凤凰旗、飞虎旗，在这位村民眼中，却成了：

一面旗白胡阑套住个迎霜兔，一面旗红曲连打着个毕月乌，一面旗鸡学舞，一面旗狗生双翅，一面旗蛇缠葫芦。

而金瓜、钺斧、朝天镫、红叉、雉扇，以及那些执仗者，则是：

红漆了叉，银铮了斧，甜瓜苦瓜黄金镀，明晃晃马镫枪尖上挑，白雪雪鹅毛扇上铺。这几个乔人物，拿着些不曾见的器仗，穿着些大作怪衣服。

通过对迎驾队伍与皇家仪仗、扈从场面的杂乱、喧嚣的渲染，使人感到所谓御驾还乡的盛典，不过是一场莫名其妙、笑料百出的滑稽闹剧。

仪仗队过去之后，皇帝的车驾迎面而来。皇帝下车了！那君临天下、威仪万方的帝王，在这位村民眼中，只就是“那大汉”。接下来的四支曲子，集中地表现了叙事人对“那大汉”的蔑视态度。

[三煞] 那大汉下的车，众人施礼数。那大汉觑得人如无物。众乡老展脚舒腰拜，那大汉挪身着手扶。猛可里抬头觑，觑多时认得，险气破我胸脯！

[二煞] 你须身姓刘，你妻须姓吕。把你两家儿根脚从头数。你本身做亭长，耽几盏酒；你丈人教村学，读几卷书。

曾在俺庄东住，也曾与我喂牛切草，拽杷扶锄。

［一煞］春采了桑，冬借了俺粟，零支了米麦无重数。换田契强秤了麻三秤，还酒债偷量了豆几斛。有甚糊涂处？明标着册历，现放着文书。

［尾］少我的钱，差发内旋拨还；欠我的粟，税粮中私准除。只道刘三，谁肯把你揪捽住？白甚么改了姓、更了名，唤做汉高祖！

这样，就直接把矛头对准了皇帝本人，大胆泼辣地进行挖苦、嘲弄与鞭挞。“泄底最怕老乡亲”。由那位本来就熟识刘邦的村民出面来戳穿老底，历数他当年如何不务正业、好酒贪杯、抢麻偷豆，什么坏事都曾干过，彻底地暴露了这个“无赖刘三”的本来面目，让人们看清楚了声威赫赫的帝王原本是个什么东西。

前情后景，事件经过，都是通过这个了解底细的村民眼中所见、心中所想，并巧借他的嘴巴说出来，反映了这位当事人的生活经验、心理反应、认识能力和观察事物的特点。

本来，“汉高祖”是刘邦死后的庙号，他活着的时候不可能有这种称呼；可是，出自一个村民之口，当面指斥他：大丈夫做事要敢作敢当，不该为了逃脱债务，便改姓更名，叫什么“汉高祖”，这就令人忍俊不禁，掩口胡卢而笑了。

作品把一向被奉为神圣不可侵犯的皇家盛典，处理成怪相迭出、滑稽无比、颇为村民侧目的一场闹剧，意在剥下皇帝的伪装，还他流氓无赖的本真面目，以倾泄世人深藏于心底的不满情绪。

散曲问世后，数百年间受到了文学界的普遍赞誉。与作者同时代的钟嗣成称赞说：“维扬诸公，俱作《高祖还乡》套数，惟公

《哨遍》制作新奇，余者皆出其下”。现代著名文学史家郑振铎在《插图本中国文学史》中，也说它“确是一篇奇作”，通篇“借了村庄农人们的眼光，看出这位‘流氓皇帝’装模作样的衣锦还乡的可笑的情形来。真把刘邦挖苦透了”。

三

其实，说起这位“流氓皇帝”的般般行径，史书上原本就有案可查，是无须文人笔下渲染的。刘邦的痞子个性与无赖习气，在历代帝王中是出了名的，而且，为当时公众所有目共睹，以致本朝修撰的所谓“正史”，也无法巧加涂饰，“为尊者讳”。

他出身农家，却又游手好闲，不事生产，而且好色、轻薄。当亭长时，对公所中的吏人无不加以轻侮，并经常向酒馆赊酒，无钱付账，醉卧不起。父亲刘太公嫌他没有出息，直接指斥他为“无赖”。直到当上了皇帝，也还是流里流气，对他人缺乏应有的尊重。诸如，往儒生的帽子里撒尿；骑在大臣的脖子上问话；对于诸侯王动辄“箕踞骂詈”，加以慢侮，等等，都充分地反映出他的市井流氓习气。借用孟老夫子评价梁襄王的话：“望之不似人君，就之而不见所畏焉”，倒是恰合榫铆的。

刘邦从小就厌烦读书，缺乏应有的文化素养，是中国第一个“匹夫崛起而有天下者”。他最初当泗水亭长，大约是负责接待往来公干的食宿、行旅。比起他在沛上的那些朋友，就算是有头有脸的了。经常与他交游的那些人，大多是引车卖浆、贩夫走卒者流，有的甚至连个正当职业都没有。萧何、曹参，史书上说他们，“皆起秦刀笔吏，当时碌碌，未有奇节”。周勃“为布衣时，鄙朴庸人”，生活无着，靠帮助人家办丧事混点零花钱。

单父县有个吕公，为着躲避仇人，迁来沛县落户，沛中豪杰、吏人都前往祝贺。当时，萧何担任接待、受礼的差使，一看来的人太多了，便宣布贺礼不足一千钱的一律坐于堂下。这天刘邦也到场了，他哪里拿得出一千钱，但觉得坐在堂下不够体面，便高喊：“贺钱一万！”然后，就毫不客气地端坐于首席之上，谈笑自若，频频饮酒。萧何也拿他没有办法。

夏侯婴是他的同乡，两人一向很亲近。有一次，他开玩笑，不小心把夏侯婴弄伤了，被他人告发。按当时的条律，他身为亭长，有官职而伤害人，应该科以重罪。于是，他就申诉说，并无伤害别人之事，还让夏侯婴本人出来作证。后来案子翻了过来，进行复审，结果，夏侯婴为他坐牢一年多，并被鞭笞数百。

这是对待朋友。那么，对待自己的亲人又如何呢？同样是忮刻寡恩，不讲情面。他在寒微时，常常带朋友们到家里吃饭，长嫂讨厌他只吃饭不干活，便在他到来时，故意用勺子敲锅，表明羹汤已经喝光了，示意他们到别处去另找饭顿。可是，过后他弄清了真相，便记恨在心。当了皇帝之后，分封宗室，独独漏掉了这位长嫂的儿子。刘邦的老父亲觉得不公平，便出来为孙子讲情。刘邦说，只因为他的母亲不够资格做一个长辈。最后，经过讨价还价，封侄儿为“羹颉侯”。羹颉者，羹竭也，以此对长嫂进行报复。

刘邦就是这样，贵为天子、富有四海之后，器度仍然十分狭小，早年的丝恩发怨他都不肯放过，用群众的口语说，叫做“好翻小肠”。汉高祖九年，未央宫建成之日，他大宴群臣，席间，趁着向身为太上皇的父亲敬酒祝寿的机会，问道：“当年，你常常骂我为奸诈狡猾的无赖，说我不知道治理家业，不如我二哥勤俭。今天你看到了吧，我置下的产业与二哥相比，到底是谁多呀?”快意之情，溢于言表。在场的群臣高呼万岁，“大笑为乐”。只是，刘太公可难堪了，弄得面红耳赤，尴尬无言。

宋代诗人张方平，对此颇不以为然，写诗加以讥讽：

中酒疏狂不治生，中阳有土不归耕。
偶因世乱成功业，更向翁前与仲争!

中阳，是刘邦的故里。诗人指斥刘邦：酗酒疏狂，有地不种，不事生产；只是趁着乱世，浑水摸鱼，才夺得了天下，有什么值得夸耀的?到头来终究是个无赖。

刘邦的“产业观”，典型地反映了封建君主的天下私有论。他们“视天下为莫大之产业，传之子孙，受享无穷。汉高帝所谓‘某业所就，孰与仲多’者，其逐利之情，不觉溢之于辞矣”(清初思想家黄宗羲语)。

晚唐诗人唐彦谦则从另外一个角度，加以驳斥：

千载遗踪寄薜萝，沛中乡里汉山河。
长陵亦是闲丘陇，异日谁知与仲多!

诗中冷冷地说：岁月无情，时间淡化一切。风光无限的帝里，于今已沉埋于荒烟蔓草之中；而长陵(汉高祖墓)上的土，当时谁若是动了一点点，就算犯下杀头之罪，现在也都成了闲丘废陇了。究竟是谁高谁下，谁少谁多，怎么去说呢?

刘邦极端自私、残忍。楚汉战争全面展开后，彭城之役，汉军的主力被楚军围困，尽归覆没，刘邦率数十骑乘风奔逃。他带着一双儿女——后来的孝惠帝和鲁元公主，乘坐在驾术高超的夏侯婴的车上。当时，挽马已经疲惫不堪，后面的敌人又穷追不舍，他嫌车上人多，车跑得不够快，便屡次用脚去踢两个孩子，想把他们丢下车去。夏侯婴不忍心甩下无辜的孩子，每次都抱起相救。这样，自然就影响到马车奔跑的速度，刘邦气急败坏，几次要把夏侯婴杀掉。其为人之鸷狠，于兹可见。

广武之战中，项羽与他相持不下。这时，汉将彭越由梁地出兵，断绝楚军粮食，项羽深以为患。于是，便把作为人质的刘太公拉过来，放在阵前一个高处，然后给刘邦喊话："你现在若是不赶快投降，我就烹杀太公。"刘邦部下见此情景，都焦急万分；你道他是怎样答复项羽的：我们二人"都曾北面受命于怀王，同时'约为兄弟'。所以，我的父亲就是你的父亲。你如果一定要烹杀你的父亲，那就请你也分给我一杯羹"！话说得竟是这么轻松、洒脱，似乎与己毫不相干。真是无赖已极！

四

当然，刘邦最遭人诟病、最受世人谴责的还是他的惨酷寡恩，诛戮功臣。到他还乡前后，开基创业的元勋已经被他诛杀殆尽；可是，唱起《大风歌》来，却又"泣数行下"，呼唤猛士。奸雄欺人，大抵如此。

应该说，刘邦对于英才在国脉兴衰、事业成败中的决定性作用，还是认识深刻的。他不仅善于从敌人营垒中争夺人才，像谋臣陈平、猛将韩信等都是从敌手项羽那里挖来的，对他们都给予了足够的信任，充分发挥其卓越的才能；而且，对于出身卑微，但才能超众的人也都加以破格使用。比如，对于当过吹鼓手的周勃，作过屠夫的樊哙，布贩出身的灌婴，穷书生郦食其，车老板娄敬，草寇彭越、英布等，他都网罗到身旁，并按照各人的特长委以重任，从而形成一个由智囊、猛将、战略家组成的庞大的人才集团。

但这只是一个方面。作为封建帝王，刘邦还有另外的一面。他在消灭了强大的敌手项羽之后，即皇帝位于汜水之阳，自以为天下既定，四海归一，便充分暴露其残忍、狠毒的本性，多疑善忌，诛戮功臣。

萧何，是刘邦的老乡，功高汉室，位冠群臣。在楚汉相争中，一身系着天下的安危，深得刘邦的倚重，但是，刘邦却不能消除对他的猜忌。诛杀淮阴侯韩信之后，萧何被拜为相国，加封五千户，并派五百士兵负责保卫他的安全。周围的人都向他致贺，唯独邵平警告他。邵平说："灾祸从现在开始了。皇上带着军队，在外辛苦作战，而你安守城中，没有矢石之险，却增加封地，还派遣众兵守卫——实际是看守、监视着你。看得出皇帝已经心生疑忌了。"这番话正好说到萧何的心坎里。

他记得，早在与项羽对峙时，刘邦就曾多次派人侦察他的动向。后来，他主动让子孙兄弟凡是能够作战的全都到汉军里服役，实际是充当了人质，这才解除了刘邦的怀疑。这次，他听了邵平的劝告，把全部家财捐助给军队，以讨好皇上。但这还不够，因为他自到关中以来，一直得到百姓的拥戴，刘邦听说后，曾屡次派人监视他的作为，怕的是人民归向于他而背离皇上。为此，他便多买一些田地，利用手中的权势，鱼肉百姓，以激起民愤，污秽自己。这样，刘邦的心才算踏实了，消除了对他的戒虑，他才得以善终。

就此，宋代诗人张耒有诗云：

萧公俯仰系安危，功业君王心独知。

犹道邵平能缓颊（婉言劝解），君臣从古固多疑。

对一个刀笔吏出身的相国，刘邦尚且如此疑神疑鬼；至于手握重兵的人，当然就更是深猜重忌，必欲除之而后已了。

大将韩信的奇功伟业不消说了。即如彭越、英布，也是大有功于汉室的。当日刘邦大败于荥阳、成皋之间，项羽之所以不能挥师西进，捉此“瓮中之鳖”，也就是因为彭越在梁地流动作战，与汉军紧相配合，死死地拖住了楚军。当时，他的作用是，投于楚则汉破，投于汉则楚危。而号称“功冠诸侯”的英布，素以骁勇善战著称，由于他的背楚向汉，使双方力量的对比发生了显著变化。在垓下决战中，英布也曾发挥过举足轻重的作用。那么，刘邦得位之后，又是怎样报答他们的呢？

本来，他在封赐韩信等功臣王位之后，曾经信誓旦旦地做出承诺，给予他们以免罪特权，“剖符作誓，丹书铁契，金匮石言，藏之宗庙”。可是，墨迹未干，言犹在耳，他就出尔反尔，上下其手，设计逮捕了韩信，降王为侯，囚禁起来。韩信最后被吕后杀掉，并被诛灭了三族。同一年，梁王彭越也被剁成了肉酱。尔后，淮南王英布因惧祸及身，被逼谋反，也惨遭屠戮。真是“功似韩彭犹俎醢，英雄末路太凄凉”啊！

铲除异姓诸侯王，确保刘氏“家天下”，这是汉高帝既定的国策，而前者又是后者得以实现的前提条件。这从《史记·淮阴侯列传》高祖“见（韩）信死，且喜且怜之”的记载中，也可以看得出来。异姓功臣封王，原本是汉初一项“事出无奈”的权宜之计，或者说是一种羁縻策略。因为如果不这样做，就笼络不住那些手握重兵、喑哑叱咤的“强梁”。但它毕竟是和刘邦“家天下”的基本国策大相悖反的。史载：高帝在日，即曾杀白马而为盟誓：“非刘氏而王，天下共击之。”因而，“谋反”云云，不过是一种借口；那些异姓诸侯王即使不以“谋反”见诛，也会因其他罪名、以其他形式，遭致杀身之祸。后世的宋太祖说得再露骨不过了：“卧榻之旁，岂容他人鼾睡耶！”

作为一个雄猜、狠鸷的封建帝王，从他防止分裂割据、建立统一的多民族的封建国家的政治需要而言，或者巩固其刘氏一家一姓的专制统治来考量，诛杀异姓诸侯王，自有其足够的理由；但是，若从人性的角度、道义的角度、做人的角度，来评说刘邦的立身处世、功过是非，那就是另外一码事了。

诗人看问题，有其敏锐的视角。纵观历代诗坛，大多数人对于刘邦都持鄙薄、批评的态度。最有名的是北宋两位诗人的绝句。张方平有一首《歌风台》诗：

落魄刘郎作帝归，樽前感慨大风诗。
淮阴反接英彭族，更欲多求猛士为？

在叙说过落魄失意的刘郎当上皇帝，衣锦还乡，乘兴作歌之后，接着反问道：连那些当年立下汗马功劳的元勋宿将，像韩信、英布、彭越等，都被你一个个地绑缚杀戮，夷灭三族了，现在，还呼唤更多的猛士干什么呢？

王安石在《读汉功臣表》一诗中，诘问得也十分峻厉：

汉家封土建忠良，铁券丹书信誓长。

本待山河如带砺，缘何俎醢赠侯王？

尖锐地揭示了刘邦杀功臣和求猛士的矛盾与对立。

清代诗人黄任也借着这个题目，向刘邦发出了质问：

天子依然归故乡，大风歌罢转苍凉。
当时何不怜功狗，留取韩彭守四方？

意思是说，与其现在高呼猛士，何不当时爱怜韩信、彭越那一些“功狗”（指为汉家天下建功立业的人），让他们镇守四方，靖难天下呢？出语冷隽，即使刘邦于地下闻之，亦当声噎语塞。驳诘力是很强的。

唐代诗人刘禹锡写过这样一首诗：

将略兵机命世雄，苍黄钟室叹良弓。
遂令后代登坛者，每一寻思怕立功。

“苍黄钟室叹良弓”之句，专说韩信。其中包括两层意思：一是，韩信被杀之前，曾被囚禁于长乐宫的钟室；二是，汉高祖六年，有人密告韩信谋反，刘邦将他绑缚起来。韩信慨然长叹，说：“果然像人们所说的：‘狡兔死，走狗烹；高鸟尽，良弓藏；敌国破，谋臣亡。’天下已定，我固然应该遭到杀头的命运。”后面两句，下笔如刀，道尽了封建制度下登坛拜将的功臣良将的共同的悲惨下场。

五

在楚强汉弱，实力悬殊的情势下，刘邦居然能够获得胜利，原因是多方面的，诸如坚持了正确的政治主张，得到人民的拥护，符合历史发展的要求；实行成功的战略策略；特别是善于用人，多谋善断，都是重要因素。但是应该说，同他善于利用权术、不择手段、不守信义，不放过任何机会，该出手时就出手，根本不考虑什么形象、什么道义、什么原则、什么是非，一切以现实的功利为转移，从而能够掌握先机，稳操胜算，也有直接关系。

正是他的那种不守信义、六亲不认的卑劣人格与无赖习气，那种政治流氓的惯用手段、欺骗伎俩，那种只求功利、不顾情理，只看现实、不计后果，只讲目的、不择手段的实用主义，多次帮助他走出困境，化险为夷，转败为胜。而这种道德与功业完全脱节的情况之所以出现，乃是由于秦汉之际，价值体系紊乱，社会道德沦丧，重功利轻伦理成为一时的风尚，从而使刘邦的肆行无忌，不仅逃脱了社会舆论的谴责，而且获得了广阔的发展空间。

这里有一个典型事例。楚汉相争之际，刘邦受困于荥阳，粮饷断绝，命运岌岌可危。为了帮助他脱离险境，由将军纪信假扮作汉王刘邦，穿上王者之服，乘上黄盖车，用在东门外“假投降”的办法，来哄骗项羽。还把许多美貌女子安排在前边，后面跟随着两千多名军民，大家鱼贯而出，造成一种集体逃亡的假象。而刘邦则趁着这个时机，带上数十骑，悄没声地由西门溜出，逃往成皋去了。项王弄清真相之后，气得暴跳如雷，当即把纪信连同车辆一齐烧毁。刘邦就是这样，为了一已活命，置将军纪信的生命于不顾，而且，使数千士兵、百姓跟着蒙难。说来也并不奇怪，只要联系到他无情地剪除那些与他一道出生入死、创立了伟绩奇功的开国元勋，就一切都洞若观火了。

在刘邦看来，这一切，都是正常的，必要的，是残酷的政治斗争使然，是当时的险恶环境所决定的。政治斗争，有如两军对阵，是一场你死我活、白刀子进红刀子出、你不吃人就会被人吃掉的殊死拼搏。如果一味地讲道义、守信誉、重然诺、讲交情，满脑子仁义道德、温良恭俭让，恪守公平竞争原则，而不懂得如何运用政治手腕、策划阴谋阳谋，那就连起码的生存条件都保不住，更何谈斗争的胜利、事业之成功呢！

说到对待功臣，刘邦也有他自己的看法。在他看来，韩信本不过是一名“官不过郎中，位不过执戟，言不听，画（谋划）不用”的普通士卒，是皇帝破格任用了他，为他提供了施展英才、建功立业的机会。要说感激，首先应该是功臣感激皇帝，而不是皇帝感激功臣。一切立足于自我，这正代表了这类封建帝王的个性特征。

汉兴之初，以现实功利为依归的另一个典型事例，是“雍齿封侯”。汉高祖遍封功臣之后，听到沙滩上有数人偶语，原来是在议论：皇上所封的都是故人及所亲爱者，而诛杀的都是平生仇怨之人。许多人担心因受疑忌而遭到屠杀，于是，聚到一处，准备反叛。刘邦适时地采纳了张良的建议，把他的最大仇人、曾经多次污辱过他的雍齿封为什方侯。这样，那些聚议反叛的人都安定了下来，说：“雍齿尚且能够封侯，我们这些人还怕什么呢？”

听到这些，有人会接上问一句：那么，那个当年为他献身的纪信，死后可曾获得了什么封赏？对不起，皇帝老倌早就忘记了。对此，清代诗人吴昌荣为诗以刺之：

沙中偶语坐斜曛，雍齿封侯解众纷。
忘却焚身功第一，黄金未铸纪将军。

而这一点，恰恰是出身于贵族世家，耳濡目染孔孟倡导的仁爱忠信，从而常常束缚于各种道德规范的项羽所不具备的。刘邦手下的将领高起和王陵，曾对刘邦说："陛下慢而侮人，项羽仁而爱人"。听了，刘邦也未予反驳，可见，他是认同这一结论的。所以，我们有理由说，项羽的悲剧，其实是道德的悲剧。当时以至后世，之所以对这位失败的英雄追思、赞叹，人格的魅力与道德的张力起了很大作用。

这里揭示了一种历史的悖论，亦即功业与道德的背反。正是：

我是流氓我怕谁？汉家天子有施为。
项王仁义输天下，千古堪怜更可悲。

这样的事例，在历史上是屡见不鲜的。《左传》记载：公元前638年，宋与楚战。当时，宋军已排成阵列，而楚军正在渡河。当楚军半渡之时，宋大司马公孙固提议："我军人数少，楚军兵力强，应该乘他们还没有渡过泓水之时，向他们发起攻击。"宋襄公回绝说："不能乘人之危！"当楚军渡河完毕，尚在列阵之时，公孙固又请求发令进击楚军，襄公还是说："不，我不能乘人之危。"等到楚军列阵已毕，宋襄公这才下达攻击令。结果，由于失去了战机，宋军溃败，襄公也被射伤了大腿，他左右的将士，尽被歼灭。事后，国人埋怨襄公奉行仁义而遭致败绩。襄公分辩说："仁者作战时，不攻击已经受伤的敌人，也不攻打头发斑白的老人。古人作战，并不依靠关塞险阻取胜。宋国虽然就要灭亡了，但寡人仍不忍心去攻打没有布好阵的敌人。"

实际上，宋襄公所处的时代，已经是视奸诈为智慧、视欺骗为才能的时代。而他却在残酷的两军对阵中，固守所谓"仁义道德"的底线，那还能取胜吗？

最后，为本文作个小结。

在刘邦身上，充分体现着历史的吊诡：一面残酷无情地诛戮功臣、杀害英才；一面却涕泗交流地高声呼唤着"安得猛士兮守四方"，是逢场作戏，装模作样？是苍黄翻复，两面三刀？还是奸雄欺人，上下其手？楚汉相争的结局，揭示了道德与功业的悖反。项王的悲剧，从一定意义上说，是道德的悲剧；而刘邦的胜利，则颇得益于他的政治流氓的欺骗伎俩和善用权术、不守信义的卑劣人格与无赖习气，这使他把握住战场上的先机，多次化险为夷，转败为胜。"偶因世乱成功业"。功业把"流氓皇帝"装扮成了英雄；而真正的英雄——"力拔山兮气盖世"的西楚霸王，却因为失败而声名受损。流氓成功，小人得志，会使英雄气短，混世者为之扬眉吐气。

晋武帝、晋惠帝、西晋诸王：
白痴皇帝与血腥家族

西晋统治集团的骄奢淫逸，腐朽残暴，导致这个王朝仅仅维持了五十二年。而骨肉相残成为历史之最的“八王之乱”，其持续时间之长，杀人之多，手段之残忍，对生产力破坏之严重，在中外都是罕见的。耐人寻味的是，无论是胜利者、失败者，得意的、失意的，杀人的抑或被杀的，死后，统统地都在洛阳的北邙山上碰头了。

一

洛阳为“天下之中”，这句话出自古代的大政治家周公之口。我们华夏之邦号称“中国”，据说就是从这里引申出来的。

今天，站在这块厚实、沉重的土地上，是怀着一种怎样的心情呢？傲睨自大，谈不到；无动于衷，也不是。大概于眉间睫下，总流露着几分惊叹，几许苍凉吧？

从距今近四千年的夏王朝开始，到五代时的后梁、后唐、后晋为止，先后有十三个王朝在这里建都。在中国七大古都中，洛阳是最先形成城市并贵为国都的，而且建都历时最久，至少在一千一百年以上。华夏的先民在以邙山和洛河为依托的东西近四十公里的范围内，为中国以至整个世界留下了一笔丰厚的文化遗产，其历史遗迹、人文景观之盛，实为世所罕见。

历史上有"五都贯洛"之说，"五都"指的是夏都、商都、周代王城、汉魏洛阳故城和隋唐东都城，它们东西相连，错落有致，在形制、布局及宫殿的配置上，体现出较强的连续性。从这里不仅能够看到洛阳城市发展的一条鲜明的脉络，而且，透过历代都城的沧桑变化，也可以从中略览中国古代文明史的缩影。所以，北宋大政治家、著名史学家司马光有诗云："若问古今兴废事，请君只看洛阳城。"

由于岁月湮沉，兵燹摧毁，而今已经不见了巍峨的宫阙、高耸的城墙，不见了金碧交辉的画楼绣阁、古刹梵宫，不见了旧日的千般绮丽、万种繁华。当然，这并不影响人们到这里来临风怀古，叩问沧桑。历史的生命力总是潜在的或暗伏的。作为一种废墟文化，只要它有足够的历史积淀，无论其遗迹留存多少，同样可以显现其独特的迷人魅力，唤起人们深沉的兴废之感，吸引人们循着荒台野径、败瓦颓垣，去凭吊昔日的辉煌。对于诗人来说，尤其是如此。诗人往往比史家更关注现实与古昔撞击之后所产生的人生体悟，更加强调创作主体自我情绪的介入，也更看重历史选择、历史创造后面所闪现的人民生命活动的一次又一次的升华。

现在，我正站在汉魏故城遗址之上。城址在今洛阳市东北十五公里处，北依邙山，南临洛河，东至寺里碑，西抵白马寺，地势高亢平旷，规模宏阔壮观。东汉、曹魏、西晋、北魏四朝先后以此为皇城，长达三百三十年之久。

今日登高俯瞰，但见残垣逶迤，旧迹密布，除南面已被洛河冲毁外，其余三面轮廓均依稀可辨。城址四周矗立着一排排直干耸天的白杨林，里面围起来一方广袤的田野，翻腾着滚滚滔滔的麦浪。“白杨多悲风”，更加重了废墟的苍凉意蕴，使游人看了频兴世事沧桑之感。

当年，殷商的遗民箕子朝周，路过安阳殷墟，见旧日的宫殿倾圮无遗，遍生禾黍，哀伤不已，因作《麦秀》之歌。西周灭亡之后，周大夫行役至于镐京的宗周旧邑，满眼所见也都是茂密的庄稼，不禁触景伤怀，遂吟《黍离》之诗。这两首歌诗便成为后世有名的抚今追昔、凭吊兴亡、抒发爱国情怀的佳什。

同《黍离》、《麦秀》那孑遗的悲歌相对应，在洛都还流传着一个关于“铜驼荆棘”的预言的警语。晋惠帝时，以草书闻名于世的索靖，具有逸群之才和先识远见，他觉察到天下就要大乱，于是，指着宫门外两个相向而立的铜铸的骆驼，喟然叹道：“人们将会看到你们卧在荆棘中啊!”不久，洛阳宫苑即毁于“八王之乱”。“不信铜驼荆棘里，百年前是五侯家”。元人宋无这两句诗，说的正是这种变化。

看来，世事沧桑毕竟是人间正道。所以，东坡先生慨叹：物之盛衰成毁，相寻于无穷，昔者荒草野田，狐兔窜伏之所，一变而为台囿，而数世之后，台囿又可能变成禾黍、荆棘，废瓦颓垣。“夫台犹不足恃以长久，而况于人事之得丧，忽往而忽来者欤”!

二

魏晋时期有一种特别显眼而且层见迭出的政治现象，就是异姓禅代，美其名曰“上袭尧舜”，实际是曲线谋国。

公元219年（汉建安二十四年），孙权被曹操打败，上表称臣，并奉劝曹操称帝。篡汉自立，位登九五，这是曹操梦寐以求的事。孙权的劝进，在他来说，自是求之不得的。事实上，汉朝早已名存实亡，曹操手握一切权力，献帝不过是任其随意摆布的玩偶。只是慑于舆论的压力，曹操始终未敢贸然行事，不得不把皇袍当做内衣穿了二十多年。

当下，他就找来老谋深算的司马懿试探一番，说："孙权这小子劝我称帝，这简直是想让我蹲在火炉上受烤啊！"司马懿心里是透彻明白的，立即迎合说，这是天命所归，天随人愿。但是，没有等到称帝，曹操就一命呜呼了，大业要靠他的儿子完成。曹丕继位之后，经过一番"假戏真做"的三推四让，便于公元220年登上了受禅台。

而精于政事、专弄权术的司马懿及其两个儿子，更是处心积虑，惨淡经营，心里想的、眼睛看的、天天盼的，仍然还是皇位。终于在公元266年，到了第三代，司马炎完全按照"汉魏故事"进行禅代，从魏元帝曹奂手中夺得了皇权，是为晋武帝。一百五十五年以后，宋主刘裕依样画葫芦，接受了东晋恭帝的"禅让"，即皇帝位。一切处置"皆仿晋初故事"。恭帝被废为零陵王，第二年就被刘裕杀掉了。

从公元220年曹魏代汉到公元420年刘宋代晋，二百年"风水轮流转"，历史老人在原地划了一个魔圈。三次朝代递嬗，名曰"禅让"，实际上，每一次都是地地道道的宫廷政变，而且伴随着残酷、激烈的流血斗争。

晋承魏统，实现了九十年分裂混战之后的重新统一。但是，由于西晋统治集团的骄奢淫逸，腐朽残暴，导致这个王朝仅仅维持了五十二年。特别是标志着统治集团矛盾全面爆发，骨肉相残成为历史之最的“八王之乱”，持续时间之长，杀人之多，手段之残忍，对生产力破坏之严重，在中外都是罕见的。

武帝司马炎在位二十五年，死后由“白痴太子”司马衷继位，是为惠帝。他在中国历史上是首屈一指的白痴皇帝。

白痴为什么能够继位？这就要联系到封建帝统的嫡长子继承制。他是皇后所生的嫡次子，他前面还有个哥哥，但早死了，这样他就成了嫡长子，于是，在他九岁的时候，就登上了太子宝座。这么个痴乜呆傻货色，显然是不称其位，朝臣们都以社稷命运为忧，但谁都不敢直言。只有侍中和峤委婉地向皇帝进谏：“皇太子有古代淳厚朴实的气质（他不敢说呆傻），可是现时处处奸诈虚伪，恐怕处理不好陛下的家事。”武帝沉默不语。太子少傅卫瓘实在忍不住了，一次借宫廷宴会，假装酒醉，跪在武帝床前，用手抚摸着御床说：“此座可惜！”意思是皇帝宝座传给这样的太子，太可惜了。武帝当然懂得他的意思，但还是随便应了一句：“你真是大醉了。”过了一段，武帝又对几位大臣说：“太子近来入朝见面，看样子多少有点进步，你们再考察考察。”回来后，多数都称赞太子见解高明，气度优雅；只有和峤仍然坚持，说“跟从前一样”。武帝不悦，起身而去。

待到老皇帝驾崩，司马衷当上了皇帝，呆傻真相大白于朝野，各种笑话都传了出来。有一次，他在御苑华林园听到青蛙叫声，便傻乎乎地问侍从：“为官乎？为私乎？”意思是，这些青蛙这么叫，是为官而鸣还是为私而鸣呢？侍从听了哭笑不得，觉得无法作答，便随口说：“在官地即为官，在私地即为私。”待到天下饥荒，百姓饿死无数，这个白痴皇帝听过大臣汇报后，感到很奇怪，竟然问道：“老百姓既然没有饭吃，那他们怎么不喝肉粥呢？”他以为，他能够喝到的，老百姓也能喝到。

统一后的规模庞大而矛盾复杂的西晋帝国，由这么一个头号大傻瓜来掌舵（当然，他也只能当个牌位），其结局如何，就不难想见了。

其实，作为亲生父亲，当年晋武帝也并非全然心中无数，但他顾虑的是，嫡长子皇位继承制打破了，容易生出祸乱；特别是由于他非常宠信皇后、信任后党，因此，也不愿意改变主意。他还有一个“小算盘”：太子虽然愚钝，但生了一个非常聪明的儿子，下一步可以由皇太孙来接替他。可是，他没料到，这个白痴儿子在位长达十七年，如果不是最后被毒死，他还得做下去。

白痴皇帝登基第二年，“八王之乱”就开始了。就是说，祸乱起于武帝身后；但是，如果追究祸乱的根源，却又必然追究到武帝身上。首先，由于他宠信杨皇后，并且“爱屋及乌”，使白痴太子得以继位；其次，是他同意为皇太子娶贾充的女儿贾南风为妃，最后，杨氏后党与贾氏后党之间，司马氏诸王与杨氏后党、贾氏后党之间，特别是诸王之间，为篡位夺权而疯狂血迸，愈演愈烈，终无宁日。

三

白痴皇帝继位后，不过是“聋子的耳朵——配搭”，实权掌握在骄横跋扈的外祖父杨骏手中。而皇帝的身旁，还有一个野心勃勃、阴险凶悍的皇后贾南风，也要争夺最高权力。这一男一女，一老一少，呼风唤雨，内外夹攻，从此，拉开了西晋王朝统治集团内部你死我活的夺权斗争的大幕。

杨家父女的专擅，早在武帝时就大行其道了。当时，除了

“老泰山”杨骏，说一不二，势倾天下，皇后姊妹二人、兄弟三人，也都深得皇帝的宠爱，杨氏后党作威作福，无所不用其极。司马衷一当上皇帝，贾皇后认为时机已到，便运用手中的权力，联络了几个忌恨杨骏的藩王和大臣，通过制造杨骏谋反篡位的舆论，逼令惠帝颁下讨伐诏书，一举捕杀了杨骏及其亲属、死党，诛灭三族达几千人。

尔后，召令汝南王司马亮入京，与开国元老卫瓘共同辅政，借以掩饰后党掌权的真相。不料，司马亮专横跋扈，不给贾皇后一班人留下权力空隙，于是，皇后再次逼迫惠帝颁诏，命令楚王司马玮杀掉司马亮，同时，趁机除掉了重臣卫瓘。为了防止重新出现藩王专权的局面，贾皇后又以“专杀”的罪名处死了剽悍嗜杀的司马玮。就这样，卸磨杀驴，获兔烹狗，贾皇后一个个地铲除了元老、强藩，达到了独揽朝纲的目的。

当时面临的最大课题，是由谁来继位接班。贾后骄横妒悍，却没有武则天那样的才气与胆识，她不敢设想自身临朝问政，但又绝不甘心由已定的东宫太子继承皇位。原来，太子司马遹并非贾后所生，他的生母名叫谢玖，原是武帝的妃子，后来老皇帝配给了白痴儿子，并在生前就明确了皇太孙的位置。既然是这种情况，那在这个阴狠毒辣的女人手里，他还能有生路吗？经过一番周密策划，贾后终于把太子椎杀了。这在当时，是冒天下之大不韪的，怎么办？只好声称是太子自裁。于是，扮演了一场“猫哭老鼠”的闹剧，哀恸逾常，并以王礼下葬。

但是，纸里终究包不住火，“机关算尽太聪明，反误了卿卿性命”。贾后谋杀太子的阴谋败露后，赵王司马伦联合宗室的齐王、梁王，大动干戈，入京问罪，当即捉住贾后，逼着她喝下一杯金屑酒。临死前，贾后恨恨地叹着气，说：“拴狗要拴狗脖子，我却只拴了狗尾巴；杀狗要杀老恶狗，我却只杀了几只狗崽子。老娘今天死了，算是活该!”

司马伦野心勃勃，凶残毒狠，一面大开杀戒，乘机把所有的冤家对头一一送上刑场，一面将他的几个儿子全部封为王侯，自己出任相国，接着，就从惠帝手中夺取了御玺，称帝自立。尔后，又下了一场铺天盖地的“官雨”，不仅遍封了徒党，而且，连拥戴他的奴隶、士卒也都赏赐爵号，一时受封者达数千人。这又引发了齐王、成都王、河间王联合起兵讨伐，战火燃遍了黄河南北。司马伦兵败被杀，惠帝重登皇位，后来又被“八王”之中的最后一个王——东海王司马越毒死。

这次祸乱，持续了六十多天，死亡达十万人之众；而诸王之间又相互混战，结果有的被砍头，有的被放在烈火上烤焦，有的被绳子勒得断了气，有的被活活掐死，诸王竟无一善终。

“八王之乱”，由王室与后党之争扩大为诸王之间的厮杀。这场狂杀乱斗，足足延续了十六年。先后夺得权柄的汝南王、赵王、齐王、成都王、东海王，还有被东海王拘杀的长沙王、河间王，以及先为贾后所利用、随后又被贾后杀掉的楚王，这“八王”无一不是凶残暴戾的野心家、刽子手。在他们制造的祸乱中，“苍生殄灭，百不遗一”，京都洛阳和中原大地的劳动人民被推进了茫茫的苦海深渊，最后导致了十六国各族间的混战和持续三百年的大分裂，在我国历史上出现一次大的曲折和倒退，其罪孽是异常深重的。

四

司马氏以禅代手段建立的西晋王朝，是极度腐朽的。封建统治阶级所有的凶恶、险毒、猜忌、攘夺、荒淫、颓废等龌龊行为，都集中地表现在这个统治集团身上。晋武帝穷奢极欲，荒淫无度，登基后，即选征中级以上文武官员家里的大批处女入宫；次年，又从下级文武官员和普通士族家中选征了五千名处女；灭吴后，又从吴宫宫女中选取了五千人。皇帝淫乱在上，士族和官吏自然也是竞相效尤，淫靡成风。

由于朝廷的狂杀与滥赏，使得周围的官员感到得失急骤，祸福无常，心情经常处于紧张、虚无状态，助长了纵情声色，颓废、放荡。晋武帝率先倡导奢侈享受，夸靡斗富，他的亲信和大臣很多都是历史上有名的奢侈无度的人。开国元老何曾，一天花在三顿饭上的钱要在一万以上，还说没有可以下箸的东西。他的儿子何劭日食两万钱，比老子翻上一番，可是，这还不够尚书任恺两顿饭的花费。而王济、王恺比任恺更为穷奢极侈。但他们又谁都比不过石崇。

大官僚石崇，“资产累巨万金，宅室舆马，僭拟王者。庖膳必穷水陆之珍，后房（妻妾）百数，皆曳纨绣、珥金翠。而丝竹之艺，尽一世之选。筑榭开沼，殚极人巧。”他和武帝的舅父王恺斗富，王恺用紫丝布作成布障，衬上绿绫里子，长达四十里；他则用锦缎做成长达五十里的布障来比阔。武帝看王恺斗不过他，便常常出面相助。这也是旷代奇观。翻遍了史书，哪曾见过皇帝帮助臣下夸侈斗富的？即此，也足以想见当日奢风之盛行，朝政之腐败。

一次，王恺拿出皇帝给他的一株二尺多高的珊瑚树，借以夸富。这棵珊瑚树枝叶繁茂，他以为，世上很少能够与之相比的。不料，石崇看后，操起铁如意来就把它敲个粉碎，随后，便招呼手下的人把他收藏的珊瑚树全都搬出来，任他随意挑选。就中有六七棵三尺、四尺高的，枝条层层重叠，美艳无双，光彩夺目。王恺看了，顿时眼花缭乱，两颊飞红，惘然自失。

退休后，石崇在洛城的金谷涧，顺着山谷的高低起伏，修筑了一座占地十顷的豪华别墅，取名梓泽，又称金谷园。飞阁凌空，歌楼连苑，清清的流水傍着茂密的丛林，单是各种果树就有上万株，风景绝佳，华丽无比。“楼台悬万状，珠翠列千行；华宴春长满，娇歌夜未央。”（张美谷：《金谷名园》诗句）人们用“虽由人作，宛自天开”的话来夸赞其高超的建园艺术。

其时，炙手可热的赵王司马伦当政，石崇由于把持爱妾绿珠不放，得罪了权臣孙秀，被诬为唆使人谋杀赵王伦，受到了拘捕，绿珠坠楼而死；石崇及其兄长和妻子、儿女等十五人一起在东市就戮；钱财、珠宝、田宅、奴仆无数，悉被籍没。就刑前，石崇慨然叹道：“想当年我老母去世时，洛阳仕宦倾城前来送葬，摩肩接踵，荣耀无比。今天却落到这个满门遭斩的下场！其实，我没有什么罪。这些奴辈要我死，无非是为了侵吞我的全部资财!”他的话一落音，看押他的兵士就问道：“既然你知道万贯家财是祸根，为什么不早日散尽呢?”石崇哑然无语。

金谷园千古传扬，在洛阳可说是妇孺皆知，可是，要考察它的遗址所在，却是众说纷纭。这天，我在一位饱学之士陪同下，沿着邙山南麓，信步走到凤凰台村，顺着金谷涧东南行。据信，当年的金谷园就坐落在这个范围里。而今，除了细水潺潺，悠悠远去，一切一切，都已荡然无存。真个是：“豪华人去远，寂寞水东流。”早在初唐时期，王勃在《滕王阁序》中就已经慨叹“兰亭已矣，梓泽丘墟”，何况今天，毕竟已经过去一千七百多年了。

五

站在北邙山上，纵目四望，但见上下左右，陵冢累累，星罗棋布，怪不得人说“邙山无卧牛之地”。唐代诗人王建有诗云：“北邙山头少闲土，尽是洛阳人旧墓。旧墓人家归葬多，堆着黄金无买处。”

原来，这里眼界开阔，地望极佳，身后有奔腾不息的黄河滋润，迎面有恢宏壮观的帝京映照，地势高爽，土层深厚。俗谚云：“生在苏杭，死葬北邙。”因此，自东周起，中经东汉、曹魏、西晋、北魏，直至五代，历代帝王陵墓比邻而依。就连“乐不思蜀”的刘禅，被称为“全无心肝”的陈叔宝，“终朝以眼泪洗面”的李煜，这三个沦为亡国贱俘的后主，也都混到这里来凑热闹。其他名人，像伊尹、吕不韦、贾谊、班超……简直数不胜数，都把此间作为夜台长眠之地。踏着黄沙蔓草，置身于累累荒丘之间，确实有一种阴气森森，与鬼为邻的感觉。

听说西晋王朝的四个帝王，也都葬在这里，这天，我专程转到了这一带，想要看个究竟，结果竟一无所获。原来，足智多谋的司马懿担心墓葬会被人盗掘，临终前嘱咐子孙，不起坟堆，不植树木，不立墓碑。这比曹操死后遍设七十二疑冢还要来得神秘，真是至死不脱奸雄本色。

这种形制影响到整个西晋王朝，所以，司马懿父子三人，连同四代帝王，以及统统死于非命的“八王”的陵寝所在，直到今天还是一个疑团。为了一顶王冠，生前决眦裂目，拼死相争，直杀得风云惨淡，草木腥膻，死后却连一个黄土堆也没有挣到自己名下，说来也是够可怜的了。当然，那些臭皮囊早已与草木同腐，有一些人甚至“骨朽人间骂未销”，被牢牢地钉在了历史的耻辱柱上，知不知其埋骨地，似乎也没有太大的差别。

正是由于这里“地脉”佳美，那些帝王公侯及其娇妻美妾都齐刷刷、密麻麻地挤了进来，结果就出现了一个特别有趣的现象：无论生前是胜利者、失败者，得意的、失意的，杀人的抑或被杀的，知心人还是死对头，为寿为夭，是爱是仇，最后统统地都在这里碰头了。像元人散曲中讲的，“列国周秦齐汉楚，赢，都变做了土；输，都变做了土。”纵有千年铁门槛，终归一个土馒头。

关于这一点，莎士比亚也讲了，他在剧作《哈姆莱特》中，借主人公之口说，谁知道我们将来会变成一些什么下贱的东西，谁知道亚历山大帝的高贵的尸体，不就是塞在酒桶口上的泥土？哈姆莱特接着唱道：“凯撒死了，你尊贵的尸体/也许变了泥把破墙填砌，/啊！他从前是何等的英雄，/现在只好替人挡雨遮风！”

莎翁在另一部剧作里，还拉出理查王二世去谈坟墓、虫儿、墓志铭，谈到皇帝死后，虫儿在他的头颅中也玩着朝廷上的滑稽剧。我以为，他是有意向世人揭示一番道理，劝诫人们不妨把功名利禄看得淡泊一些。当然，他讲得比较含蓄，耐人寻味。

而在中国古代作家的笔下，就显得特别直白、冷隽、痛切。旧籍里有一则韵语，讥讽那些贪得无厌，妄想独享人间富贵、占尽天下风流的暴君奸相：“大抵四五千年，着甚来由发颠？假饶四海九州都是你的，逐日不过吃得半升米。日夜宦官女子守定，终久断送你这泼命。说甚公侯将相，只是这般模样；管甚宣葬敕葬，精魂已成魍魉。”

马东篱在套曲《秋思》中沉痛地点染了一幅名缰利锁下拚死挣扎的浮世绘：“蛩吟罢一觉才宁贴，鸡鸣时万事无休歇。争名利何年是彻？看密匝匝蚁排兵，乱纷纷蜂酿蜜，闹攘攘蝇争血。”“投至狐踪与兔穴，多少豪杰！鼎足虽坚半腰里折，魏耶？晋耶？”他分明在说，历史，存在伴随着虚无；人生，充满了不确定性。列国纷争，群雄逐鹿，最后胜利者究竟是谁呢？魏耶？晋耶？看来，谁也不是，而是历史本身。宇宙千般，人间万象，最后都在黄昏历乱、斜阳系缆中，收进历史老仙翁的歪把葫芦里。

在无尽感慨中，我口占了四首七绝：

圮尽楼台落尽花，谁知曾此擅繁华？
临流欲问当年事，古涧无言带浅沙。

残墟信步久嗟讶，帝业何殊镜里花！
叩问沧桑天不语，斜阳几树噪昏鸦。

茫茫终古几赢家？万冢星罗野径斜。
血影啼痕留笑柄，邙山高处读南华。

民意分明未少差，八王堪鄙冷唇牙。
一时快欲千秋骂，徒供诗人说梦华！

陈武帝、陈后主：
圣与辱两口井

荣辱兴亡两口井，龙头鼠尾一局棋。想那开基创业的陈武帝，何等豪强，何等抱负；可是，到了末代皇帝后主手中，什么祖传基业，国脉民心，统统弃之如敝屣，过着醉生梦死、纸醉金迷的糜烂生活。武帝如果地下有知，当会痛悔当初：所为何来？

一

六朝上承两汉，下开隋唐，在中国文化、思想史上，是一个重要的时代。一千多年来，谈论它的话题，数不胜数，就中以诗人骚客的寄志抒怀，最具主观色彩，浓缩着多重意蕴，多种感慨。

唐代诗人杜牧风流倜傥，酿就了诗性人生，用“南朝四百八十寺，多少楼台烟雨中”，来状写他所倾心的千里江南的无边秀色。而亲历明清之际天崩地解的改朝换代的诗人钱谦益、龚鼎孳，或借金陵观棋以寄寓兴亡之感，叹息着“白头灯影凉宵里，一局残棋见六朝”；或兴铜驼荆棘、世事沧桑之悲，苦吟着“兴怀无限兰亭感，流水青山送六朝”。都是寄慨遥深，语调沉痛而凝重的。

在这名篇络绎、万喙齐鸣的六朝诗册里，域外的文人、学者也不甘沉寂，最为脍炙人口的应属日本诗人大沼枕山的七绝，有句云："一种风流吾最爱，南朝人物晚唐诗。"代表了相当多数人的一种艺术追求与审美情趣。

本文的话题，也是紧扣着六朝，讲述的是这一历史时期最末尾的陈朝的两位皇帝。他们虽说也都是"六朝人物"，却大抵属于"另类"，谈不上什么超逸洒脱，俊采风流。这两个人，一为创业奠基的开国皇帝，金戈铁马，叱咤风云，多的是王气、霸气、英雄气，而少了那种空灵俊逸的"六朝烟水气"；一为末代亡国之君，一个地地道道的纨绔子弟、花花公子，通身满脑袋都是"六代绮罗"、"秦淮金粉"，整天沉迷于烟柳繁华地、温柔富贵乡，同传统的"魏晋风度"，更是毫不沾边。倒是同他们有着直接关联的两口古井，还有两种美食，脱除了那种朽腐、发霉的气味，也许还"任是无情也动人"吧！

二

先从古井说起。

一口井叫做"圣井"，坐落在紧靠着太湖的浙江省长兴县。它的声名鹊起，与陈朝的奠基人陈霸先有着直接关系。

霸先庙号高祖，史称陈武帝，南朝·梁天监二年（公元503年）出生于长城县（今长兴县）下箬里。据宋嘉泰年间《吴兴志》记载：

> 陈氏故宅原有井五口，其一为永嘉中陈氏远祖所穿，武帝初生之日，井水涌出，家人即就井旁汲水以浴之，后遂得名为“圣井”。

到了明代隆庆年间，长兴县来了两位文豪出身的县官，一个是散文大家归有光出任知县，一个是著有《西游记》的小说家吴承恩当了县丞。前者撰文，后者手书，共同完成了《圣井铭并序》碑，然后立于井侧。碑文三百零一字，备述“圣井”的由来及其兴衰际遇。碑文四周饰以莲瓣，花纹古朴有致。1960 年，《圣井铭并序》碑作为珍贵的历史文物，移立于县文化馆，并在“圣井”上面修建亭楼。这口井至今仍保存完好。井壁系由石块砌成，水面接近地面，深约十五米，直径一米五，水质清澈、甘甜，终年不竭。

陈武帝故居遗址，呈小岛式地形，四周有箬溪环绕，占地面积三十六亩。一千五百年过去了，于今，那种皇族巨室的威严气势，仍然依稀可见。历代许多帝王都曾为它颁布过“天赐圣旨”，诗文碑刻林立，白居易、杜牧、朱熹、苏东坡等都曾驻足其间，留下了珍贵的墨迹。院内原有武帝手植银杏树一株，粗可数人合抱，上世纪六十年代遭受雷击后，被村人锯掉。县城西北三十里，有巨石壁立如屏，高约五十丈，相传为武帝少时游钓之处，顶上开阔、平夷，有池一方，号“武帝磨剑池”。

陈霸先的祖上世居河南颍川；其十世祖陈达，于西晋永嘉年间随皇室渡江南迁，后来出任吴兴郡长城县令。因为喜欢此地的山川风物，遂在城东下箬里定居下来。《陈书》中记载，陈达当时预言：“此地山川秀丽，当有王者兴。二百年后，我子孙必锺斯运。”后来，果真应在了陈霸先身上。

我国古代，素有“地灵人杰”之说，实际上体现了环境对于人才生成的因果关系。陈霸先的崛起，颇得益于吴兴一带尚武争雄的社会风气。这里崇尚武功，有着悠久的历史传统。“世有陷坚之锐，俗有节概之风。”自春秋战国以迄六朝，吴兴一带涌现出许多著名的战将和武力强族。吴越之君皆勇，“故其民至今好用剑，轻死而易发”。齐梁之际，武力强宗开始向文化士族转型，但长城县崇军尚武之风，依然未减。这里有一座斫射山，山下建有全国极为少见的射神后羿庙，由于山民皆习武善射，所以，就以建祠设祭来纪念这位古代的英雄。

区域性的风土人情，潜移默化地影响着人们的个性与癖好。史载：霸先“少倜傥有大志，不治生产”，打鱼练武，兴趣广泛；“及长，涉猎史籍，好读兵书，明纬候、孤虚、遁甲之术，多武艺，明达果断”，为“当世推服”。

三

霸先是一位地道的“草根皇帝”。他门第寒微，乃“火耕水耨之夫，荜门圭窦之子”。少时，当过下箬里的里司，后在建康做了油库吏。梁朝末年，武夫称雄、龙争虎斗的时势，为他宏才大展提供了广阔的天地，造就了他这个乱世英豪。他以高超的武艺和出众的才识，深得梁武帝侄子、新喻侯萧映的赏识与器重，被拔擢为中直兵参军，后又升任西江督护、高要太守。广州爆发兵乱，萧映被困，霸先率三千精兵，一战解围，从此，崭露了头角，一步步走向辉煌。后以始兴郡太守，出兵讨伐侯景的叛乱，因为战功卓著，被拔擢为司空，领扬州刺史，镇守京口。当北齐入侵金陵时，霸先率部出击，使东南半壁免遭鲜卑贵族的蹂躏，被官兵、百姓视为“民族英雄”。后来，在文武官员的拥戴下，这位一代枭雄，终于代梁自立，是为陈武帝。在位不足三年，选贤任能，以恭行节俭、政治清明见称，于公元559年病逝。

史学家吕思勉先生认为：若论功业，陈武帝霸先实际是超过宋武帝刘裕的。当时，国门之外，虽然铲除了强敌，但是，梁朝的残余势力，还在蠢蠢思动。又兼面临着武夫专横，土豪割据的复杂局面，陈朝的开创之艰，实十倍于宋、齐、梁三朝而不止。宋武帝自私之意多，陈武帝则公忠体国。宋武帝于同时的侪辈大肆加以诛戮，而陈武帝则尽最大努力来收用降将，其度量之宽广，大有过人之处。

武将程灵洗，当陈霸先袭击石头城时，曾率兵进行激烈的抵抗，后来途穷力竭，被迫出降。霸先并未因此而心生芥蒂，反而倚之为心腹、授之以高位，看得出他的远见卓识，宽宏大量。程氏父子后来矢志尽忠，成了陈王朝的高层骨干和重要依靠力量。

还有著名文学家徐陵，当日由北齐回到建康，深受陈霸先的政敌王僧辩的礼遇，徐陵也一直感念着这种知遇之恩。归陈后，奉命制作《九锡文》，为陈霸先代梁自立预作舆论准备。文中历数霸先起兵以来所有功勋，救广州，定交州，直到平侯景，抗北齐，多达二十二起，唯独略去了翦除王僧辩这一重大军事行动。当然不是由于疏忽，而是在有意回避。陈霸先也就听之任之，表现了一位大政治家的豁达胸襟。

陈霸先的德行，还表现在恭以待人，俭以接物上。史称，武帝不贪钱财，不事挥霍，登上帝座之后，膳食简单几样，盛以瓦器蚌盘，绝不虚耗浪费。他的后宫妃子，衣服素朴，不施重彩，亦无金翠首饰，一应歌钟、女乐，不许陈列于前。这种高度平民化的生活作风，影响了当时的整个官僚阶层。

四

现在，再来说陈朝的另一口井。

公元589年，陈朝都城建康陷落，末代皇帝陈叔宝仓皇无计，与宠妃张丽华、孔贵嫔，相抱投入景阳宫井中。旧籍《金陵览古》记载：隋兵攻入台城，不见陈后主下落，后发现此井，“军士窥井呼，不应，将欲下石，乃闻嚣声。以绳引之，惊其太重。及出”，才发现是三个人抱在一起。由于井栏石脉有胭脂痕，故名“胭脂井”；而诗文典籍中，通称为“辱井”，表明末代皇帝在这里丢失了江山，丧尽了人格、国格。

真是“无巧不成书”，一个“圣井”，一个“辱井”，八十六年间，风水轮流转，它们一始一终，遥相呼应，连结着陈朝两个皇帝的传奇性命运。

陈叔宝史称陈后主，是陈武帝侄子（陈文帝）的侄子。他和武帝属于祖孙辈，论血缘是一脉相承的，然而，两人竟是那样的不同，说是“悬同霄壤”也不为过。

与武帝饱经忧患、戎马终生形成鲜明的对照，后主“生于深宫之中，长于妇人之手，既属邦国殄瘁，不知稼穑艰难”（唐人魏征语）。自小就浸淫于“六朝金粉”、“秦淮风月”的粉腻脂香、绮罗芗泽之中。这里还是江南的文薮，遍是“乌衣子弟”、文化家族，使他完全挣脱了“金陵王气”，而沾染了满身的文气。后主颇具文学天赋，有诗文集三十卷传世。最著名的应是那首流传广远的《玉树后庭花》了：

丽宇芳林对高阁，新装艳质本倾城；
映户凝娇乍不进，出帷含态笑相迎。
妖姬脸似花含露，玉树流光照后庭；
花开花落不长久，落红满地归寂中！

诗中以艳美的辞藻描画他的嫔妃们娇娆媚丽，堪与鲜花竞美争妍。但在“玉树流光”之余，也透露出盛衰无常的悲凉意味。

在后主现存的九十首诗中，内容艳冶轻薄、格调不高者居多；但就艺术性来说，语言流畅清丽，描写生动传神，还是颇具特色的。他间或也写些山水风光的诗句，清新可喜，体物入微，像“天迥浮云细，山空明月深”；“思君如落日，无有暂还时”；“烟里看鸿小，风来望叶回”；“苔色随水溜，树影带风沉”等诗句，颇有唐人小令风致。

他的《独酌谣》四章，流传较为广远，唐代诗人卢仝曾袭用这一表述方式，写出著名的《七碗茶诗》。

独酌谣，独酌且独谣。
一酌岂陶暑，二酌断风飙。三酌意不畅，四酌情无聊。
五酌盂易覆，六酌欢欲调。七酌累心去，八酌高志超。
九酌忘物我，十酌忽凌霄。凌霄异羽翼，任致得飘飘。
宁学世人醉，扬波去我遥。尔非浮丘伯，安见王子乔！

撰写歌诗之外，他还是一位出色的音乐家，曾谱写《黄鹂留》、《临春乐》、《金钗两鬓垂》等曲调，与幸臣共制歌词，“被以新声，选宫中有容色者以千百数，令习而歌之，分部迭进，持以相乐”。

五

荣辱兴亡两口井，龙头鼠尾一局棋。

想那开基创业的陈武帝，闯枪林，冲箭雨，南北驰驱，出生入死，费煞移山气力，夺得万里江山；可是，真正坐上龙墩，满打满算不足三年，便撒手尘寰。而到了末代皇帝后主手中，什么祖传基业，国脉民心，统统视之为轻烟，弃之如敝屣；整天拥着娇姬美女，伴着文人狎客，沉湎于烟柳繁华地、温柔富贵乡，骄纵奢侈，荒淫无度，过着醉生梦死、纸醉金迷的糜烂生活。

武帝雄才大略，朝乾夕惕，日不暇给；而后主却是终日流连酒色，不恤政事，荒淫误国。他的宠妃张丽华，进退娴雅，容色端丽，每当举目流盼，光彩照映左右。常于阁中靓妆，临轩倚槛，宫中遥望，飘若神仙；而且，才辩无双，记忆力极强，善于观察人主颜色，因而得到后主的极度宠爱。临朝之际，常将丽华抱置膝上，共同决定国家大事。于是，大臣们就通过宦官，同她勾结，从事卖官鬻爵与制造冤狱等祸国殃民的勾当。

与武帝恭行节俭、爱民恤物相背反，后主奢侈无度，认为现有的居处简素，未足为藏娇之所，遂起临春、结绮、望仙三阁，穷土木之奇，极人工之巧。凡窗牖、墙壁、栏槛之类，皆以沉檀木为之，饰以金玉，间以珠翠。服玩珍奇，器物瑰丽，皆近古所未有。阁下积石为山，引水为池，植以奇树，杂以名花。每当微风拂动，香闻数里，朝日初照，光映后庭，月明之夜，恍如仙界。

后主最大的癖好，一是美色，二是诗酒。他整天拥着娇宠的张贵妃、孔贵嫔等八名美女，连同江总、孔范等十几名文人、“狎客”，在宫廷里举办诗歌酒会，自夕达旦，习以为常，无视民间疾苦，不理朝政。中书舍人傅縡进谏说：

> 陛下近来，酒色过度，……小人在侧，宦侍弄权，忌恨忠良好像仇敌，俯视百姓直如草芥。后宫绮绣充盈，马厩到处都是菽粟，而百姓却啼饥号寒，流离蔽野，神怒民怨，众叛亲离。如果再不改弦易辙，臣恐东南王气，自此而尽。

后主见报，勃然大怒，将他赐死狱中。从此，直臣皆缄口噤声，后主则更加骄奢淫逸，百姓生计日益迫蹙。

六

见到陈王朝如此腐败不堪，雄心勃勃的隋文帝杨坚遂颁下诏令，历数陈后主二十大罪，挥师东进，大举伐陈。五路大军一齐向京城建康进发，陈朝的守将纷纷告急。而安卧台城的后主和宠妃、文士们，却每天照旧醉得七颠八倒，收到警报也不拆封，往床下一丢了事。后主说：“东南一带是个福地，从前北齐攻过三次，北周也进军两次，都失败了。这次隋兵，还不是照样来送死!”

兵临城下之日，尽管城里尚有十几万兵马，但那些宠臣、嬖幸哪个懂得指挥；将士被俘的被俘，投降的投降。隋军如入无人之境，当即把后主连同几个嫔妃一同俘获，然后押解到京城长安，去朝见隋文帝。文帝赦免了后主的罪愆，赏赐甚厚，后来还曾多次接见，为了使他免于触景伤情，每次宴会上都不奏吴音、南乐。

其实，后主原本就不在乎这些。他几乎忘记了亡国贱俘身份，毫无愧怍之色。在随从文帝登上洛阳邙山侍饮时，腼颜赋诗曰："日月光天德，山河壮帝居。太平无以报，愿上东封书。"还有一次，后主请求文帝赐予他一个官职，说："每次出席陛下举办的宴会，我都因为没有具体的官职而局促不安。陛下可否赏赐给我一个职位，哪怕是个封号也好啊！"文帝听了，一脸不屑地说："陈叔宝真是全无心肝！"后来，文帝还曾这样评论过陈后主："如果他以作诗之功，来考虑如何治理国家，何至于此？我听说，当大军进逼京口时，下属频频告急，他却照常饮酒，了不省悟。待到搜索皇宫，发现那些奏启全都压在枕下，没有拆封。说来也真是可笑啊！"

文帝此言，当然在理。但在后主看来，却有点"南辕北辙"、"夏虫语冰"的味道。因为两个人的着眼点不同，衡量事物的标准也有很大差异：文帝是把他作为一个皇帝来要求的；而后主自己，每时每刻，都是以浪漫诗人、风流才子自命，根本就没把君王、国主当回事。因而，哦诗度曲才是正业，至于"国家事"，纵不是"管他娘"，至多只能当做"副业"，偶一为之罢了。

后主病死于公元604年，得寿五十二岁。台湾著名学者柏杨有言："陈帝国是南北朝唯一没有出过暴君的政权，但它最后一任皇帝陈叔宝，却是名声最响亮的昏君之一。"在政权走马灯般更迭，顶顶皇冠落地、处处杀人如麻的两晋南北朝时期，陈家五个皇帝，包括这个"名声最响亮的昏君"，居然人人皆得善终，说来也真是幸运。这同西晋王朝的司马氏"血腥家族"，九人有八人横死，西燕七个帝王、南朝·梁八个帝王、隋朝三个帝王，全部惨遭杀害，恰成鲜明的对比。

七

“圣井”也好，“辱井”也好，早都成了历史的陈迹。即使像陈霸先那样的一代开国帝王，属于他的那个年代，也已经像轻烟淡霭一般，消逝得无影无踪，更不要说亡国之君陈后主了。当然，作为一种文化现象，一个历史话题，还是时常被后人提起的。这样，也就留下了数量可观的诗文。

陈亡，大约过去了二百八十年，唐末诗人李山甫凭吊石头城，写了一首七律：

南朝天子爱风流，尽守江山不到头。
总是战争收拾得，却因歌舞破除休。
尧将道德终无敌，秦把金汤岂自由。
试问繁华何处有？丽莎烟草石城秋。

南朝的江山都是战场上打下来的，可是，最后都沦陷于“风流天子”之手；多年流血拼争所打下的天下，却因酒色征逐、酣歌醉舞而转手他人。想当日是何等风光！而今繁华安在？映入眼帘的，只有这“丽莎烟草”，摇曳在秋风里。

与李山甫差不多同时代的著名诗人韦庄，也有一首七律：

南朝三十六英雄，角逐兴亡自此中。
有国有家皆是梦，为龙为虎亦成空。

残花旧宅悲江令，落日青山吊谢公。
毕竟霸图何物在，石麒麟没卧秋风。

他感叹南朝各国的几十个雄主，龙争虎斗，角逐兴亡，到头来都不过是一场幻梦而已。

属于这类感慨兴亡的诗，还有唐人包佶的《再过金陵》：

玉树歌残王气收，雁行高送石城秋。
江山不管兴亡事，一任斜阳伴客愁。

还有一类诗词，由一般的叩问沧桑、吊古伤怀，演进为总结沉痛的经验教训，寄寓警戒之思、兴亡之感。杜牧《泊秦淮》，是这类诗章中的杰作，诗句貌似悠然，实则感情强烈，语语沉痛：

烟笼寒水月笼沙，夜泊秦淮近酒家。
商女不知亡国恨，隔江犹唱后庭花。

还有唐代诗人刘禹锡的《台城》：

台城六代竞豪华，结绮临春事最奢。
万户千门成野草，只缘一曲后庭花。

名列“唐宋八大家”的著名诗人王安石，有《桂枝香》词，同样借助金陵怀古，揭露南朝统治者醉心情色，葬送江山的往事。最后借杜牧诗句，感叹至今仍然有人不记前朝教训，重蹈覆亡故辙。词的下阕是：

念往昔，繁华竞逐，叹门外楼头，悲恨相续。千古凭高对此，漫嗟荣辱。六朝旧事随流水，但寒烟衰草凝绿。至今商女，时时犹唱，后庭遗曲。

八

在咏叹陈朝史迹的诗词中，借着“辱井”的话题，对于陈后主进行鞭挞、讥刺者，占了相当数量。最为尖锐、直截，一针见血的，是王安石的七绝：

结绮临春草一丘，尚残宫井戒千秋。
奢淫自是前王耻，不到龙沉亦可羞。

宋代诗人陈孚和明末遗民余淡心，他们异代同怀，都以《胭脂井》为题，发抒了个人的感慨：

泪痕滴透绿苔香，回首宫中已夕阳。
万里河山天不管，只留一井属君王。

可怜后主最风流，张孔承恩在下头。
玉树后庭俱寂寞，胭脂井上草三秋。

“初唐四杰”之一杨炯的诗，含讥带诮，令人忍俊不禁：

擒虎（隋将）戈矛满六宫，春花无树不秋风；
仓皇益见多情处，同穴甘心赴井中。

类似的还有清代著名诗人袁枚的《景阳井》：

华林秋老草茫茫，谁指遗宫认景阳！
当日君王纵消渴，井中何处泛鸳鸯？

清人宗元鼎的《吴音曲》：

璧月庭花夜夜重，隋兵已断曲阿冲。
丽华膝上能多记，偏忘床前告急封。

唐代诗人许浑的《陈宫怨》：

地雄山险水悠悠，不信隋兵到石头。
玉树后庭花一曲，与君同上景阳楼。

或讥评，或嘲弄，或揭露，各有侧重，异曲而同工，极尽讽刺之能事。

九

还有一些诗人，进一步荡开主题，拓展视野，把陈后主作为衬托、作为引线、作为叙事的背景，用以批判本朝或者前代的荒淫、腐朽的君王。唐代诗人郑畋有一首七绝，矛头指向了唐玄宗：

> 玄宗回马杨妃死，云雨难忘日月新。
> 终是圣明天子事，景阳宫井又何人？

诗中说，玄宗当机立断，为国割爱，终属“圣明”之举；若不如此，难保不像陈后主和张丽华那样，求死不得，反受侮辱。看似褒扬，实则隐含讥刺——“圣明”到仅仅强过饱遭千秋唾骂的陈后主，“圣明”到宗庙没有灰堕，没有沦为亡国贱俘，标准实在是太低了。“皮里阳秋”，意味深长。

再就是晚唐著名诗人李商隐的《隋宫》七律，是针对炀帝杨广的。

> 紫泉宫殿锁烟霞，欲取芜城作帝家。
> ……
> 地下若逢陈后主，岂宜重问后庭花。

这是诗的首尾两联。大意是说，隋炀帝闭锁长安的宫殿不用，却想以扬州（芜城）为帝都，在那里另建豪华的宫阙，威福自恣，空耗民力，简直比陈后主还荒淫奢侈。如果他在地下遇见陈后主的话，恐怕也不好意思再请张丽华舞一曲《后庭花》了。诗人在这里暗用了一个典故：《隋遗录》载，隋太子杨广率军灭陈，俘获了后主陈叔宝，二人后来常相过从。即位后，炀帝驾幸江都，梦中与已经死去的陈叔宝及其宠妃张丽华等相遇，并请张丽华舞了一曲《玉树后庭花》。诗中援引这一故实，巧妙地揭示出对于荒淫亡国进行鞭挞的深刻主题。

其实，说到陈叔宝与杨广，两个人也确有其可比之处。陈后主死后，谥为炀帝。谥法：好内怠政，远礼、远众，逆天虐民为炀。孰料，不到十年，杨广死后，同样获得这一谥号。这又是一个巧合。

十

“往事越千年”，旧梦如烟。除了两口井，连同一些或香艳或麻辣的诗文，短命的陈王朝还为我们留下了什么遗产呢？想了想，还有两样美食，同陈朝的开国皇帝和末代君主有着直接联系。

现在，南方湘、粤等省，特别是岭南一带，流行一种夏令美味食品，叫做“荷叶包饭”。荷叶清香，饭团松软，中医说有生发元气、调理脾胃、清热解暑的功效。清代《羊城竹枝词》有诗云：

> 泮塘十里尽荷塘，姊妹朝来采摘忙。
> 不摘荷花摘荷叶，饭包荷叶比花香。

陈霸先曾任梁始兴郡（在今广东韶关一带）太守，后以讨伐侯景之功，升任司空，镇守京口。在抵御北齐进犯之敌中，由于口粮接续不上，当地百姓便用新嫩的荷叶，包裹着米饭，中间还夹上鸭肉，送到前线劳军，大大鼓舞了士气，保证了最后的胜利。从此，霸先所到之处，就将“荷叶包饭”这种美食传播开来。

无独有偶。在现今的南京，也有一种美味食品，叫“一条龙”

包子。

相传，陈后主少年时节，十分贪玩，经常溜出宫门，跑到秦淮河畔转悠。走着玩着，来到一家包子铺前，恰好包子出笼，香味儿扑鼻，他伸手拿起就咬，吃了一个又一个。吃完，也不懂得付账，嘴一抹就走。店主人要他付钱，他说“没有”。那就留个名字记账吧，于是，随手签下“一条龙”三个字。后来，主人知道，这个自称“一条龙”的小孩，原是当朝太子陈叔宝。经过他有意地招摇、作势，京城的达官贵人都像潮水一般涌来，包子铺的生意顿时兴旺起来。后来，这条街被称为“龙门街”，“一条龙”三个字也被装裱上了中堂。从此，“一条龙”的包子就名闻遐迩，一直流传到今天。

隋文帝、唐高祖、唐太宗、明太祖、康熙帝：
创业有方　交班无术

这是一个无法跳出的封建怪圈：要么干脆放弃“家天下”的皇位世袭制，“天下为公”，选贤任能；要么就得每时每刻面对着致命的危机。放弃前者不可能，因为“家天下”、世袭制是封建王朝的命根子；这样，就只能永无穷尽地吞咽混乱、败亡的苦果。

一

以撰写大观楼一百八十字长联闻名于世的清代诗人孙髯翁，登临滇南武定县狮子山时，听说明初“靖难之役”中流亡出走的建文帝曾经长期遁迹于此，一时感慨兴怀，为雄才大略、虑远谋深的朱元璋创业有方却交班无术而深致惋惜，当即赋诗一首，其中有这样两句：

滁阳一旅兴王易，建业千官继统难。

其实，当日朱元璋接替郭子兴成为“滁阳一旅”的领军人物，击楫渡江，建立应天据点，孤军独守，兴王创业，又何尝容易！无非是，比起后来在帝都金陵（古称建业）反反复复地选择继统对象，最后仍然出了纰漏，相对来说，较为顺利罢了。

不管怎么说，这寥寥十四个字，确是概括了封建王朝在开基与继统方面一个带规律性的现象。

在“家天下”、世袭制的体制下，一切封建帝王，尤其是开国皇帝，对于继统问题无不极端重视，都把它看做是立国之基、社稷之本。当取得皇位之后，他们所昼夜焦虑、念兹在兹的，是自身的统治权如何巩固；而随着皇权的日趋巩固和高度集中，王位继承问题便一跃成为“悠悠万事，唯此为大”的核心问题。

对于继统问题，朱元璋当日绸缪甚早，还在做吴王时，就确定嫡长子朱标为世子，即皇帝位后，遂封为太子。不过，他逐渐地发现，朝中掌控要津者多是一些元勋大老，而生性仁和、温文雅驯的朱标，势难驾驭这个国事繁剧、边防多事、矛盾纷繁的全局。不久，朱标病逝。依照老皇帝的意向，四子朱棣沉雄、果断，颇有父风，应该册立他为皇储。但朝臣们都以朱棣本系庶出（生母为高丽国进贡给太祖的一个妃子），前面又有两个兄长，弃兄立弟，“违反古制”为由，极力加以反对。最终确定朱标之子允炆为皇太孙。朱元璋也料到了诸叔王未必服气，便特意编写一部《永鉴录》，教育诸王安分守已，顾全大局；又颁布了《皇明祖训》，提出皇亲中如果发现谋逆之事，格杀勿论。但是，这一切终究是纸上文章，一当他撒手红尘，约束力便化为乌有了。诸叔王凭借手中的雄厚实力，言多不敬，行辄越法，根本不把这个年轻、文弱的建文帝放在眼里。特别是燕王朱棣，从青年时代起，即跟随父亲驰驱疆场，战功卓著，成为诸王中的佼佼者，对建文帝构成了严重威胁。后来，朱棣终于借口奸臣跋扈，朝廷孤立，社稷危亡，援引《皇明祖训》，以“清君侧”为由，入京“靖难”。

从而爆发了一场持续四年之久的争夺皇位的内战，史称“靖难之役”。

说到“古制”，需要远溯到上古时代。在母系氏族社会，民主选举产生部落首领，财产统归以母系计算的氏族共有。后来进入父系氏族社会，出现了私有财产，但共同财产部分仍然属于全体成员所共有，因而，氏族成员仍然拥有选定与撤换首领的权利。到了公元前二十一世纪，出现了第一个世袭君主制王朝，“夏传子，家天下”代替了“天下为公”，选贤任能的“禅让制”。接下来是商朝。王国维先生认为，商之继统法，以“兄死弟及”为主，而以“子继”辅之，无弟而后传子。执行的结果，是导致王位纷争，国都几次迁徙，史称“九世之乱”。迨至西周前期，周公旦曾以武王之弟身份继位称王，但由于兄弟不服，引起了一场叛乱。这样，便产生了“皇位嫡长子继承制”：在后妃所生诸子中，皇后之子优先继位；而在皇后所生诸子中，长子又具有优先继承权。明初朝臣所谓“古制”，就是指此。

这种体制的建立，源于宗法制度，更同皇帝多妻制紧相联结着。封建帝王为确保其家族香火绵延，并满足其无度的淫欲，遂广置后妃，以充后宫。《礼记》上说：“古者天子立六宫、三夫人、九嫔、二十七命妇、八十一御妻”。后世有了更大的发展，到了唐代，皇后之外，还有贵妃、淑妃、德妃、贤妃，统称夫人；昭仪、昭容、昭媛、修仪、修容、修媛、充仪、充容、充媛，叫做九嫔；另有婕妤、美人、才人各九人；宝林、御女、采女各二十七人。开天之际，长安三宫和东都两宫，共有宫女四万人。以当时全国四千多万人口计，唐玄宗的妻妾占了千分之一。这样，皇子自然瓜瓞连绵，动辄上百。只能根据母亲身份贵贱，将皇子区分为嫡子、庶子；最后，依照先嫡先长、后庶后幼顺序，锁定一个王位继承人，以保证皇权在家族内部平稳过渡。

这种“嫡长子继承制”，起于周初，止于清代前期，施行两千七百多年。对于皇权顺利交接、防止皇族内部因为争夺储位而同室操戈，确是起到一定作用。且看，从西汉至晚清，二十九个娃娃皇帝，大体上都还顺利地爬上龙墩，显然借力于这种“百王不易之制”。

当然，其弊端也是显而易见的。本来，高度集中、不受制约的专制皇权，对于君王的个人德才素质与治国理政能力，提出了至高、至严的要求；可是，“立嫡立长不以贤”，断然放弃了德才考量，成为一种典型的排除贤才、摒弃智能的继统方式。这种强烈的反差，使它与儒家的“尚贤”、“传贤”的政治理想完全脱节；最严峻、最尖锐的矛盾，还在于它同现实的需要根本对不上号。如所周知，在纷繁万端的政治事务和错综复杂的宫廷纷争面前，即使经过严格挑选的贤能君主也难以应对，何况在嫡长子继承制度下，幼儿、白痴、草包、恶棍登上皇位，在所难免；而由于君主的终身制，其后果就更为严重。明朝十七帝共二百七十六年，有八人庸劣不堪，占去一百七十三年，而昏聩的嘉靖和以懒惰著称的万历，分别在位四十五年和四十八年。难怪这个庞大帝国，中后期竟然弄得那么混乱、糟糕！

制定嫡长子继统制的出发点，是太子定位之后，诸皇子各守本分，从而弭除祸乱；实际情况恰恰相反，其间命定地潜伏着种种危机。太子预定之后，在后妃生下的众多皇子中，难免会出现才能、功业、威望超常的二三佼佼者，那么，东宫太子将何以安其位？纵使因为老皇帝在位，暂时使祸乱隐蔽下来；可是，如果太子本人根本缺乏统御天下的才具，未来总是难以坐稳龙墩。这样，老皇帝在撒手红尘之际，又怎么能够放心、瞑目？

嫡长子继承制的施行，存在着太多的变数与不确定性，制约、干扰的因素很多。比如，许多皇后并没有生下儿子，或者虽然生了儿子却又早殇；有一些即使得以顺利地成长，或因君王的好恶妨害了嫡长制的施行，或因对于皇后的感情变化，“爱屋及乌”或者“殃及池鱼”，也会影响到嫡长子的继统；再就是，权奸、藩镇、阉宦、后妃、外戚干政，也是影响嫡长子继承制贯彻实施的重要因素。

史书记载，秦汉两朝二十八位皇帝、宋代十八位皇帝中，嫡出的都只有三人；东汉诸帝中竟无一人为皇后所生；唐代，二十二位继统的皇帝中（开基创业的高祖李渊和大周皇帝武则天除外），只有六人为嫡长子，不到三分之一。说到制约、干扰的因素，唐代颇有代表性：前期，太宗至肃宗七朝皇帝，全部是通过宫廷斗争登上王位的；后期，穆宗至昭宗八朝皇帝中，七人为宦官所立，只有敬宗一人凭借储位侥幸继统，最后还是被宦官弄死了。

鉴于嫡长子继承制存在着诸多弊端，施行过程中又会遭遇种种变故，历代封建统治者不断采取补救措施，对建储、继统制度加以完善。他们不遗余力地宣扬儒家的纲常名教，倡导君尊臣卑、君敬臣忠、父慈子孝、兄友弟恭，为执行这一制度奠定必要的思想基础；特别是高度重视对于皇太子以及诸皇子的人格塑造和品德教育。与此同时，他们也曾实行一些极端的防范措施。比如，北魏为防止母后专擅，规定册立太子之前，必须先将其亲生母亲杀掉。姑无论这种做法惨酷残忍，泯灭人性，单就效果而言，也所见甚微。因为危及皇权的因素实在太多，岂是杀掉一个母后所能了得！辽太祖耶律阿保机的改革措施是，皇位继承人先在本部宗亲中选择，使多名候选人同时备选；最后在有各个部族及政治集团参加的“世选”中，实行终选。结果是未见其利而先受其害——每个候选者都有一定的政治势力作为后盾，从而引发了候选人（及其后台班底）之间的激烈争夺，直接导致王朝动荡、社会混乱，终辽之世，未曾平息过。

清代雍正帝即位之后，鉴于康熙帝为建储一事殚精竭虑，最后还是祸乱丛生的深刻教训，着手对建储制度进行改革。具体做法是，由皇帝将准备继统的皇子的名字，亲写密封，藏于匣内，置之乾清宫“正大光明”匾额之后，待皇帝晏驾后，再启封揭晓。这样，建储就由公开转向秘密，皇帝一人独掌权衡，不受任何干扰；同时，也使皇位继承问题暂时显得不那么尖锐、敏感，延缓了皇室内部的火并、争夺。当然，根本性的矛盾并没有得到解决。

乾隆帝继位之后，曾经试图对这种“秘密建储制”加以改进，就是在储位秘定后明确宣布：待预定的皇子年龄稍长、识见扩充、志气坚定，骄矜之气不再生、诱惑之举不为动之时，他将布告天下，以明正储位。然而，在实际践行中，却遭遇了严重挫折，两次预立的嫡子相继早殇，使他原来的由秘密到公开立嗣的想法未能得以实现。他把个人的失算归结为天意，说：“先朝（指其父祖辈）未有以元后正嫡绍承大统者，朕乃欲行先人所未行之事，邀先人不能获之福，此乃朕过也。”最后，回过头来，又把乃父的秘密建储制度重新捡起，并作为本朝基本制度坚持下去。乾、嘉、道、咸四代，没有一个是嫡长子。百余年间，皇位继承大体上顺利。

二

纵观两千多年封建王朝史，“嫡长子继承制”也好，“秘密建储制”也好，都未能从根本上消除皇位争夺的祸端。可以说，自从皇权世袭这一体制确立下来，就始终潜伏着无法克服，甚至是无法预测的矛盾，成为一切封建王朝永远跳不出的怪圈：要么，你就干脆放弃“家天下”、世袭制，“天下为公”，选贤任能；要么，就得每时每刻都要面对这一根本无法解决的难题，兵连祸结，骨肉相残，朝廷危机四伏，社会动荡不宁，直至政权丧失，国家灭亡。放弃前者不可能，因为“家天下”、世袭制是历朝封建皇帝的命根子；这样，就只能永无穷尽地吞咽混乱、败亡的苦果。

祸乱的根源在于“普天之下，莫非王土；率土之滨，莫非王臣”，君王拥有绝对的权威、至高无上的权力，世间一切荣华富贵集于一身，而且又能传宗接代。面对皇权的强大诱惑力，一切觊觎王位的人，都不惜断头流血，拼命争夺。这样，交班就成为老皇帝最为棘手的难题。

且看历史上几位大有作为的英主——

隋朝的开创者杨坚，平定江南，统一中国，结束了自东汉末年军阀混战以来长达四百年的分裂割据局面。本人也躬行节俭，励精图治，堪称是一代英主。但是，由于他猜忌多疑，最后导致建储失当，所传非人，不出十四年，就使繁荣富强的隋王朝归于覆灭。

杨坚登上帝位之后，确立嫡长子杨勇为太子。杨勇赋性仁厚，率直任性，不懂得曲意逢迎；加上有些事没有处置好，造成父母疑忌，使他的太子地位发生了动摇。这就为聪慧狡黠、善于伪装，从而博得父母欢心的皇次子杨广趁势夺取储位提供了机会。杨广成为太子以后，原形毕露，日益骄纵无忌，竟至调戏他父亲的宠妃。杨坚这时才认清其狡诈嘴脸，顿生废黜之心。杨广见势不妙，便抢先下手，投毒害死父亲，抢登帝座。结果引发了内乱，双方出动了数十万兵马，浴血凶杀，朝野上下为之震荡。

先前，文帝杨坚曾自豪地说："前世天子，溺于嬖幸，嫡庶分争，遂有废立，或至亡国；朕旁无姬妾，五子同母，可谓真兄弟也。"谁知，曾岁月之几何，这五个"真兄弟"，便为疯狂的权欲、野心所驱使，明争暗斗，势同水火，最后，五人竟无一善终。

唐朝的开国帝王李渊，带领建成、世民、元吉同胞三兄弟，起兵反隋，很快就攻下长安，建立了唐朝。遵照皇位嫡长子继承制，李渊登基一个月，即册立嫡长子建成为太子，同时封世民为秦王，元吉为齐王。为了帮助太子树立威信，李渊经常委之以重任，每次临朝，都让他随侍左右，使之洞悉国事，增长才干。而把领兵出征、削平四方割据势力、镇压农民起义、广泛扩展地盘等重要军务，都交给了世民。本来，在灭隋立国过程中，主要是依靠世民的智谋和勇敢，现在，由于他战胜攻取，屡建奇功，勋劳卓著，就益发获取了崇高威望。在世民手下，有一大批著名战将，还有号称"十八学士"的智囊团队；而建成与元吉串通一气，外结朝臣，内连嬖幸、宠妃，在父王面前诋毁世民。从而在王朝内部形成了两个势不两立的政治集团，斗争之激烈，达到了白热化程度。

在这一始料未及的严重态势面前，李渊陷入极度苦恼之中：明明知道，世民劳苦功高，应该得位；可是，建成待位已久，又无法让他退出。真是事出两难，一筹莫展。最后，他想出一个点子，让世民居洛阳，“自陕以东皆主之”，建天子旌旗，规格拟于皇上。李渊的意图，是想借鉴汉文帝的经验，通过施行“平衡术”来缓和兄弟间的冲突，并保全诸子。但他并未深加考虑，雄心勃勃的世民，如果独据陕东，不啻如虎添翼，最后必然导致一朝二主，国家分裂。后来经过建成提醒，老皇帝也就幡然省悟，收回成命了。

恰在这时，突厥发数万骑兵大举进犯，太子提议由齐王元吉代替世民率兵出征，以夺取世民的兵权；齐王又提出条件，要秦王府的尉迟恭、程知节、秦叔宝等大批将领随军出征，采取“釜底抽薪”策略架空秦王，以便乘机将他除掉。李渊并没有想到这一层，也就点头同意了。但秦王府的智囊却看得一清二楚，他们立刻商议对策，最后决定抢先下手，伏兵玄武门，截杀建成、元吉。这就是历史上著名的“玄武门之变”。结局是，三天过后，李渊便宣布世民为太子，全权处理国家政务，两个月后太子即皇帝位，李渊当了太上皇。

清代学者王夫之在《读通鉴论》中评论说：初得天下，李渊完全可以创制垂法，立贤能、有功者为皇储，而不必拘守“立嫡立长”的成例。可是他没有这么做，结果就步步被动，“故高祖之处此，难矣。非直难也，诚无以处之，智者不能为之辩，勇者不能为之决也”。

具有讽刺意味的是，号称千古明君的唐太宗本人，最后也不免重蹈他父亲的覆辙，在立嗣方面屡走败棋。先是立八岁的长子李承乾为太子，悉心培养，无奈他太不成器，胡作非为，后来竟然在权臣的煽动下谋反，事败被废为庶人。皇四子魏王李泰聪明好学，端肃多才，太宗比较看好，曾面许立为太子；但朝中重臣多数反对，指出：“陛下日者既立承乾为太子，复宠魏王，礼秩过于承乾，以成今日之祸。前事不远，足以为鉴。”他们主张立皇九子晋王李治。就在太宗举棋不定情况下，李泰恃宠骄横，干了许多蠢事，最后遭到罢黜。这样，李治便获得了储位，进而又继承大统。由于他庸懦昏弱，“溺爱衽席”，执意立武则天为皇后，险些断送了大唐王朝。

面对诸皇子争夺储位的火拼纷争，太宗苦恼万分，自叹“我心诚无聊赖”，竟然“自投于床”，“抽佩刀欲自刺”。《新唐书·本纪》中批评他：“以太宗之明，昧于知子，废立之际，不能自决，卒用昏童。”

与唐太宗类似，清代的康熙帝也因为建储问题而耗尽精神，心力交瘁。说起他的功业，确实是彪炳千古，有口皆碑；对于传位、继统的重要性，他也非常清楚，因而很早就做出了安排。早在康熙十四年，他仅仅二十一岁，就立了皇后生下的二子胤礽为太子。为什么没有立长子胤禔呢？因为他是庶出。在立长立嫡无法兼顾的情况下，康熙帝作了这样选择。他为了培养太子胤礽，可说是煞费苦心，从小就延请名儒施教，自己还亲自讲授“四书五经”；稍长，无论是南巡北狩，都令其随行，朝夕传授治国之道。太子进步很快，学识渊博，而且精于骑射，深得康熙帝的信任和喜爱。

随着时间的推移，众多的皇子相继长大成人，他们各自在权臣的辅佐下，施展权术，培植势力，作谋取储位的准备。而胤礽作为法定继承人，背上的包袱最重，既害怕诸兄弟夺位，又担心老皇帝移爱。于是，在朝中扩充自己的实力，并和权臣索额图结成了帮派，以专宠固位。而索额图与另一位权臣明珠水火不容，拼搏激烈。明珠等就力推皇长子胤禔争储，双方拉开了决斗的阵势。康熙帝自然不会容忍这种事态发生，便先后向两个权臣开刀。索额图被处死后，激起了太子对皇帝的怨恨，蓄意为之报仇。致使康熙帝昼夜担心自己的生命安全，于是决心易储。

这样，储位又引起了更多皇子的觊觎，尤其是皇长子胤禔、皇八子胤禩，都作了充分表演，被康熙帝一一看穿。在很短时间里，拘囚了六个皇子。但他毕竟已经年近六旬，这样下去，将如何收场呢？后来，除皇长子外，其余五人全部放出，并让群臣公议立储之事。结果，包括皇九子、皇十子、皇十四子在内的诸皇子及王公重臣，一致保举皇八子胤禩为太子。康熙帝发现胤禩竟如此深孚众望，为了防止其直接危及皇权，便摆出一着出人意料的绝棋，复立胤礽为太子。这一举措，引致了新的混乱，众多保举胤禩者都危不自安。为了稳定人心，康熙帝便对其他皇子加爵晋封。同样没有达到预期目的，反而增加了诸皇子新的拼争砝码；而胤礽也并没有因为得以复立而心存感激，反倒变本加厉地为夺取皇位疯狂运作。结果，逼使康熙帝痛下决心，再度废掉太子。为了给自己选人失当找出借口，康熙帝强调，胤礽的变坏乃是上了坏人的当："凡人幼时犹可教训，及长，而诱于党类，便各有所为，不复能拘制矣。"

这两度废立，反复折腾，使康熙帝受到极大的刺激，对于预立太子的弊端也深有所悟，于是，明令告诫："诸皇子中如有谋为皇太子者，即国之贼，法所不宥。"这当然并不能从根本上解决问题。在帝位至尊、皇权无限的诱惑下，诸皇子哪个也不甘示弱，仍然"纷置党羽，联络臣工，刺探朝政及其父王之起居，希冀迎合上意，借邀宠眷"。就在这日甚一日的激烈竞争中，老皇帝带着深重的苦恼和无边的憾恨，撒手尘寰了。

三

前面论及中国封建王朝史上颇有作为、堪称英主的五位帝王，其中的隋文帝、唐高祖、明太祖还是开国皇帝。这些创业垂统、叱咤风云、建树了伟绩丰功的大人物，都曾是攻无不克、战无不胜、所向披靡的强者。照常理推测，他们筹措任何事情都应该是得心应手，心想事成，一帆风顺，没有闯不过的关口；可是，唯独在建储、交班这件事上，屡屡受挫，捉襟见肘，焦头烂额，狼狈不堪。而且，越是那些开基创业、大有作为的英明君主，在处理继统问题上，越是容易出现麻烦。这真是一个发人深思的现象，其间究竟有些什么规律性认识可供研索呢？

可以从哲学角度探索。“种下的是龙种，收获的是跳蚤”。这种愿望与实际、动机与效果恰相背离的“悖论”，是一种无解性的命题，也可以说命题自身即体现着不可破解的矛盾。之所以如此，盖因其间封建帝统制度、僵死的惰性的接班人机制起着决定作用。

还有什么角度呢？似可引述《道德经》中“天之道，其犹张弓欤，高者抑之，下者举之，有余者损之，不足者补之”，说明“天道忌全”，不使“一家独大”。老百姓也常说：“上辈精明下辈茶，太阳老爷轮流转”。也可借助自然现象来证明：高山之下，必有峻谷；长松之下，寸草不生。上一代把风光占尽了，不曾为下一代预留余地，结果是“君子之泽，一世而斩”。这是一种带有某些神秘性、先验性的解释。其然，岂其然乎？

悖论说，天意说——各逞异辞，言人人殊。

其实，症结所在，是封建专制下的皇位世袭制与终身制。所谓“无解性命题”，根源盖出于此。明确一点说，再英明的君主，也难以摆脱“立嫡立长不以贤”的死框框，最终同昏庸君主一样，陷入那个永远跳不出的魔圈。这里有三个侧面：

一、太子。贤也罢，愚也罢，太子这个角色实在难以把持，或者说，很难站住脚。而且，待位时间越长，风险越大，危机越深。作为君权的法定继承人、权力继承的最大受益者，他当然盼望君权能够平稳过渡。可是，实际情况却要复杂得多。太子公开册立之日，便是他与皇帝、与其他皇子启衅之时。太子与皇帝，说是骨肉情深，实际上，关系最难处理。对于太子，老皇帝总是戒心、疑心胜过爱意、亲情。皇帝的特权具有唯一性，绝对不容许任何人（太子也不例外）侵犯一丝一毫；而皇帝本身又负有培养太子继承君权的义务，需要帮助太子树立权威，否则，日后接班，他将难以服众，难以遏制女后、外戚、宗室、功臣等多种势力对最高权力的觊觎。在皇帝面前，太子如果太得人心，肯定遭到疑忌；而若真的庸懦无能，又难入英明君父的法眼。这是难解的二元悖论，用一句歇后语来形容，叫做“反贴门神——左右难”。

由于处在权力争夺的风口浪尖，太子必然要设法自保，以防备他人取代。除了费尽心机邀宠于君父，还须利用储君身份，扩展私人势力，千方百计压倒潜在的竞争对手。从另一面看，权力是一种强烈的腐蚀剂。一人之下、万人之上的特殊地位，使他虽未践位，但手中握着权力的“潜力股”，升值空间无限；一当其羽翼长成，很容易骄纵自恃，萌生祸心，所谓“储位既正，人性易骄”，权欲熏蒸、野心狂炽。特别是身边还有大批想要扯着太子衣襟往上蹿的权臣、太监，更会极力撺掇他以种种非常手段抢班夺权。历代王朝更迭中，一幅幅父子、兄弟、叔侄互相残杀的血腥画面，彰彰在人耳目。

二、英明的君主。他们属于顶级封建统治者中较有政治远见的人物。特别是那些开国帝王，因为经历了前朝的兵连祸结、社会动乱，熟谙为政得失的要害，所以，总是比较注重轻徭薄赋，勤政亲民，不使社会矛盾激化为国家灾难，危及帝国的长治久安。但是，由于受到时代、阶级的限制，他们的根本出发点不可能是天下或人民，只能是个人及家族的利益。这样，立储之时，首先必然考虑到，如何在众多因素制约下，选出符合皇族利益和皇帝本人意愿的人，以保障皇权的顺利交接，“家天下”的世袭不替。

可是，实际上，古今中外，对于任何君主来说，包括那些英明睿智、明察秋毫的圣帝贤王，选择接班人都是一个天大的难题。“不如意者常八九”，处置得当、达到理想要求的，为数甚少。由于封建继统实行的是“嫡长子继承制”或“秘密建储制”，缺乏一种公开、公平、公正的机制，皇帝总是根据自己的判断、依凭个人的喜好来选择继统者。再英明的君主，也会看人“走眼”；即使当时并没有看错，而处在动态过程中的太子，随着时间的推移、地位的改变、周围环境的影响，也难保日后不会发生异化。

为了后继有人，能够发展历经千难万险开创的帝业，那些英主明君在择储、建储过程中，无不百般慎重，小心翼翼，仔细掂量，唯恐出现闪失；结果导致信息错乱，干扰因素重叠，脱离正常状态，受到某种特殊的意念支配，反而加大了难度与风险。最恰当的例证，是给至爱亲朋做手术，医生越是加倍小心，往往越会出现纰漏。

按照创业与守成的规律，面对开创者所建立的惊天伟业、留下的巨大摊子，以及亟待处置的各种遗留问题，要求继统者即使不能“强爷胜祖”，超越前辈，起码也应该能够相为伯仲。因此，英主选择接班人，难免条件苛刻，期望值过高，总觉得择非所求，未能如愿，以致犹疑不定，出尔反尔。这样，反倒容易挑花了眼；更是导致储君地位不稳，从而横生枝节、平添变故的直接原因。

当然，也有另一种说法：有些强势的君主比较看好弱势的接班人。如果存在下述考虑，这种说法或可成立：一是“一山不容二虎”；二是老皇帝害怕继任者擅革旧制，希望有个“三年无改于父之道”的孝子。不过，更多情况下，恐怕是皇子震慑于无比雄强、桀骜的父辈，在辉煌耀眼的功业面前，常会产生一种自愧弗如的敬畏心理；特别是在强势君父的过苛吹求、严格管束之下，日久天长，遂逐渐养成盲目崇拜、无条件服从、唯唯诺诺的性格。还有一种可能，并非继统者真的弱势，而是父辈过于强势，事业过于宏伟，继统者无法望其项背，相对地看就显得弱势了。

历史经验表明，确立储君还有个最佳时机的选择问题。选立储君，为时过早，并不一定就是好事。乾隆帝最初立储时，正当春秋鼎盛之际，太子才两岁，上面一个长兄，也不过四岁，而且是庶出，不具备竞争条件。因此，没有遇到任何障碍。可是，由于他在位的时间过长，几十年间，又生下了三十三个皇子。这样，当两任太子相继早殇之后，再怎么选择就大费周章了。当然，立储过晚，同样也成问题。到了“英雄迟暮”之秋，濒临行将谢幕的窘迫处境，时不我与，被动应付，选择余地很小，而变数却很大，种种棘手问题横置其间，必然难于措置。何况，即便是英主明君，到了晚年，也会在性格、心理方面发生一些变异，这就更增加了选拔、培育接班人的难度。

三、客观环境、条件。这一点至关重要。人是环境的产物。社会环境、成熟条件、人生阅历、生命体验，就每个人来说，都是特定的。从这个意义上讲，那些奇才颖异的创业者是不可复制的。他们胜利地削除群雄、横扫六合，经过历史长期的层层汰洗、苛刻选择，终于被推上了政治历史舞台，登上了龙廷宝座。当时，因缘际会，风虎云龙，主动权在握，有尽多的驰骋天地，具备了大展奇才的条件。而那些后来人，包括刻意遴选出来的储君，并不具备君父成长的环境、人生的经历，因而很难造就出杰出的才能。这是无可奈何的悲哀。尤其是，绝大多数储君处于承平之世，外无敌国外患，内部一切可以坐享其成，本人又“生于深宫之中，长于妇人之手”，自幼锦衣玉食，不知稼穑之艰难，只能成为纨绔子弟。再加上，有些创业开基的君主，鉴于自己一生历险犯难，吃尽了世间苦楚，不忍心再让孩子重走老路，便一味放纵、溺爱。这样培育出来的接班人，必然庸劣不堪，不是昏聩无能，便是贪残暴虐，绝无杰出、优秀之可言。

通过前面的“三论”和后面从三个侧面所做的剖析，我觉得问题大致说清楚了。

宋太祖：
机关算尽

从赵匡胤在这里兵变举事，黄袍加身，创建赵宋王朝，到末帝赵昺在蒙元铁骑的追逼下崖州沉海自尽，宣告赵宋王朝灭亡，三百多年宛如转瞬间事。可是，仰首苍穹，放眼大千世界，依旧是淡月游天，闲云似水，仿佛古今都未曾发生什么变化。

一

我喜欢旅游，更喜欢在足迹所至的山川灵境中寻觅文学的根、诗性的美，体味活泼泼的宇宙生机中的至深的理，追摹一种光明鲜洁、超然玄远的意象。而脑子里由于积淀着丰富的“内存”，每接触到一处名城胜迹，都会有相应的诗古文辞、清词丽句闪现出来，任我去联想、品味。也可以说，这些诗古文辞使我背上了一笔相当沉重的情思的宿债，每时每刻都急切地渴望着对于诗文中的实境的探访。

这次我踏上中州大地，同样是被一些古代诗文典籍牵引着。记忆中，前人何希齐有这样两句诗：

陈桥崖海须臾事，天淡云闲今古同。

正是它，把我引到了开封东北四十五华里的陈桥驿。

这是一个普通至极的北方小镇。低平的房舍，窄狭的街道，到处都有人群往来，却也谈不上熙熙攘攘。只是由于一千多年前，这里曾经发生过一起震惊全国的“兵变”，导致了王朝递嬗，便被载入了千秋史册，而成为中华名镇之一。

唐朝末年，群雄混战，藩镇割据，形成了五代十国，分裂局面持续了近半个世纪。后来成为宋朝开国皇帝的赵匡胤，当时不过是一个中层将领。由于跟随后周世宗柴荣作战有功，被提升为殿前都点检，统领精锐的禁军，担负着防守京师汴梁的重任。这样，他就开始确立了在禁军中的统帅权威，有意识地培植了自己的势力，暗地里同其他禁军将领石守信等结拜为“十兄弟”。

公元959年，后周世宗死去，七岁的儿子柴宗训继位，是为恭帝，由他的母亲符太后掌握政权。翌年元旦，河北镇州、定州谎报辽朝和北汉联兵南下，向后周进攻。慌急中，符太后和宰相范质等未辨真假，便派遣赵匡胤率领禁军出城迎战。赵匡胤的军队刚刚出动，汴京城内便传播起“点检做天子”的舆论。

正月初三晚上，大军行至陈桥驿宿营，军帐设在东岳庙。深夜，军中部将在赵匡胤的胞弟赵光义和归德军掌书记赵普的策动下，集结于军帐之外，声言要拥立赵匡胤为皇帝。赵匡胤装作酒醉未醒，慢腾腾地起床坐帐，将士立即把一件事先准备好的黄袍披在他的身上，然后一齐跪拜，高呼万岁。这就是历史上有名的陈桥兵变，黄袍加身。

现在，陈桥驿还保留着关于这次事件的许多文物，主要有当年设过军帐的东岳庙，赵匡胤拴过战马的系马槐，众将领饮过水的古井和几处大小碑刻等。东岳庙创建于五代时期，为中州大地上的著名古迹。千余年来，几经修缮，现在，大殿已辟作展览室，介绍陈桥兵变的经过。几块石碑上分别刻着清人顾贞观、张德纯和金梦麟等人即兴咏怀的诗词。

漫步古镇街头，玩味何希齐诗中的意蕴，不禁浮想联翩，感慨系之。的确，从赵匡胤在这里兵变举事，黄袍加身，创建赵宋王朝，到末帝赵昺在蒙元铁骑的追逼下崖州沉海自尽，宣告赵宋王朝灭亡，三百多年宛如转瞬间事。可是，仰首苍穹，放眼大千世界，依旧是淡月游天，闲云似水，仿佛古今都未曾发生什么变化。

“后之视今亦犹今之视昔”，这是一个深刻的哲学命题，让人们生发出许多感慨。不仅接触到古人“通天尽人”的怆然感怀，体味到哲人智者的神思遐想，而且，为研究史事打开了一个新的视界，提供了足够的思考空间。有人评说，何希齐诗中的寥寥十四个字抵得上一部《南华经》，自是夸张之言。但诗人“纳须弥于芥子”，以少胜多、举重若轻的涵盖力，实在给后人留下了许多想象的空间。

二

那位“一条杆棒等身齐，打四百座军州都姓赵”，纵横捭阖，睥睨一世的旷代枭雄赵匡胤，在自立为帝以后，十七年间，主要开创了两个方面的事业：对外削平南方一些割据政权，对内加强中央集权，铲除藩镇势力。两者的目的却是一个：保证赵宋王朝的长治久安，万世一系。为此，可说是虑远谋深，机关算尽。

赵匡胤受禅即位，南唐国主李煜是唯一前来朝贺的君主。尔后，南唐一直以附属国的身份称臣纳贡，从无异志，后来甚至主动撤去国号，自称“江南国主”，进一步表示臣服。李煜本人由于酷信浮图，留意声色，属文工画，无心振兴国家、强兵修武，可以说，对大宋江山构不成任何威胁。

但是，即使这样，赵匡胤也不想放过他。为了制造进攻南唐的借口，便指令李煜亲自到京城朝拜。南唐一些大臣认为，李煜此去定被扣留，因此力加劝阻。这样，正好堕入太祖预设的彀中。于是，赵匡胤以南唐有意“抗旨”为由，堂堂正正地派出十万大军进击。李煜急忙派遣能言善辩的徐铉，前往汴京面圣，请求退兵。诉说南唐对大宋天朝一向百依百顺，没有任何得罪之处，现在，大兵压境，似乎师出无名。赵匡胤赫然震怒，不加任何掩饰地说：“卧榻之旁，岂容他人鼾睡耶!”是的，“匹夫无罪，获璧其罪”。狼要吃羊，难道还要说出什么理由吗？

一天，他向谋臣赵普提出了两个问题：唐末以来，数十年间，为什么走马灯似的换了八姓十三个君主，争战无休无止？有什么办法能够从此息天下之兵、建长久之业？这里充分反映出赵匡胤积怀已久的心迹。应该说，他无时无刻不在思虑如何避免宋王朝继五代之后成为第六个短命王朝，如何永保赵氏家族万世一系的问题。

赵普的答复是：问题的核心在于方镇太重，君弱臣强。赵匡胤又问：那么，有何根治的办法？答曰：只有夺他们的权，收他们的兵，控制他们的钱谷。这样，天下自然就会安定了。赵匡胤连声说，我懂了，我全明白了。原来，君臣二人的想法完全一致。

赵匡胤从自己据有天下的事实，看到手握重兵的人的极端可怕。就是说，异己的军事力量，可以对政治起支配作用，是对既得政权的最大威胁。因此，对于身边一些共同举事的军界首脑，产生了强烈的疑忌心理，不能不时刻加以防范。于是，趁慕容延钊与韩令坤二人出外巡边、回京朝见的机会，首先解除了他们禁军主帅的兵权，安排到外地当节度使；并且，此后不再设统领禁军的殿前都点检一职。

而禁军将领石守信等有拥立之功，不好下令罢免，便实行了第二步棋：四个月后，利用晚朝机会，请这些禁军宿将宴饮，酒酣耳热之际，屏退左右侍从，赵匡胤显得十分亲热地说："如果没有众卿的拥戴，我是不会有今天的。然而，众卿又怎能知道，做皇帝也实在是太艰难了，远远赶不上做个节度使那样舒服，一天到晚都不能安枕而卧啊！"石守信等听了，赶忙叩问缘由。他便接上说："我是担心天下坐不安稳啊。皇帝的位置，人们都争着坐。虽然你们没有异心，然而部下总是希图富贵，一旦有人也以黄袍加身，你们想要不干，能办得到吗？"

一席绵里藏针的话语，使这些将领觉察到自己已经深受疑忌，弄得不好将要遭致杀身之祸。于是，纷纷泣谢叩头，要求皇帝指出一条"可生之途"。赵匡胤就势开导说："人生一世，犹如白驹过隙，所以那些期望富贵的人，都想广积货财，多享快乐，使子孙免受困乏，常保康宁。你们这一辈子也够辛苦的了，不如交出兵权，前去地方任职，多买些良田美宅、歌姬舞女，日夕欢宴，以乐天年。我还要同众卿结为姻亲，君臣之间永无猜疑，上下相安，不是很美好吗？"

大家见皇上说得如此直白，便连连谢恩。第二天，石守信等人便都上表称病，请求免去掌管禁军的职务，到地方当节度使，赵匡胤欣然同意。事后，为了兑现酒席上的承诺，安抚这些失去兵权的禁军统帅，他也真的将一妹二女同他们结了姻亲。这就是历史上有名的“杯酒释兵权”。

三

在解除武将兵权的同时，赵匡胤又起用一批文臣担任知州职务，并在各州设置通判，使其权力与知州相等，以分散地方长官权限，避免出现个人专权的弊端。地方上的军事、民政、财赋、司法权限，全部收归中央管辖。在中央，对宰相实行分化事权，相互制约的办法，把军事行政权分出，划给枢密院；国家财政和地方贡赋划给三司。这样，宰相便不再是一个人，而是一个执政的群体，包括参知政事、枢密使、副使、三司使等十来个人。任何一个相职都不能独断军政大事，最后全都听命于皇帝。

对军队更是严加控制。军权一分为三，“三衙”负责日常管理、训练，枢密院负责调动、发兵，最高指挥权归于皇帝。禁军之外，还有厢军，其中精锐部分，全部收入禁军，厢军不再参加训练，就根本不具备战斗力了。针对这一举措，司马光评论说，这样一来，各地方镇都自知兵力虚弱，远不是京师的对手，自然谁也不敢再有异心，只能服服帖帖，唯命是从。

为了防止将领出外作战不受君命约束的情况发生，宋太宗赵光义更进一步实行“将从中御”的对策，每次出征，皇帝都要亲授事先拟好的“阵图”，大自战略布局，小至部伍行止，都不得擅自改变；同时，派遣宦官监军。结果，就像叶适所言：“一兵之籍，一财之源，一地之守，皆人主自为之也。”

宋初立国伊始，即大力提倡封建道德，崇尚礼义，声称“以孝治天下”，把孝经列为群经之首，作为宗室子弟和民众的必读书，目的在于杜绝犯上作乱。注重对历史人物进行道德评价，宋朝统治者之所以猛烈抨击唐太宗“杀兄篡位”，骂他“为子不孝，为弟不悌，悖天理，灭人伦”，也无非是为了防止“玄武门之变”重演。有人也许会问：那么，赵匡胤为什么不提倡“忠君报国”呢？道理很简单，他自己得天下的路子就不正，若是强调“忠君”，他总觉得有些嘴短。

为了赵氏王朝的万世一系，赵匡胤、赵光义，这对开基创业的难兄难弟，真可谓呕心沥血，费尽心思。可是，历史的发展常常是动机与效果大相径庭，许多事情都不是始料所及的。

《资治通鉴》记载，唐太宗晚年，太史占卜，谓“女主当昌”，民间又传“秘记”云：“唐三世之后，女主武王代有天下。”于是，太宗对疑似的人严加查治。默想武卫将军李君羡，小字五娘，且他著籍武安，又封为武连县公，处处带着“武”字，莫非应在此人身上？遂调他出外，任为华州刺史，后有御史弹劾他谋为不轨，干脆下诏活活处死。可是，太宗竟没有想到，娇滴滴的武媚娘就在身旁，最后还是“祸起萧墙”。

赵匡胤同样也没有料到，像当年后周的符太后领着刚刚七岁的周恭帝仓皇辞位一样，三百多年以后，赵氏王朝的寡妇孤儿——谢太后和恰好也是七岁的宋恭宗，不得不逊位于元世祖忽必烈，亦步亦趋地重复了前朝亡国败降的命运。元代诗人有这样两首七绝：

卧榻而今又属谁，江南回首见旌旗。
路人遥指降王道，好似周家七岁儿。

——刘因《书事》

忆昔陈桥兵变时，欺他寡妇与孤儿。

谁知三百余年后，寡妇孤儿又被欺。

——北客《宋太祖》

诗出两人之手，内容却不谋而合，都是讥刺宋太祖赵匡胤的。元将伯颜也曾对南宋的降臣说：“汝国得天下于小儿，亦失于小儿，其道如此，尚何多言！”历史上的惊人的相似之处，确是一个绝妙的讽刺。

四

走进原为北宋都城汴梁的开封市区，空间没有跨出多远，时间却仿佛越过了千年，真有那种“一步走进历史，转眼似成古人”的感觉。历史风烟在胸中掠过，那沉埋于地下的万种喧嚣与百代繁华，已经无声无息，无影无踪。而生者自生，死者自死，人生舞台上还在上演着各色的悲喜剧，生命也就同时间一样，在文字传承和现实记忆中彼此衔接着，而成为一页页的历史。

整个古城，简直就是一座充满历史回声的博物馆，古色古香，典雅凝重，这在中国七大古都中是独一无二的。闲步街头，随时随地都能看到或者听到一些熟悉的名字，天波杨府、包公南衙、大相国寺……可以说，每一条街巷都深藏着一段生动的史实，每一处古建遗址都埋伏下许多迷人的故事。

我以为，一个朝代给予人们的印象是深刻的抑或是淡漠的，未必和这个朝代的历时久暂成正比例，往往同当时事件的密集度、人物的知名度以及后世民众的关切度紧相联系。比如，三国时期不过几十年，可是人们却觉得绵绵无尽，为时久远，就因为斗争风起云涌，矛盾层见错出，豪杰、奸雄、智者、高人应有尽有，好戏连台，沸沸扬扬，异常热闹。宋代属于又一种情况。由于《杨家将》、《包公案》、《说岳全传》等大众文学流传广远，深入人心，在人们印象中，宋代尽多忠臣良将、义士英杰，一派河清海晏、四境承平的景象。其实并非如此。

中国封建社会，到了宋代，经济、文化的发展都达到了巅峰，但已开始走下坡路。就帝王的才略来说，除了宋太祖之外，也并没有哪个是真正大有作为的。走笔至此，我倒想起一则轶事：宋初，华山道士陈抟乘白骡入汴州，途中听说赵匡胤登基做了皇帝，高兴至极，竟忘乎所以，以致从骡背上滚了下来。他说："天下于是定矣！"还有一位自号"安乐先生"的道学家邵尧夫，写过一首《插花吟》，有句云："身经两世太平日，眼见四朝全盛时。"都属过甚其词。

实际上，当时的形势远不像他们想象的那样乐观。北宋刚取得政权时，其统治区域只限于黄、淮流域，主要是中原一带。当时，北有契丹、北汉，虎视眈眈；西有西夏，日夕图谋东进；西南有后蜀，坐险自大；南有吴越、南汉、南唐，占据着重要经济地区，割据称雄。太祖、太宗两朝，整整用了二十年时间，才结束了十国割据局面。尔后，太宗七年间两度征辽，都惨遭失败，不得不完全采取守势。到了第三代皇帝宋真宗时，辽军大举南下，直抵汴州以北的澶州，宋廷惊恐万状，甚至拟议迁都，最后与辽国订立了屈辱的"澶渊之盟"，后期又面临着金人的大举入侵。南宋小朝廷偏安一隅，这不必说了；终北宋之世，尽管没有发生过大的内乱，但外患频仍，兵连祸结，却是公认的事实。

五

宋朝是这样一个特殊的时代，它兼为古代中国修文之高峰与武备之谷底。这和立国以来一直奉行重文轻武、“守内虚外”的统治政策有直接关系。说到“轻武”，有人也许不以为然。因为在太祖、太宗眼中，“武”已经重到不能再重的程度，以致言“兵”色变，带有一种恐惧心理。这是事实。但这种重武、惧武的心态发展到极端，必然走向抑武、贬武一途。这也是完全合乎逻辑的。于是，文人就成了政权的主要依靠对象，文人知州，文人入相，文人管辖军队，文人能够较为随便地议论时政。在宋代，文人得到了历史上未曾有过的优越地位。

当然，这种“重文”，恰也说明，在宋初皇帝心目中，文人是无足轻重的，是最容易驾驭和控制的。据《宋史纪事本末》记载，赵匡胤曾经说过：“我用百余名儒臣分治百藩，纵使他们都去贪污，其为害也赶不上一个武将。”这最露骨地道出了重文的实质。当然，历史上常常出现“无心插柳柳成荫”的现象，不管原初的用意何在，随着一系列政策、制度的确立与实施，重文轻武逐渐成为有宋一代全社会的普遍意识，客观上也推动了整个文化的发展。

所谓“守内虚外”，可从宋太宗的论述中了解个大概。他曾对近臣说过：“国家者无外忧必有内患。外忧特边事耳，皆可预防。若奸邪共济为内患，深可惧也。”（《宋史·宋绶传》）这里反映出他对“外忧”缺乏足够的认识，因此，终北宋之世，一直把主要兵力，尤其是为数一半以上的禁军的主力部队，放在京师与内地要冲，以防备和对付“内患”。至于北部数千里的边界线上，则只有少量兵力，又分散在多个孤立的据点上；而且，战斗力极差。

苏轼等有识之士都看到了问题的严重性，明确地指出，部队中多是一些资望甚浅的人担任将帅；而在第一线领兵的，“非绮纨少年，即罢职老校”，“一旦付以千万人之命，是驱之死地矣”。至于兵员，素质就更没法说了，“河朔沿边之师，骑兵有不能披甲上马者，每教射，皆望空发箭，马前一二十步即已堕地。步兵骄惰既久，胆力耗惫，虽近戍短使，辄与妻孥泣别”，“披甲持兵，行数十里，即便喘汗”。

马可·波罗在其游记中追述前朝情景时，也曾说过：“这片土地上的人民，决非勇武的斗士”，“皇帝本人满脑子里都是女人，他的国土上并无战马，人民也从不习武，从不服任何形式的兵役。”孟元老在《东京梦华录》的自序中也写道：“太平日久，人物繁阜，垂髫之童，但习歌舞，斑白之老，不识干戈。”

武备如此，自然无力抵御辽、金、西夏的不断侵扰。一部北宋对外作战史，充满了令人心丧气沮的溃逃、败降的记录。单是北宋与契丹的战事中，先后进行过八十一次战斗，获胜的仅有一次。每一次败绩的结果，自然都是通过外交途径屈辱求和。公元1005年，与契丹贵族订立的“澶渊之盟”，开了有宋一代以金银布帛换取屈辱和平的先河。此后，每年向辽、金、西夏输纳岁币，都在百万左右。

宋朝中、晚期，对待入侵之敌，先是“奉之如骄子”，后来沦为“敬之如兄长”，最后败落到“事之如君父”，真是一蟹不如一蟹。宋人张知甫的《可书》中，引述了绍兴人的谐谑：人们将金人和宋人的事物作类比，说金人有柳叶枪，宋人有凤凰弓；金人有凿子箭，宋人有锁子甲；金人有狼牙棒，宋人有天灵盖。鲁迅先生在引证这则令人哭笑不得的趣话时，愤慨地说了一句："自宋以来，我们终于只有天灵盖而已"！

六

开封处于南北要冲，历来都是兵家必争之地，却又地势坦平，无险可守，作为都城，从军事角度看，存在着先天不足的明显缺陷。但是，物产丰饶，四通八达，就经济、文化的发展来说，又具有十分优越的条件，成为我国封建社会后期城市的典型代表，是一座十分适合平民百姓居住，充满着浓厚的生活气息和人情味的都城。

这里，虽然不具备汉、唐国都那样宏阔的气派和规整的布局，但它也没有那种封闭式的里坊之隔，墙垣之限，因而便于沿街设市，商贸流通。而且，店铺不避官衙，所有的通衢小巷都可做为市场，就连最庄严肃穆的御街，也变得熙熙攘攘，热闹喧杂，完全从冷漠、隔绝状态中走了出来。

但随之而来的，便是奢靡、享乐之风盛行，官僚经商趋于普遍化。

立国伊始，朝廷就实行了以经济收买换取君臣相安的策略，给予一些功臣宿将兼并土地的特权，使他们可以收取巨额地租，作为官商本钱；而一般官僚仕宦也都有丰厚的俸禄，加上高利盘剥，贪污索贿，同样具备经商的条件。他们竞相动用官府车船偷税逃税，经营包括域外与禁榷的各种物资，获取高额利润。真宗朝，两浙转运使和镇州知州，在倒卖金银布帛的同时，还从事贩卖人口生意。这种雄厚资本与政治特权的结合，不仅使国家财政遭受极大的损失，而且，造成了官僚政治的严重腐败。

据《宋朝事实类苑》记载，宋初，太祖、太宗十分厌恶奢靡，恭行节俭。公元964年，北宋扫平了后蜀，亡国之君孟昶来到开封，献上一个装饰着七彩珠宝的尿壶，太祖见了，怒形于色，当即掷之于地，令侍从把它敲个粉碎，并气愤地对孟昶说："一个便器就这么讲究，那么，你该用什么器具来贮藏食物？如此骄奢淫逸，怎么能不亡国！"

但是，由于建国后皇家鼓励开国功臣及时退休，蓄养歌僮舞女聊以自娱，尔后，这种风气逐渐在社会上弥漫，每逢宴会照例有歌舞侑酒，有时出来歌舞承欢的就是主人的家伎。仁宗朝，晏殊以宰辅之尊，日日以饮酒赋诗为乐，每会宾客，必有宴饮。从北宋的许多文人常为歌女演唱而写作，且多沿袭五代《花间集》的传统，可知一代文风是和当时的世风时尚紧相关联的。

在内忧外患频仍的危急存亡之秋，朝野上下，生活方式仍然极度奢侈淫靡。汴梁城内到处布满酒楼、食店、妓院、戏场。宋代诗人刘子翚，青少年时代曾久住开封，"靖康之祸"发生后，他回故乡福建做官与讲学，忆起当年在东京的酣歌醉舞的往事，写了《汴京纪事》诗二十首，其一曰：

梁园歌舞足风流，美酒如刀解断愁。
忆得少年多乐事，夜深灯火上樊楼。

当时的樊楼三层高耸，五楼相向，彼此飞桥横架，明暗相通，为东京城内酒楼之最。当时，像这样的星级大酒店有七十二座，每家饮客常在千人以上。工商店铺多达六千四百家。这从《东京梦华录》和名画《清明上河图》中也看得很清楚。最令人记怀的是州桥夜市，它是东京著名的景观之一。刘昌诗在《上元词》中作了生动的记述：

忆得当年全盛时，人情物态自熙熙。
家家帘幕人归晚，处处楼台月上迟。
花市里，使人迷，州东无暇看州西。
都人只到收灯夜，已向樽前约上池。

备述故都太平景象，其中已隐伏着后日的危败之由。

宋徽宗赵佶更是把这种骄奢淫逸之风推向极致，其生活之腐朽糜烂，在历代的皇帝当中，是少有其比的。他用了十多年时间，在京城东北部修起一座“万岁山”，范围超过北宋皇城的三倍。里面峰峦起伏，曲池环绕，山林蓊郁，楼阁参差，是当时世界上独一无二的特大皇家园林。为了让这座“万岁山”有一种云雾缭绕的氛围，亲信们叫人做了许多油绢口袋，弄湿后挂在山岩上，充分吸收水蒸气，然后把口扎上。待皇帝到来再打开口袋，水汽外溢，宛如云雾蒸腾，名为“贡云”。

为了满足以赵佶为首的统治集团的享乐要求，特意在苏州、杭州设立了应奉局、造作局，只要发现士庶之家有奇石异木，便即用封条作记，收为皇家禁物。在淮河、汴河之中，专门运送“花石纲”的船只，舳舻相接，数月不绝。这座园林后来毁于金人的战火。人们在一座建筑的盘龙柱上刮下金屑达四百多两，其豪华富丽于此可见一斑。

元代诗人李溥光咏叹道：

一沼曾教役万民，一峰会使九州贫。

江山假说方成就，真个江山已属人。

诗句是说，万岁山建成之日，即江山易手之时。这一假一真，讽刺深刻而感慨深沉。

当时，还有一首咏《万岁山图》的七绝；

万岁纲船出太湖，九朝膏血一时枯。
阿谁种下中原祸，犹自昂藏入画图！

诗人的一腔怒气未敢直接发向皇帝，结果对着假山放了一通火炮，但其抨击的效果却是一样的。

七

在隋代，炀帝杨广紧跟在文帝杨坚脚后出现，结果二世而亡。赵匡胤创业一百四十年后，才出现赵佶这班败国者，此亦北宋不幸中之幸也。

汴梁城毁于金人战火，加上后来几次黄河泛滥，致使往日的千般绮丽，万种繁华，一股脑地被深埋地下。前面说过的那座“州桥”，当时汴河流经其下，天街贯穿南北，备极繁华之盛，不然，“青面兽”杨志也不会跑到那里去卖刀。可是，这次在开封，当我要寻觅它的踪迹时，东道主却说，遗憾得很，它已经隐匿在五米土层之下了。这也没有什么奇怪的，毕竟是“往事越千年”了。我们现在看到的古城面貌，说是宋城旧迹，其实，乃是清代的孑遗。

英国文学名著《简·爱》的女主人公重回故地桑菲尔德府，目睹物是人非之惨景，曾喟然叹道：一切没有生命的依然存在，而一切有生命的已经变得面目全非了。尽管这话十分警辟，但却并不准确，没有生命的同样也在变化。一千多年前，李白写过一首《梁园吟》，有句云：

昔人豪贵信陵君，今人耕种信陵坟。
荒城虚照碧山月，古木尽入苍梧云。
梁王宫阙今安在？枚马先归不相待！
舞影歌声散渌池，空余汴水东流海！

说的是山河犹是，人事已非。于今，不要说梁园、万岁山，连那滔滔滚滚的汴水也已荡然无存，早就淤成了平地，只剩下“汴水秋声”四个字，作为“汴京八景”之一，留存在方志里。

宋太宗：

千古诛心无字碑

在皇权专制国家的“权力竞技场”上，一个主要当权者，张扬其为达目的不择手段的气魄与雄心，以及疯狂的权势欲、攫取欲、占有欲，在爆发强势的生命力的同时，也裸露出人性最丑恶的一面。

一

此行的目的地，是寻访太原的古城村，一是看看晋阳古城遗址，二是参观名闻中外的晋祠，三是听说晋祠里有一座无字碑，我也想考察一番。

说到“晋祠”这个名称，也许有人以为它是晋国或者晋家的祠庙，那可就错了。它也不是晋水的神祠。只是由于这里地处悬瓮山下晋水的源头，又与春秋时代的晋国有些因由，因而得名。晋祠创建的年代，现已难于考定，最早的记载见于北魏郦道元的《水经注》。由此可知，至少也有一千五六百年的历史了。

公元前 403 年，韩、赵、魏三家分晋，现在的太原，当时称为晋阳，曾经一度作为赵国的都城。后来，东魏的高欢，隋代的杨广，五代时期后唐的李存勖、后晋的石敬瑭、北汉的刘知远，都是依靠着雄踞晋阳而坐上了龙椅。对于唐王朝来说，晋阳更有其重要意义，李渊灭隋，就是从这里起兵的，凭借着“晋阳之地士马精强，宫监之中府库盈积”和有利的战略地位，不到半年时间，就沿着汾河、渭河西进，攻入长安，奠定了唐王朝的四百年的基业。所以，唐太宗称晋阳为“王业所基，国之根本”。

经过唐王朝的历次修建，晋阳城由跨越汾河两岸的三座城池组成，周围达四十余里，不仅规模巨大，而且十分坚固，成为唐朝北方的重要屏障，在“安史之乱”中，发挥了抵御敌军的重要作用。当时，叛军攻破了洛阳、长安东西二京，唐玄宗逃往四川；十万叛军合攻太原，而太原守将李光弼凭借着坚固的城池，以不足万人的地方武装，坚守五十余天，终于击退了敌军，并以此为基地，收复了大批失地。

从北宋讨伐北汉的战争中，我们再次看到了太原的战略地位。为了扑灭雄踞太原的北汉政权，宋太祖八年间两次出兵，都由于城池坚固，无功而返。又过了三年，宋太宗赵光义御驾亲征，将太原城围困了五个月。在粮尽援绝的情况下，北汉主弃甲投降，这才夺取了这座易守难攻的古城。

当时，有人向宋太宗进言，太原一带有一条“龙脉”，不可不防。北面的系舟山是龙角，西面的龙山、天龙山是龙身、龙尾，太原城正当这条蟠龙的腹心。宋太宗是非常迷信的。他想，怪不得历史上这里出了那么多的开国皇帝，原来它有“龙城”之兆啊。为了铲除这条“龙脉”，摧毁一切可能出现的割据势力的温床，宋太宗于公元979年，下诏削平系舟山，名为“拔龙角”；同时，撤销藩镇建制，改太原城为平晋县，将并州这一太原的古称硬栽给了榆次县；并彻底摧毁城池，纵火焚烧了城中的宫殿建筑及居民庐舍，许多人被烧死在城中；还引汾水、晋水灌城，将古城的废墟冲没，使这座自古以来即为防御北方侵略势力的屏藩重镇毁于一旦。尔后，在东北方向五十里外的唐明村修了一个小型的土城，用以安置流民，这就是今天的太原市。新城里一律不修“十”字街，只铺“丁”字路，为的是钉住这里的“龙脉”。

面对晋阳故城的废墟，想到它旧日的赫赫声威，真是不胜铜驼荆棘之感。那样一座坚如磐石的城池，于今，除了一个破烂不堪的不知建于什么朝代的旧城门，其他任何遗迹也见不到了，破坏得十分彻底。那天，和两位农民打扮的老者接谈，听到的都是一些对宋太宗赵光义的愤怼之言。陪同游览晋祠的张女士向我解释说，宋太宗毁城祸众，伤透了当地民众的心，这个疙瘩已经结下一千年了。

张女士还告诉我，宋太宗在捣毁晋阳城的同时，却在晋祠大兴土木。因为他特别迷信，以为这样可以积功树德，祓除不祥，同时又能获得敷扬文教的美好声名。他效仿唐太宗建立“贞观碑”的做法，在晋祠也立起了一座“太平兴国碑”，记述他修祠立碑的始末。但是，两个碑的命运却截然不同：贞观碑被精心保护在宝翰亭中，劲秀挺拔的字体与洒脱洗练的刻工交辉互映；而对这块宋碑，老百姓却偏偏不买账，碑文早已被刮剥净尽，结果，只好作为一个变形的无字碑，被冷冷落落地放置在胜瀛楼北面的台基上。

这使我想起了“皇威争一瞬，民意重千秋”这两句古话。对于宋太宗捣毁晋阳城的恶行，不只普通民众恨之入骨，千载以还，犹有余愤未平；而且，后世许多主持正义的作家、诗人，也都予以严厉的谴责。比如，毁城二百余年之后，金代著名诗人元好问凭吊晋阳故城遗址时，想到这座“天下名藩巨镇，无有出其右者”的北方屏障的惨遭毁坏，曾经激愤地悲吟：

中原北门形势雄，想见城阙云烟中。
望川亭上阅今古，但有麦浪摇春风。
君不见系舟山头龙角秃，白塔一摧城复没，
……
汾河决入大夏门，府治移着唐明村。
只从巨屏失光彩，河洛几度风尘昏！
……
鬼役天财千万古，争教一炬成焦土！
至今父老哭向天，死恨河南往来苦。
南人鬼巫好禨祥，万夫畚锸开连冈，
官街十字改丁字，钉破并州渠亦亡！

诗的前四句，是说这座形势雄胜的“北门锁钥”，于今已不复存在，废墟上麦浪摇风，而昔日的城阙只能想见于云烟之中了。中间十句，是诗的腹心部分，讲述毁城过程及其严重后果。诗人临风吊古，痛斥宋太宗毁掉晋阳城给国计民生带来了无穷灾难——由于石敬瑭割让了燕云十六州，赵光义又摧毁了这一北方的名藩巨镇，黄河以北成为敞开了大门的庭院，终于导致金人侵入，汴京失陷，北宋覆亡；而在毁城的当时，父老们纵然有幸逃出火海，也是哭告无门，流离失所。最后四句，指斥赵宋统治者迷信天命，挖龙角，断龙脉，结果钉破了并州，也毁灭了自己。

二

听着太原人对宋太宗的议论，我虽然没有插言，但内心是赞同的。也许是先入为主吧，我对这位雄猜、狠鸷的君主一直没有好的印象。小时候，看过一出名叫《贺后骂殿》的京戏，剧情是宋太祖赵匡胤猝死之后，其胞弟赵光义继承皇位，赵匡胤的皇后贺氏因丈夫死因不明，令长子德昭上殿质问。赵光义赫然震怒，想要把他斩掉，德昭又惊又恨，一头撞死。贺后于是带领次子德芳上朝骂殿。唱词是：

有贺后在金殿一声高骂，骂一声无道君细听根芽。
老王爷为江山何曾卸甲，老王爷为山河奔走天涯。
遭不幸老王爷晏了御驾，贼昏王篡了位谋乱邦家。
把一个皇太子逼死殿下，反倒说为嫂我拦阻有差。
贼好比王莽贼称孤道寡，贼好比曹阿瞒一些不差。
贼好比秦赵高指鹿为马，贼好比司马氏搅乱中华。
只骂得贼昏王装聋作哑，只骂得贼昏王扭转身躯，
闭目合睛，羞羞惭惭，一语不发。
只骂得贼昏王无言对答，两旁的文武臣珠泪如麻。

结局是，赵光义殿前谢罪，赐贺后尚方宝剑，封入养老宫，加封赵德芳为八贤王。看戏当时，除了为低回沉郁、悲凉慷慨、优美动听的二黄唱腔所陶醉之外，也觉得贺后骂得实在痛快，算是呼出了一口闷气。

这出程派的名剧，是根据北宋神宗时僧人文莹《续湘山野

录》“烛影斧声”之说演义而来的。关于宋太祖之死，《宋史》上的记载极为简单，只有“帝崩于万岁殿，年五十”九个字。南宋史学家李焘《续资治通鉴长编》，综合了《续湘山野录》和北宋史学家司马光的《涑水纪闻》等书，记载得比较详细。说太祖夜召晋王光义入内，属以后事。左右皆不得闻，但遥见烛影下，晋王时或离席，若有所逊避之状，后来又看到太祖以柱斧戳地，大声对光义说：“好为之”。次晨太祖就死了。时夜已四鼓，宋皇后使太监王继恩召唤德芳，而王继恩却直接跑到晋王赵光义那里。晋王犹豫，不肯前行，继恩催促说：“拖延久了，就会落到别人手里。”于是，晋王跟随他一起来到寝殿。宋后问道：“德芳来了吗?”继恩说：“晋王到了。”宋后愕然，慌遽地对晋王说：“我们母子的性命，都托靠给官家了。”晋王哭着回答：“我们会共保富贵的，无须忧虑。”

此外还有一些说法。如宋末遗民徐大焯在《烬余录》中记载，太宗多次在太祖面前，盛称蜀国花蕊夫人费氏的才干，没过上一个月，蜀主就暴卒了。太祖感到诧异，当即找来花蕊夫人了解蜀主猝死的情况。发现这位费氏确实才情敏慧，便把她留在掖庭中陪侍，宠幸无比。这天，赶上太祖患病，光义于夜间入宫问候，适值太祖熟睡，呼之不应，遂乘机对费氏动手动脚，加以调戏。不料，太祖此时突然醒来，正巧目睹了这一场面，当即愤怒地以柱斧砍地，斥责光义说：你做的好事！第二天晚上，太祖就死了。

从现存史料中得知，太祖死前两个月，每月都有御驾出行的记载，甚至远到洛阳，可见他身体健康，精力充沛，死得实在是非常突然。最大的可能是死于他的胞弟赵光义的谋害。——当代著名宋史专家邓广铭先生如是说。

也正是由于赵光义是以篡弑手段夺取了皇位，唯恐后世非议，于是，便又伙同赵普编造出了一个“金匮之盟”，即杜太后临终前曾有太祖传位于光义的遗嘱。其真实性同样令人怀疑。尽管其时光义已做了开封府尹，实际上居于接班人的地位，但要继承大统，既无太祖的临终顾命，也没有正式储君的名分，而且，以弟继兄，毕竟有乖常例。为了寻求合法继位的依据，只好抬出一个太后临终遗命来加以缘饰。

这又是一个“千古之谜”。对此，官修的《宋史》同样是多所讳避，所记仍是九个字：“太祖崩，帝（太宗）遂即皇帝位。”封建王朝的史书向来是为尊者讳的。但在宋太宗统治权力干预不到的辽国，史官却记为“宋主匡胤殂，其弟炅（太宗名）自立。”一个“自”字道出了问题的实质。纸里终究包不住火，有些敏感的史学家到底还是提出了问题：《宋史》中“特书曰‘遂’，所以别于受遗诏而继统之君也”。有的直斥太宗“褊急奸贪而攘天位”。可见，在后世的史学界，多数都是否定“金匮之盟”的真实性的。

《贺后骂殿》这出戏，正是针对赵光义这样一些龌龊的行径来编排的。作为一种舆情的真实而曲折的反映，它像《击鼓骂曹》、《审潘洪》、《斩黄袍》等剧目一样，在很大程度上代表了广大下层民众的心声和愿望，但它与史实确有明显的出入。赵光义即位于公元976年，而贺后早在公元958年就已下世。人已云亡，何来骂殿？赵德昭也并非死于赵光义窃位当时，而是在四年之后。尽管其事属于子虚乌有，但是，由于那激越慨慷、低回悲壮的唱词已经深深地印在脑底，再加上赵光义篡位后确实又“多行不义”，所以，即使知道戏文失真，感情上也还是过不来，所谓“宁肯信其有，不愿信其无”也。

当然，剧情也并非一无依傍，凭空虚构，或多或少还是存在一些影像的。德昭之死，确与宋太宗有直接关系。据《涑水纪闻》和《续资治通鉴》记载，太平兴国四年六月，武功郡王赵德昭随从宋太宗出征幽州。幽州当时是辽朝的南京，防守甚严，宋军连续攻打了十一天也没能破城。嗣后，辽军的援兵赶到，大败宋军于幽州城西的高梁河。太宗连夜挥师后撤，辽兵紧追不舍，宋军陷入了一片混乱，丢盔弃甲而逃，太宗急忙搭上一辆驴车，乘夜逃遁，才免于被俘。军中找不到皇上，以为他已经被辽兵俘获或死在乱军之中，有人便提议拥立德昭，但很快就知道了太宗的下落，也就把这个事压下了。可是，太宗听到了一点风声，心中非常忌恨，只是嘴上不讲。

班师回朝之后，上上下下都议论，这次北征失利，同未能及时赏赐扫平北汉之功有直接关系。于是，德昭就提醒太宗，应该对平定北汉的将士论功行赏。这本来是一件正常的建言，没想到却引发了太宗的宿火，当即怒气冲冲地说："等你自己当了皇帝，再行赏也不晚!"德昭听了，惶恐万分，觉察到太宗怀疑他想要篡夺皇位，话中已经露出了杀机。回宫以后，就寻觅刀剪，侍从们不知他用意所在，便说：宫中哪敢带这类东西呢？德昭又跑到茶酒阁去，用切果刀自刎了。此时离太祖驾崩不过三年时间。

又过了一年半，太祖的另一个儿子德芳（即戏曲中的"八贤王"）也不明不白地死去，年仅二十三岁。人们怀疑他的暴死也与赵光义有关，只是史书失载，无从悬揣。史书上讲，德昭既不得其死，德芳又相继夭绝，太祖的胞弟廷美感到了形势的严重，觉得太宗的屠刀很快就会降临到自己头上。果然，在赵普的策划下，他屡受诬告，连遭贬逐，三年之后死于房州。

当得知廷美的死讯后，太宗淡淡地对朝臣说，廷美之母并不是杜太后，而是太宗的乳母耿氏。这就彻底否认了廷美与他是同胞兄弟。后来的修史者，就把太宗的说法记入了《宋史·赵廷美传》；可是，却忘记了同时修改杜太后的传记，在那里分明记载着：太祖母昭宪杜太后“生邕王光济、太祖、太宗、秦王廷美”，结果，终于露出了马脚。

赵光义之所以处心积虑地必欲置廷美于死地，乃至不惜造作谣言，否认与廷美的同胞关系，是因为“金匮之盟”中有兄终弟及和“能立长君，社稷之福”的话。当初，这句话为他篡权夺位提供了根据；现在，他却又觉得不利于自己安排后事：论年龄，廷美长于太宗之子，要立“长君”，他该是首选。因此，只有除掉这个难以逾越的障碍，才能达到日后“传子”的目的，才能实现终北宋之世继承皇统的全归太宗一系。

但是，一除了之，又太容易暴露出他的罪恶用心，于是，便又打出“廷美本为庶出”这张王牌。言外之意是，即使他健在，也没有继统的资格。那么，也许有人会提出问题：既然太宗握着这把廷美不是他的胞弟的杀手锏，尽管亮出来就是了，何必非得煞费苦心把他害死呢？答曰：害死廷美原是前提条件，只要廷美一息尚存，就会搬出铁证来为自己辩护；这样，太宗造作谣言就很容易露馅儿。而今，杜太后已死，当事人又不在了，自然就可以随意编排了。

有宋一代，对于太宗蓄意传子，不惜骨肉相残的卑鄙行径，一直是啧有烦言；而对太祖一支的惨遭杀戮，普遍深表同情。只是慑于太宗的威势，不敢公开、正面地议论，于是，便通过各种笔记、杂说等道里传闻的形式，寄感、抒怀、泄愤。这一思想倾向，到了南宋初年渐趋激化。当时，许多人士把北宋灭亡，太宗子孙被掳劫殆尽，归因于赵光义虐待太祖子孙而招致的报应。南宋之后问世的《古事比》和《七修类稿》等记载，统兵灭掉北宋、大肆屠戮太宗子孙的金朝大将斡离不，相貌极似宋太祖，人们认为，这是一种冥冥中的因果报应。上述诸说均属迷信，荒诞不经，没有什么价值可言，但是，显然都反映了当时的舆情民意。

三

闲览有宋一代史籍，发现有关宋太宗遗事的记载，有个显著的反差，就是官修史书许多方面或者失载，或者语焉不详，而所谓野史或民间传闻所记的却异常繁富，这在历朝历代都是少见的；而在一些私家著述或所谓野史、传闻中，披露的宋太宗的许多并不光彩的甚至损名败德的事，特别是涉及到政治问题的，在正史中不仅全部隐去，而且还要反话正说，曲尽美化之能事，这从《宋史·太宗本纪》和北宋末年进士江少虞编纂的《宋朝事实类苑》中，看得最明显。

本来，中国的史官中存在着对当代史事秉笔直书，毫不隐瞒回护的优良传统，像先秦时代的董狐、南史，汉代的司马迁，都是这方面的典范。直到魏晋南北朝时期，还或隐或显地留下一些“直笔”的余脉，比如，苻坚的寡母曾汲引将军李威为男宠，这样的家丑竟记载在起居注里，苻坚看到后当然要“既惭且怒”了；北魏最高统治者拓跋氏的先世翁媳婚配之类的旧俗，史官撰国史时也曾据实直书；等等。但到宋代之后，这种优良的直笔传统已经完全被斩断了。

应该承认，宋太宗的功业还是很显著的。继位之后，他大体沿袭了太祖时期的政策，结束了五代十国的分裂局面，基本实现了国家统一；同时，重视发展文化事业，不管出于何种考虑，牢笼读书士子也好，炫耀文治之功也好，通过组织编纂《太平御览》、《太平广记》、《文苑英华》三大类书，对于当时和后世都产生了积极有利的影响。对于这些方面，官修史书作了客观的较为详尽的记述，是正确的，也是应该的。但在军事方面，则举措失当，八年之中打了五次大的败仗，丧失了军事优势，引发了财政危机，开始形成积贫积弱的局面，这也不应加以隐讳与缘饰。

鲁迅先生曾一针见血地指出："历史上都写着中国的灵魂，指示着将来的命运，只因为涂饰太厚，废话太多，所以很不容易察出底细来。正如通过密叶投射在莓苔上面的月光，只看见点点的碎影。但如看野史和杂记，可更容易了然了，因为他们究竟不必太摆史官的架子"。反映在对宋太宗的记述上，也是如此。比如，焚毁晋阳城这样一件大事，在《宋史》本纪中只是用"堕其城"几个字一笔带过。宋太宗在征辽中指挥失当，全盘尽输，丧师不下三十万，这在《本纪》中根本看不出来。即使那次几乎全军覆没，太宗险些被俘的高梁河之战，也只是轻描淡写地说："帝督诸军与契丹大战于高梁河，败绩。"

之所以出现野史、杂记多所记载，而正史却避而不谈的现象，除了一般情况下史官"为尊者讳"以外，还和宋太宗的"做贼心虚"，直接出面干预有关系。他说过：为君为臣，作一恶事，载之简册，流传万载。正因为他很怕把一些不光彩的事情记上去，影响后世对他的评价，所以，他对宋初史料的编纂极为关注。他一改前朝的惯例，专门做出规定：本朝的时政记和起居注，必须按月首先送他本人审阅，然后再交付史馆。这样，作为修史时的主要依据的《太宗实录》，其可靠性就很难说了。

史载，太宗朝，有人向朝廷进言，请求放出宫女三百人。太宗对宰官说："宫中无此数。"而且，本人亦颇自诩："即位以来，朕持俭素，外绝游观之乐，内却声色之娱。”从这些情况看，太宗似乎并不留意女色，宫中也是清净简约的。但是，实际并非如此。太宗刚刚去世，继位的真宗就对辅臣说，宫中嫔御颇多，幽闭可悯，朕已告诉后宫，把那些进来年头很多的统统放出去。时隔三年多，儿子就给老子一个反手巴掌，戳穿了赵光义的谎话。

《烬余录》载，太宗既平北汉，圣心狂悦，率军征辽时，尽载北汉妃嫔随御，诸将亦掠北汉妇女以充军妓，致令士气不扬，全军尽覆于高梁河。南宋初年的王铚在《默记》一书中，还披露了这样一件事情：赵光义在做开封府尹时，一个青州人携带一个十多岁的小女儿，到南衙办理产业事，光义一眼就看中了这个女孩，硬是通过手下人安习给强买下来。后来，这件事被太祖知道了，十分气愤，不便直接追究光义的罪责，便下令追捕安习归案，光义只好把他藏匿在府中。连个十多岁的小女孩都不放过；“内却声色之娱”，又从何谈起？当然，这是他登基之前的事。

太宗殚精竭虑十几年，才得遂其位登九五之愿。因为得来不易，所以防范心理极强，处处表现出心怀戒虑，猜忌多疑。这种个性品质也决定了他的领导方式：大权独揽，任人唯亲。为了钳制将帅，出征时实行“将从中御”，剥夺了前方将帅的机动指挥权。出发之前，皇帝预授锦囊妙计，大至战略方针，行军布阵，小至进退行止，全部事先做出安排，不得改动，并派出亲信赴阵监军。

由于他素性猜忌多疑，使战功卓著、有“宋代第一良将”之誉的曹彬，只因秉政日久，深得民心，便被罢免了枢密使的职务。名臣寇准在罢朝归第途中，因为有人迎着马首欢呼“万岁”，也被免除了职务。参知政事赵昌言已经出任川峡招安行营都部署，可是，当太宗听说他前额上的皱纹特殊，呈现反叛之相，立即收回成命，改派宦官卫绍钦前往四川，同领招安捉贼事。最可笑的是，册立元侃为太子后，京师之人欢喜雀跃，说：“真社稷之主也！”太宗听说以后，异常恼火，立即找来参预策立太子的寇准问道：“五洲四海都归心于太子，那将置朕于何地？”连亲生儿子也要怀疑、忌妒，其他人就更不要说了。

也正是由于这一原因，吴越王钱俶和南唐后主李煜等降王都未得善终。关于他们的死，《宋史》的记载都极为简略，前者记为：“是夕暴卒，年六十”；后者记为：“（太平兴国）三年七月卒，年四十二”。但在褚人获的《坚瓠广集》中，却揭露了事实真相：他们都是宋太宗暗下毒药害死的。钱俶出生于后唐天成四年八月二十四，死于宋太宗端拱元年八月二十四，巧还巧在他的父亲也死在这个日子。李后主七月七出生，也死在七月七这一天。在他们庆生辰时，宋太宗都曾派人送去了祝寿的酒。

史书上说，钱俶作为一个属国之君，每逢朝廷使至，他都接礼勤厚；一贯谦和、俭素，自奉尤薄。宋兴以来，贡奉不绝，而在太祖、太宗对南唐用兵之际，所贡资财增至数十倍。特别是，据《续资治通鉴·考异》引述《默记》，在高梁河之战中，宋师惨败，太宗乘驴车夜遁，其时掌管后军的钱俶发现后，为怕走漏消息，连续斩了六个前来报告御驾行踪的人，并下令后军缓行，以便同太宗的车驾拉开较大距离，免得目标过大，引起辽军注意，否则，太宗就没有逃脱的可能。从这点看，钱俶之于太宗，就不仅是恭谨有礼，简直称得上救命恩人了。但是，由于“衔忌未消”（褚人获语），最后竟也未能逃出毒手。至于南唐后主李煜的下场，当然就可想而知了。

四

我的知道李后主，是由于他的虚灵在骨，神秀绝伦的词作。早在中学时代，就喜欢背诵他那含思凄婉的名句："春花秋月何时了？往事知多少"；"问君还有几多愁？恰似一江春水向东流"。同时，也为他在不惑之年即命归泉壤而感到惋惜。尔后读书渐多，知道正是这首被后人目为神品的《虞美人》词，使他罪遭不赦。治罪的不是别人，当然是宋太宗赵光义，而且，手段之残忍毒辣，令人发指。

原来，李煜沦为亡国贱俘之后，痛感往事如烟、人生若梦，造物者残酷无情，使他承受了忒深、忒重的苦痛与愁恨，于是，写下了许多伤怀感旧、思念故国的词。不意这些作品很快就不胫而走，传遍了京师汴梁，也早被朝廷的耳目报告给了宋太宗，特别是"小楼昨夜又东风，故国不堪回首月明中"，"雕栏玉砌应犹在，只是朱颜改"这些词句，使宋太宗启动了杀机。

正好这时又发生了另一件事，起了火上浇油的作用。这天，太宗指派南唐归顺的旧臣徐铉到后主那里打探消息。君臣久不见面，自然感到有许多话要说，他们便略去了昔日的礼节，促膝深谈。后主这天很动感情，也就忘却了应有的戒备。只见他长叹一声，黯然说道："当时悔杀了潘佑、李平！"潘、李分别是南唐的内史舍人和户部侍郎，曾上书言事，指陈奸恶。

徐铉回宫复命，太宗问他，后主都说了些什么，他不敢隐讳，便据实以告。太宗敏感地意识到，李煜活在世上，就是南唐旧梦死灰复燃的希望，因此，万万留他不得。当即传旨医官，配制烈性毒药，并要设法使李煜的尸体作俯首屈身之状，以示永世臣服。这样一来，那场令人不忍目睹的惨剧就发生了。七月七这一天，宋太宗派人前来给他祝贺生辰，亲赐御酒，李煜奉旨饮下，登时五脏剧痛，全身痉挛，头足相就，状如牵机，于次日凌晨气绝身亡。钱俶、李煜死后，太宗都极尽奸雄之能事，虚情假意地封王厚葬，分别辍朝七天和三天，以示哀悼，上演了一出“猫哭耗子”的闹剧。

看来，在酒中暗下毒药，乃是太宗的惯用手法。《续湘山野录》记载：太祖与光义“酌酒对饮，宦官宫妾悉屏之”，“将五鼓，帝已崩矣”。据此，史学界有人推测，太祖死因，是光义在酒中暗下了毒药。而毒药则可能是由医官程德玄提供的。史有明载，德玄颇得太宗信任，众多趋其门；性贪，然太宗亦优容之。

从李后主的直言贾祸来看，他的机灵劲儿，远远比不上那个叫做阿斗的刘后主。据《汉晋春秋》，晋司马昭灭蜀后，蜀后主刘禅被掳至京师洛阳。一日，宫中宴集，一些原来蜀国的艺伎舞乐于前，陪同后主观看的故蜀官吏尽皆落泪，唯独后主嬉笑自若。异日，司马昭又问他：“颇思蜀否?”答复是：“此间乐，不思蜀也。”左右听了这一番“全无心肝”的话，都忍不住暗笑。但它却蒙骗过了机灵诡诈的司马昭。《三国志集解》引于慎行说：刘禅对司马昭的应答，未为失策。思蜀之心，司马昭所不欲闻也。左右虽笑，不知禅之免死，正以是矣。清人毛宗岗在评点《三国演义》时也说，“此间乐，不思蜀”之言，乃刘禅之巧于自全也。若日夜流涕，感愤思归，奸雄如司马昭，其能容之乎?

可是，这一全身远祸的韬晦之术，“性情中人”的李后主却压根儿就不会。一则他不是枭雄之子，没有掌握刘备那套“青梅煮酒，闻雷失箸”的家传；二则，“诗人者，不失其赤子之心者也”，及其悲慨，忽忘形骸，全不理会徐铉能否把他卖掉。当然，由于宋太宗必欲置之于死地，即使李后主安分守拙，隐忍苟全，也不会放过他的。从钱俶的悲惨下场，完全可以得出这一结论。就这一点来说，李后主的结局较之刘后主的更惨，也同所遭逢的对手较之司马昭更阴鸷、更明察有关。

其实，对于李煜来说，死，也许是一种精神上的解脱。亡国被俘以后，他饱谙屈辱之苦。最为难堪的是，与他朝夕相伴、相濡以沫的小周后，经常被宋太宗召去陪宴侍寝，使后主痛苦万端，彻夜难眠。一个是“向君歌舞背君啼”，一个是“此中日夕，只以眼泪洗面”，都是苦不堪言的。明人沈德符在《万历野获编》中记载，宋人画《熙陵（即太宗）幸小周后图》中，太宗戴幞头，面黔色而体肥，小周后肢体纤弱，数宫人抱持之，周后作蹙额不胜之状。元代诗人冯海粟学士题诗曰：

江南剩有李花开，也被君王强折来。
怪底金风吹地起，御园红紫满龙堆。

小周后每次被召入宫，一留就是几天，回来后便大哭不止，骂李煜无力庇护她，从中可以想见其所受污辱之沉重。《烬余录》甲编谈到，对小周后被胁入侍，后主多有怨言，遂致暴卒，小周后被正式纳入宫中。这又是太宗毒害李煜的一个因由。

宋太宗一生凶残猜忌，恶行甚夥。他当然不会料到，一个半世纪之后，他的嫡亲子孙徽宗赵佶、钦宗赵桓落到金太宗的手里，他们所遭受的屈辱与苦难，比后主李煜还要惨重许多倍。

宋徽宗：
作个才人真绝代

不是当皇帝的材料，却偏偏被拥上“九五之尊”，结果，受到命运的无情作弄，饱遭心灵的磨折，深谙人世间的大悲大苦大劫大难，既逃脱不了亡国罪责，又人未尽其才、才未尽其用，留下了千秋憾恨，成为道地的可怜虫。

一

西方有一句格言，说“人生最奢侈的事，就是做你想做的事”。难道“做你想做的事”，竟是那么难能可贵，那么不易实现吗？是的。

徽宗赵佶本来是个非常出色的书法家、绘画大师和诗词作手，又是一位十分称职的宫廷画院院长，可是，命运老人在关键时刻扳了个道岔儿，结果，阴错阳差地当上了北宋的第八任皇帝。

你道这皇帝可是好干的？当日在宋哲宗赵煦龙驭宾天之后，皇太后就有意让赵佶接班，可是，执掌铨衡、善于识人的宰相却说他“轻佻，不可以君天下”。当然，“胳膊总拧不过大腿”，最后还是老太后一锤定音。这样，赵佶就被拥上了龙椅，开始了中国历史上出名的无道昏君的浪荡生涯，而他自己也走上了充满悲剧色彩的人生道路。

赵佶继位之后，他的心思仍然是专注于书画的创作与欣赏，便将治国理政的一应大事，全都交付给了权奸蔡京和宦官童贯等一干人。而这，正是这班野心勃勃、权欲熏心的人所求之不得的。且听听蔡京父子是怎样劝说徽宗的："人主当以四海为家，太平为娱，岁月能几何？岂可徒自劳苦。"既然要以"太平为娱"，那就需要大把大把的银子作支撑啊，于是，他们就告诉徽宗了："今泉币所积赢五千万，和足以广乐，富足以备礼。"进而倡导"丰、亨、豫、大"之说，蛊惑徽宗纵情挥霍民脂民膏，尽情尽兴于声色狗马，大兴土木，恣意享乐。这对徽宗来说，可说是"仰体圣衷，正中宸怀"，乐得过着花天酒地的放荡生活，整天吃喝玩乐，尽享荣华富贵。

徽宗末年，发生了这样一件事：说起来也很蹊跷，你说徽宗皇帝不问政、不作为吧，偏偏又贸然决定，联金灭辽，以图收复燕云十六州。原来，这个主意是大阉童贯帮他出的。燕云十六州经后晋的"儿皇帝"石敬瑭之手奉献给契丹人，已经过去了一百八十年，现在要把它收回来，应该说，是一件名垂竹帛的千秋伟业。可惜，这在当时只是一场虚幻的梦想，根本不具备实现的条件。对此，许多朝臣都是一清二楚的。当听到朝廷将"兴燕云之役"，引金人夹攻契丹时，中书舍人宇文虚中立即上疏进谏：

用兵之策，必先计强弱，策虚实，知彼知己，当图万全。今边圉无应敌之具，府库无数月之储，安危存亡，系兹一举，岂可轻议？且中国与契丹讲和，今逾百年，自遭女真侵削以来，向慕本朝，一切恭顺。今舍恭顺之契丹，不羁縻封殖，为我藩篱，而远逾海外，引强悍之女真以为邻域。女真借百胜之势，虚喝骄矜，不可以礼义服，不可以言说诱，持卞庄“两斗”之计，引兵逾境，以百年骄惰之兵，当新锐难抗之敌；以寡谋安逸之将，角逐于血肉之林。臣恐中国之祸未有宁息之期也。

在这篇奏章中，通过精辟的论辩，揭示徽宗决策致命的弱点——犯了用兵的大忌：既不知已更不知彼。以当时的国力、兵力，北宋根本不具备出兵条件，实际上，已经到了“泥菩萨过河——自身难保”的尴尬地步。而徽宗却头脑发热，竟要轻启边衅，引狼入室。说明他不会分析形势，更不懂得如何因应时变，判断敌友。当此之际，辽朝已是强弩之末，而金人正处于“百胜”的强势，早有吞辽蚀宋之志，与它订盟，不啻与虎谋皮；而设想像古代勇士卞庄那样，让两虎相斗，然后坐收渔利，尤其是不现实的。到头来，必然是开门揖盗，祸在不测。

后来的实践完全验证了这一判断的正确性。出人意料的是，奉献高明、警策见解的宇文虚中，不但未能得到表彰与重用，反而遭到奸臣的倾陷，受到了降职处分。说到家，就是徽宗根本不具备政治运作的资质和条件，依靠他来运筹帷幄、决策千里，无异于“盲人骑瞎马，夜半临深池”，后果不问可知。何况，身旁还有那班成事不足、败事有余的阉宦大佬，就更是必然跌入覆亡深渊的。

这么说来，宋徽宗赵佶简直是一无是处了。你看他，在位二十六年，政治上信任奸臣，昏庸无道，边防废弛，民变于内，兵败于外；生活上，穷奢极侈，纵情挥霍，花天酒地，荒淫无度。

要说经邦济世，治国泽民，他真正是个低能儿，在“靖康之变”的历史耻辱柱上，刻下了千秋万世永难湔雪的破国亡家之痛。不过，换个角度去看，他又是一位少有的艺术天才。作为多才多艺的书画家和诗人，他曾以其独具特殊审美意义的艺术才华，占据了中国以至世界文化艺术史上的一页辉煌。

赵佶原本就以“天纵才智”见称，有着超群的艺术天分和感悟能力，又兼自幼便与许多知名的大家交往，获得高人指点，更使他的艺术才能得以充分地施展。宋人蔡絛《铁围山丛谈》记载，未当皇帝之前，他就与驸马王晋卿、宗室赵大年往来。这两个人都“善文辞，妙图画”，又富于收藏。他还同内知客吴元瑜一起学画。这个吴元瑜本是著名花鸟画家崔白的弟子。赵佶年轻时经常与这些书画名家往来，耳濡目染，从中获取许多教益，锤炼了坚实的艺术功力，尔后，勤奋耕耘，数十年不辍，更加精益求精。

北宋艺学十分昌盛，内府收藏名人书画浩如烟海。《宣和画谱》记载，仅徽宗一朝收藏的花鸟画，即有二千七百八十六件，占全部藏品的百分之四十四。这使他大大地开阔了眼界，具有得天独厚的机会。面对如此珍贵的艺术遗产，通过朝夕展玩，并一一亲手临摹，转益多师，从而使他的创作水平日渐提高。加之，他在汴京的宫苑中，罗致了一切能够到手的各种珍禽异兽、名花美卉，为他提供了绝好的描形写生的现实条件。

绘画史名著、南宋邓椿的《画继》一书，对于宋徽宗的画作评价极高，说他“笔墨天成，妙体众形，兼备六法，艺极于神”。其艺术成就以花鸟画为最高。赵佶艺术的独创性和对后代的影响力，也主要体现在花鸟画中。他的花鸟画构图，匠心独运。如《鸜鹆图》轴，画幅下面靠左边以水墨写鸜鹆两只，奋翅相争，纠缠错结，一反一正，羽毛狼藉。上者处于优势，以利爪抓住对方的胸腹，张嘴怒视；而下者也不示弱，奋力挣扎，予以反击，回头猛啄对手的右足。描形拟态，惟妙惟肖，鹳鸽的心理感情，也刻画得细致入微。他画的《雪江归棹图》，形体谨严，风度凝重，气韵苍古，满幅充溢着一股荒寒之气，被誉为“直闯王右丞（王维）堂奥”。他画禽鸟，创造了“点睛多用黑漆，隐然豆许，高出缣素，几欲活动”的全新技法。

在历代擅长书法的帝王中，赵佶是最具创造性的。他初习黄庭坚，后又学褚遂良和薛稷、薛曜兄弟，并杂糅各家，既取众家所长，又能独出己意，最终创造出别具一格的“瘦金书”体。宋代书法以韵趣见长，赵佶的“瘦金书”即体现出这种时代审美趣味，所谓“天骨遒美，逸趣霭然”；又具有强烈的个性色彩，即“如屈铁断金”。其书结体严谨，骨格纤瘦，笔画细挺，顿挫有节，外露锋芒，风流飘洒，在刚劲中透出秀丽的丰姿，堪称书苑奇葩。这种书体，在前人的书法作品中，还未曾出现过。他的草书，信笔挥洒，一气呵成，狂放酣畅，可以看出张旭和怀素（特别是怀素）的门径。对于前辈和当代书家，他总是师其神髓而变其法度，达到自出新意，自成一家。

他即位以后，经常召见著名书画家、鉴赏家米芾，相与探讨书法艺术。《钱氏私志》云：

> 徽皇闻米芾有字学，一日于瑶林殿张绢图方广二丈许，设玛瑙砚、李廷珪墨、牙管笔、金砚匣、玉镇纸、水滴，召米书之。上映帘观赏，令梁守道相伴，赐酒果。米反系袍袖，跳跃便捷，落笔如云，龙蛇飞动，闻上在帘下，回顾抗声曰：“奇绝陛下！”上大喜，即以御筵笔砚之属赐之，寻除书学博

士。

由于北宋时期文学艺术昌盛的优良环境的熏陶，前代留存下来的丰富艺术遗产的借鉴，加之赵佶本人对艺术的倾心揣摩、勇于探索，使他终于成为一位诗词书画并精，山水、人物、花鸟、杂画兼善，具有全面艺术修养的“皇帝艺术家”。

赵佶诗词现存几十首，总体上看，质量是比较高的，尤其是后期作品，产生于变乱、屈辱的环境中，凄绝哀婉，感情深沉而真挚，颇有特色。他有一首《燕山亭·北行见杏花》词，艺术性很高，一向被推为千古杰作：

> 裁剪冰绡，轻叠数重，淡著胭脂匀注。新样靓妆，艳溢香融，羞杀蕊珠宫女。易得凋零，更多少无情风雨。愁苦！问院落凄凉，几番春暮？　　凭寄离恨重重，这双燕何曾，会人言语。天遥地远，万水千山，知他故宫何处？怎不思量，除梦里有时曾去。无据，和梦也新来不做。

赵佶在被金兵掳往东北苦寒之地的途中，忽然见到了盛开的杏花，一时百感交集，写下了这首刻画困顿生涯与凄苦心灵的泣血之作。开头描写凌寒怒放的杏花，运笔非常细腻，好似一幅淡淡的工笔画。接着，陡作变徵之音，从杏花的极盛写到“易得凋零”，难禁风雨，急转直下，仿佛一落千丈的凄惨人生。所有的文字都是痛感、悲情的释放。情绪低沉，音调哀伤，体现了“亡国之音哀以思”的特点。李后主词：“梦里不知身是客，一晌贪欢。”至赵佶则曰：连梦也不做了，其情岂不更惨！

二

赵佶在文学艺术方面的贡献，不仅表现于自己具有卓绝的艺术天才，创作出大量传世的诗书画杰作；而且，由于他非常重视文艺事业的传承与发展，凭借其特殊地位和卓越才能，成功地改善、强化了画院制度，积极培养艺术人才，为繁荣北宋末年以至后世的艺术事业做出了突出贡献。历代都有一些帝王喜爱鉴藏书画，有的还参与创作，但像宋徽宗那样，以全副身心投入到书画事业中去，并能把个人的爱好广泛而深入地推广到全社会的文化生活中去，使之成为一种社会文化现象，却是独一无二的。

这方面的建树，突出表现在他对宫廷画院的改革与建设上。有宋一代，继承前代西蜀和南唐的传统，在宫廷中建立了翰林书画院，组织画家进行艺术创作，并培养大批书画方面的人才，直接为宫廷服务。作为画院的直接的组织领导者，宋徽宗按照自己的艺术旨趣和鉴赏标准，实施了一系列颇具创造性的革新措施，为它订立了一套完整的制度，在画学、考试、课程设置和教学过程中，进行了大胆的探索与改革。

徽宗改画院征召体制为考试录取，正式列入科举考试之中，像遴选高级官员一样，开科取士。这是一项带有根本性的改革。前朝帝王仅仅是将画院看做一种服役机构，而徽宗则从长远建设出发，从人才培养、艺术发展的高度去建设画院。他采取了“旧人旧办法，新人新办法”的区别对待方针，除前代留下的已在院内供职的知名画家外，其余全部通过考试录取。由于徽宗本人深谙绘画艺术，他所招纳的人才自然也是高标准的。在国子监增设画学，共设佛道、人物、山水、鸟兽、花竹、屋木六科。又设

“博士”衔，作为监考官。以“不仿前人，而物之情态形色俱若自然，笔韵高简”为评画标准。据说，当时四方考生源源而来，盛况不下于今天的美术院校联考，有幸中选者为百里挑一。

考试时，摘取古人诗句为题，令考生作画，用以测试学生对于诗画结合、诗情画意的理解能力。要求作画者能够先读懂直至深悟诗句的境界，然后再把它化为可视的画面。考题如“嫩绿枝头红一点，动人春色不须多”、“深山藏古寺”、“竹锁桥边卖酒家”，等。在试绘“踏花归去马蹄香”诗意时，许多人只是着意于描写归马、落花，就题作题；有一位聪明的画家，却只画几只蝴蝶，在马蹄后面飞逐，便巧妙地暗示出抽象的花香。对于“野水无人渡，孤舟尽日横”的考题，许多人都是画一个空船，或者船头立着一只水鸟，以表示船上无人。但取得第一名的，却画了一个舟子在船尾酣然睡去，身边放置一根笛子，说明并非无人，只是“无人渡”而已。这样，就更加切题，而且意境深远。再如，画“深山藏古寺”一题，立意原在“藏”字上，不须颇费气力地去写丛林、古刹，只要画一个小和尚在溪边担水，就足以凸显画题了。要作好这种富有意境和情趣的试题，应试者必须具有高度的想象力和表现力，富于独创精神，否则难以夺魁、入选。正如《萤窗丛谈》所说的：“夫以画学取人，取其意思超拔者为上。”所谓“超拔”，就是创意新颖，不蹈袭前人；观察能力、思想感情、技巧修养都须有过人之处。赵佶把它作为取舍的标准，颇具识见。

因为赵佶本人诗书画兼擅，有深厚的文学功底，所以，在教学中也并非单纯地传授艺术技法，而是全面讲授文化基础知识，课程中包括《说文》、《尔雅》、《释名》等学术研究。赵佶特别重视对于青年画家的培养。他看到画院学生王希孟很有天才，便亲自教授他笔法，使之迅速成长，终于创作出了《千里江山图》这样优秀的鸿篇巨制。他对学生的要求非常严格，经常亲自检查、指导。要求师法自然，把握对象的“情态形色”，符合物理，不倚傍前人。

龙德宫建成后，赵佶亲自前往验收壁画，看到有一枝月季花，画出了春天中午的形态，他表示满意，立即赐予作画的青年画家“服绯”。他告诉大家，月季开花“四时朝暮，花、蕊、叶皆不同”，对于“动植之物”，必须细致观察，以求“曲尽其性”。还有一次，他要一位画家画孔雀升屏，画了几次他都不满意，原因是，孔雀开屏升高时一定先要举左脚，而画家却都画成抬右脚了。赵佶不仅重视写生，还讲究物理法度。他曾画过鹤的二十种不同姿态。在这些方面，影响了当时画院以至整个时代的院画风格。

书画院中的学生身份各有等差，一般分为外舍、内舍、上舍三级。对学品兼优者依次晋升。画家被录取之后，根据其文化修养和出身的不同，分为“士流”（士大夫出身的）与“杂流”（从民间工匠选入的），“别其斋以居之”。“士流”可以转作其他的行政官员，而“杂流”不行。同时，按照成绩的高下，对每个学员分别授以不同的职称，其名目有画学生、供奉、祗候、待诏、艺学、画学正等。经过每月的“私试”和每年的“公试”，随时进行遴选、拔升。

从前，宫廷画家的地位、待遇都是非常低的，即使是后来办了画院，情况有所改善，较之其他文化部门仍然差很大一截。这和前代帝王把那些画家只看成服务工具，“俳优蓄之”，有直接关系。到了宋徽宗手下，他们被作为艺术人才、创作力量来看待，这就有天壤之别了。政和、宣和年间，赵佶取消旧制，特意恩准书画两院的人员和其他文官一样，不但可以服绯紫，而且能够佩带鱼袋（一种代表身份、等级的金质或银质的鱼形装饰）；有的画家还授予官衔。在朝廷序班上，画院为首，书院次之，而后才是琴院、棋院、百工等。领取薪俸，画、书两院称为“俸直”，其他诸院叫做“食钱”。画院诸生习学，凡系籍者，每有过犯，止许罚值；其罪重者，亦听奏裁。由于待遇优厚，一般画家都把能够进入画院引为荣幸。

在皇帝的亲切关怀和不懈努力下，当时画院与画学在培养人才方面，已经具备一套比较系统完整的体制，对于以后的艺术人才培养和艺术教学、画艺研究产生了重要影响。说是画院，其实，与后世常见的那种单一的、松散的画家组合不同，而是一所由皇帝亲自领导、亲自执教，完全按照其旨意办学的名副其实的高等艺术学校。其办学成就是巨大的。

首先，培养了大批优秀画家，如：张希颜、费道宁、戴琬、王道亨、韩若拙、赵宣、富燮、刘益、黄宗道、田逸民、赵廉、和成忠、马贲、孟应之、宣亨、卢章、张戬、刘坚、李希成等人，都是宣和画院的名家。即如南渡后的代表性画家李唐、刘宗古、李端、李迪、苏汉臣、朱锐等，也都是宣和年间的画院待诏。

其次，由于画院采用了考试制度，不少来自民间的优秀画家，被录入画院，故而很多具有民间风格的作品，也在画院中出现，使民间风格在画院中占有相当地位。

其三，由于画院教学中重视学生的诗、书方面修养，从而开拓了绘画的新境地，使文人画日益繁荣，画院体制更加完备。

其四，在推进书画鉴藏和金石学研究方面，也取得了优异成绩。赵佶对于艺术珍品酷爱到极点，即位不久，即派心腹宦官去全国各地搜罗古器物和书画名迹。《画继》记载：

> 宣和殿御阁有展子虔《四载图》，最为高品，上每爱玩，或终日不舍，但恨止有三图，其水行一图，待补遗耳。一日中使至洛，忽闻洛中故家有之，亟告留守求观，既见，则愕曰："御阁正欠此一图。"登时进入。

在徽宗皇帝的刻意搜求下，秘府收藏之富百倍于先朝；同时，他还组织画院画家临摹了许多内府收藏的名迹，为保存与赓续中国文化的优良传统作出了颇多贡献。流传至今的传统绘画作品中，有相当一部分是依靠宋代的摹作才为后世所知闻的。尤其值得大书特书的，是《宣和博古图》、《宣和书谱》、《宣和画谱》的编著。这些具有画史与画学理论研究丰富内涵的著作，对于后世美术事业的发展，其作用是不可低估的。

上有所好，下必甚焉。北宋末年亲王、宗室、贵族、官宦学画之风蔚然兴起，并出现了赵伯驹、赵伯骕那样的皇族名家。加之，徽宗朝经常举办观赏御府所藏图画及临摹古画活动，使朝臣、贵胄眼界大开，逐渐提高了艺术修养，在一定程度上促进了两宋之交文化艺术的繁荣。

三

说到宋徽宗赵佶的文采风流，人们会联想到南唐后主李煜。他们许多方面是相像的：

他们都是文学艺术领域的佼佼者，是创造诗书画"三绝"的多面手。像徽宗一样，李后主艺术天分也非常高，从小就废寝忘食地浸淫于诗词、书法、绘画、音乐的广阔天地。书法初学柳公权，后来博采众长，匠心独运，创制出具有独特风格的“金错刀”体；他也善画，举凡人物山水、花木翎毛，无不涉猎，尤精墨竹；同时精于鉴赏，酷爱收藏。至于诗词，更是独步千古。因为有了李煜，词体完成了从应歌侑酒的“歌辞”向抒写个人情志的新型抒情诗词的转变，特别是在描写人生缺憾和表现哀婉之情方面，达到了文学史上新的巅峰。

他们同样都是悲剧的角色，人不能尽其才，才不能尽其用，硬是“赶鸭子上架”，不情愿地被按在龙墩之上，以致消极怠工，荒废政事，纵情声色，误国误民。

他们同样整天沉溺于宗教的虚幻世界，而不能自拔：徽宗执著地崇信道教，后主则一意佞佛，取号“莲峰居士”，头戴僧伽帽，身穿袈裟，礼佛诵经，跪拜稽首。最后，都同样导致了亡国。

他们同样信任奸佞，陷害忠良。对于李后主的荒政、乱政，当时许多朝臣都曾冒死进谏，言词最激烈的是内史舍人潘佑，连上八道奏章，并当面批评说：

> 陛下蔽奸邪，曲容谄伪，遂使家国愔愔，如日将暮。古有桀、纣、孙皓者，破国亡家，自己而作，尚为千古所笑；今陛下纵容奸佞，败乱国家，不及桀、纣、孙皓远矣！

后主冥顽不灵，根本听不进去，潘佑反而因此被逼致死。

他们都是亡国之君，结局同样悲惨。巧还巧在，他们败降之后，又分别遇到了宋太宗和金太宗两个同样凶狠、毒辣、残忍的对手。当宋太宗用牵机药毒死李煜的时候，他绝对不会料到，一百五十七年之后，他的五世嫡孙赵佶竟瘐毙在金太宗设置的穷边绝塞的囚牢之中。

他们同样遭到无情的命运的作弄，先是不得其宜地登上帝王宝座，使他们阅尽“人间春色”，也出尽奇乖大丑，然后手掌一翻，啪的一下，再把他们从荣耀的巅峰打翻到灾难的谷底，让他们在惨酷无比的炼狱里，饱遭心灵的磨折，充分体验人世间的大悲大苦大劫大难。

也许因为他们两个人的相似之处太多了，于是，有人就传说宋徽宗是南唐李后主托生的。据说，徽宗出世前，他的父亲宋哲宗赵煦曾经去秘书省观看李煜的画像，对这位风流才子的儒雅风标颇为心仪。随后，赵佶就降生了。有人写诗为赞：

> 闻说重光有后身，道君耽艺岂无根？
> 谁知百五余年后，也作降王拜女真。

李煜字重光；赵佶笃信道教，称“教主道君皇帝”。李煜死后一百五十二年，赵佶父子也作了金人的俘虏。有人说，这是宋太宗赵光义残酷虐杀李后主的因果报应。

这当然属于无稽之谈，但宋徽宗与李后主由于才非所用，最后导致灭国亡身的悲惨命运，却是千真万确的。关于这位南唐国主，宋太祖赵匡胤有个十分恰当的评价：“李煜好个翰林学士，可惜无才作人主耳！”又说：“李煜若以作诗工夫治国事，岂能为我虏乎？”清代诗人郭频伽也咏叹他：“作个才人真绝代，可怜薄命作君王！”本来不是君王的材料，却偏偏被拥上“九五之尊”，结果，既逃脱不了亡国罪责，留下千秋的愧憾，又要终日以泪水洗面，断送残生，而且祸殃妻孥，真是所为何来？实在是一场历史的误会。

历史不容假设，但我也曾偶发痴想，假如宋徽宗、李后主，当初没有当上皇帝，而是从其所欲，专心致志于所擅长的专业，那又会怎样呢？

清代文人程羽文听到朋友聊天说：古今多少才子佳人，由于父母一手包办，或者从中作梗，不能和意中人畅怀适意地缔结鸳盟，以致郁郁终生，每番想起这些前人的憾事，都意气难平，看来，卓文君与司马相如那样私奔、偷情，真是上上策了。为这番话所打动，程羽文回去后，便作了一篇《鸳鸯牒》，充分发挥想象力，打通古今，漫游时空，让那些先辈的古人自择婚配，如愿以偿。

总共为三十六位才子佳人（包括文学人物）另择佳偶。比如朱淑真，旷世一怨女也，虽才气纵横却难免嫁作商人妇，“困此驽庸”，程羽文拉出宋代的苏子瞻、秦少游、晁无咎、陈季常、黄山谷、王晋卿、晏同叔、苏子美、柳耆卿等多位风流才俊，让她从中任选其一。再如，他把“灵心慧齿，辱迹穹庐”的蔡文姬配给弥正平，二人琴瑟相和，“以胡笳十八拍，佐渔阳三挝鼓，宫商迭奏，悲壮互陈”。他还想让“英华鲜颢，诏可催花”的武则天，“借配魏武帝，锁之铜雀台上”；或者“正配海陵王，两雄旗鼓，颇足相当”。让继承其兄余业、补作《汉书》的才女班昭，去匹配注《十三经》的郑玄。用程羽文的话说：这一家子是“六经为庖厨，百家为异馔”，堪称人间佳偶。

我想，如果我们顺着这种“如愿以偿”的思路做下去，分配赵佶去当宣和书画院的院长，李煜出任金陵的诗词学会会长；或者把权力再扩大一些，让他们分别担任北宋和南唐的文联主席或者文化部长，充分用其所长，那么，就不仅能够确保其个人才智充分发挥，为泱泱华夏以至整个人类留下更多的精神财富；而且，可以在更大的时空中扩展他们的积极影响，润育当时，泽流后世。而这两个国家，也会因为少了一个无道昏君，生灵免遭一些涂炭。

历史上类似的事例还有很多。南怀瑾老先生曾引述过他的塾师所作的一首七绝：

隋炀不幸为天子，安石可怜作相公。
若使二人穷到老，一为名士一文雄。

意思是说，隋炀帝运气不好，当了皇帝；而王安石很可怜，作了宰相。如果这两个人终生不得志，一贫到老死，那么，王安石将成为雄视古今的文豪，要比他现有的声誉高得多、重得多；而隋炀帝，若是作为一个名士、一个才子，也就不致留下千古骂名了。

还有唐朝的几个皇帝，比如那个具有卓绝的音乐、戏剧天才，创办过"梨园"戏校的唐玄宗，那个酷嗜象棋、而且棋艺甚高的唐肃宗，那个马球技艺娴熟、自称如果"应考球进士，一定能考得头名状元"的唐僖宗，如果都能让他们从其所愿，能够在艺术、体育方面做出应有的贡献，那该多么理想啊！

至于另外一类同样富有文誉、才华横溢、风流倜傥的帝王，比如金代的海陵王完颜亮，则不应归入此列。因为他怀有强烈的权势欲、占有欲和磅礴的政治野心，其本色与初衷，原非献身于艺术，更不甘心只做一个诗人或者学者，而是要开创一番惊天伟业，成为秦始皇那样名垂青史的有作为的君主。这样的人，还是该做什么就让他去做什么，远离文艺圣殿为好。而李、赵等人则异于此。你看，赵佶对于画院竟然那么全身心地投入；李煜更是诗人第一，帝位第二，直到最后，也还表示无意于皇权的占有，他曾上表给宋太祖，说微臣乃先君的一个普通皇子，为人庸碌无能，自幼虽热心向学，但视功名利禄如浮云。原想恬淡逍遥，像巢父、许由、伯夷、叔齐那样归隐山林，只是形格势禁，身不由己，真是万般无奈的事。

“自是人生长恨水长东”。应该说，悲剧的意味也正在于此。德国悲观主义哲学家叔本华说过：“人生是在痛苦与无聊之中像钟摆一样来回摆动”，而且“一个人的智力愈高，认识愈明确，就愈痛苦，具有天才的人则最痛苦”。单就赵佶与李煜说来，整个一生都处在想要做的与己无缘，而不想做的却又无力摆脱的“囚徒状态”，就必然会感受到加倍的痛苦与悲哀，这就使他们真正成为“可怜虫”了。

当然，也不妨作如是想：如果他们能够从心所欲，不是沦为阶下囚，不是“此中日夕，只以眼泪洗面”，跌进任人宰割的苦难深渊；而是在安富尊荣中尽享文园艺海之乐，那么，他们还能成为“以血书者”，写出令人心碎、传诵千古的《燕山亭》、《虞美人》词吗？苦难造就了诗人。“欢愉之言难工，愁苦之言易好”（韩愈语），“国家不幸诗家幸，赋到沧桑句便工”（赵翼诗），如此而已，岂有他哉。

王国维在《人间词话》里写道：“词至李后主而眼界始大，感慨遂深。”而李煜最有名的作品，当数他的绝命词《虞美人》，即使是千年后的我们读起来，仍为作者心中无边的愁云和悔恨所笼罩：忧愁是那样的深，那样的广，那样的无穷无尽。除了赞赏他的旷世奇才，我们又不能不充满憾恨地说上一句：“南唐才子真无福，不作词臣作帝王！”

宋徽宗、宋钦宗：
一囊吞尽宋王孙

世事如棋，风云变幻，偌大的一个称雄一百六七十年的威威赫赫的北宋王朝，竟被洪荒初辟的女真人的数千铁骑践踏在脚下，最后统统被拢进破烂的“土囊”，“收拾乾坤一袋装”了。

一

幼年就从史书上知道，在东北的苦寒之地有个五国城。可是，只因为它太偏远、太闭塞，直到半个世纪之后，才有机会踏上黑龙江省依兰县的这块土地。

公元十世纪，分布在依兰以东、松花江和黑龙江沿岸的“生女真人”，形成了著名的五大部族，通称五国部。这里是五国部之一的越里吉部的驻地，位置在最西面，当时是五国部的会盟所在，故又称五国头城。古城遗址在县城北门外，呈长方形，周长两千六百米。现存几段残垣，为高四米、宽八米左右的土墙，上上下下长着茂密的林丛。里面有的地方已经辟为粮田、菜畦，其余依然笼罩在寒烟衰草之中。传说中的屋宇、堂廨以及斩将台、练兵场等建筑和设施，已经荡然无存了。但是，这并不影响它的声名远播，原因在于北宋末年徽、钦二帝曾被长期囚禁于此。

这里地形十分险要，整个宏观环境也比较特殊。牡丹江、松花江、倭肯河从西、北、东三面把它围拢起来，左右还有东山、西山为其屏障，南面却是一马平川，没有任何遮拦。远远望去，人们说像个倒在地上的硕大无朋的“门”字，我仔细地端详一番，倒觉得是个地地道道的大土囊，一个没有扎嘴儿的口袋。

一个秋天的傍晚，江面上吹过来习习的轻风，天边雾霭朦胧，半钩新月初上，除了一阵叽叽喳喳的细碎的鸟鸣，再没有其他声响。静静地，我独自站在颓残破败的城头，扫视着周遭的一切，念及八百年前的陈年旧事，心想，真是世事如棋，风云变幻，偌大的一个称雄一百六七十年的威威赫赫的北宋王朝，竟被洪荒初辟的女真人的数千铁骑践踏在脚下，最后统统被拢进这个破破烂烂的土囊里，“收拾乾坤一袋装”了。一时百感中来，遂口占《土囊吟》七绝一首：

造化无情却有心，一囊吞尽宋王孙。
荒边万里孤城月，曾照繁华汴水春。

生女真人世代居住在黑龙江中下游及长白山地区，开始只有十多万人，分成不相统属的七十二个部落，都在辽朝的统驭之下。到公元十一世纪末，完颜部强大起来，统一了生女真各部。这时的辽朝上层贵族日趋腐败，对生女真的压榨也更加残酷，激起了女真族人民的强烈愤恨。遂于公元1114年，在完颜部首领阿骨打的率领下，誓师起兵，展开了抗辽斗争。第二年，阿骨打立国称帝，建立了奴隶制的金朝。看到在金兵进攻下辽朝已岌岌可危，北宋最高统治者以为，可以通过联金灭辽，“火中取栗”，收回久被辽朝占领的燕云十六州。

本来，在女真人的心目中，堂堂的大宋天朝尽管已经武备虚弱，但是，“瘦弱的骆驼大于牛”，总还是一只余威尚在的庞然大物。可是，在联合出兵过程中，他们发现，北宋政治上的腐败和军事上的无能已经到了无可救药的地步。他们没有料到，那些高踞庙堂的“白蚁”，已经把这样一座摩天大厦蛀成了空壳，只消一阵卷地狂风，便可以摧枯拉朽，柱断梁颓。

于是，这头贪欲越来越强、胃口越来越大的塞外凶狮，在1125年吞噬了辽朝之后，还没来得及过细地咀嚼、消化它，便掉转矛头，兵分两路，以双钳合拢之势，朝着这个天朝“盟友”发起了猛烈的进攻。东路由斡离不率领，从平州（今河北卢龙）直扑燕京；西路以粘罕为首，经云中（今山西大同）进袭太原，最后共同的目标是夺取北宋的都城——东京汴梁。

可是，当时北宋的最高统治者，对金朝的进军企图却茫然不晓，原以为无非是掠几座城池，要两块地方，勒索一些金银财宝，到手之后就会志得意满，乖乖地撤兵。直到金兵一路上杀将过来，眼看到了黄河北岸，徽宗赵佶才慌了手脚。他想到的对策只有避战，逃逸。于是，仓皇退位，交班给他的儿子赵桓，是为钦宗；自己则做了太上皇，称为道君皇帝。名义上，说是要去安徽的亳州太清宫进香，实际上是要避地江南，逃之夭夭。他嫌汴河里行船太慢，改乘轿子，坐上轿子还是嫌慢，又换乘骡马。直到进了镇江城门，才惊魂甫定，暂时放下心来。

这面，金兵正长驱直入，逼近黄河大桥。宋军守桥部队远远望见金兵的旗帜，就急忙烧桥溃逃。而守卫在黄河南岸的两万宋军，更是连金兵的影子都未见到，就已望风遁去。当金兵用小船一批一批地从容过河之后，竟没有遇到一兵一卒进行抵抗。金军统帅斡离不慨叹道："南朝可真称得上没有人了。假若有一两千人拦击，我们还能这样顺利地渡过天堑黄河吗？"

在兵临城下之后，北宋赖以守卫京都的大将，竟是术士郭京，是一个自称能够施行六甲神术，可以生擒金兵统帅，并且有把握击退金兵，一直赶到阴山为止的大骗子。士兵则是由郭京亲自选择的年命合于"六甲"的一些市井游民，总共七千七百七十七人；另外还有一些自称"六丁力士"、"北斗神兵"和"天阙大将"的人应募参加。除此之外，就是皇帝的卫士和城中的弓箭手了。钦宗天天眼巴巴地盼着这些"神兵"创造出一鸣惊人的奇迹，可是，谁晓得，这些"神兵神将"刚一出城，就被金兵打得个落花流水。郭京在城楼上眼见骗局已被戳穿，推说要亲自下去"作法"，便匆匆地带上一些残存的流氓无赖，溜之大吉。

直到这时，宋钦宗还没有从"和议"的迷梦中醒转过来，仍然委派宰相频繁往来金营，商议割地、纳币、贡献珍宝等事宜，以求得苟延残喘。在北宋朝廷接受了极为苛刻的议和条件下，金兵暂时从城内撤兵，进驻南郊的青城。而汴京城里的昏君奸相，仍然行使着他们的行政权力，一面按照金人的意旨，将城中所有的作战物资尽数集中起来，然后统统献给金人，并下令阻止各路勤王兵马开赴京师，对自动组织起来制造兵器、准备抵抗的民众进行无情的镇压；一面在最高统治层又开展了紧张的内部斗争。接受亲信的提醒和建议，钦宗赶忙派人将道君皇帝从镇江接回，以防止他在那里趁机制造分裂活动，名义上却是"奉养尽孝"。这天，钦宗到龙德宫去拜见道君皇帝，献上一杯御酒，道君一饮而尽；随手也给钦宗斟了一杯。钦宗刚要接饮，却被身后一位大臣轻轻踢了一脚。钦宗悟到这是要他防备下毒，于是，伏地恳辞，坚决不受。道君伤心得痛哭了一场。

二

靖康元年（公元1126年）闰十一月，开封陷落；接着，赵桓向金主上表投降。金人通过北宋文武大臣中的民族败类，将开封城内的金银、绢帛、书籍、图画、古器等物，收缴上来，劫掠一空。翌年四月初一，金人掳走徽、钦二帝和在东京的所有嫡亲皇室、宗戚及技艺工匠、皇宫侍女、娼妓、演员等三千余人，皇室中得以脱网幸免的只有宋哲宗的废后孟氏和身任大元帅的康王赵构。金兵同时还将北宋王朝所用礼器、法物、教坊乐器和八宝、九鼎、浑天仪、铜人、天下府州县图全部携载而去。这就是旧时史书上的所谓“靖康之祸”。

说来也十分可笑，本来明明白白是两个皇帝做了俘虏，可是，朝臣奏章、史籍记载却偏要说成“二帝北狩”。其实，即便用“巡狩”字样来加以表述，也不是他们麾旄出狩，而是作为会说话的两脚动物，乖乖地成了金人的猎物了。当然，这些都是现在的话。在古时，人们已经见惯不怪，因为《春秋·公羊传》上就煌煌大书着“为尊者讳，为亲者讳，为贤者讳”嘛。讳什么？尊者要讳耻，亲者要讳疾，贤者要讳过。一部二十四史，就是照着这个则律记载的。

赵佶一生中最后九年的穷愁羁旅，就这样开始了。第一站是燕山府，时在早春，有《燕山亭·北行见杏花》词作。他以杏花的凋零比喻国破家亡，自己被掳北去，横遭摧残的命运，婉转而绝望地倾诉出内心无限的哀愁。

十月中旬，赵佶、赵桓等人，又从燕京的悯忠寺出发，被押送到旧日辽国所建中京大名城（今内蒙古宁城县）。大批被俘的北宋官员则被押往显州（今辽宁北镇县）。1128 年秋，他们被押解到金国的都城上京会宁府（今黑龙江阿城白城子）。金人隆重地举行了献俘仪式，命令徽、钦二帝及其皇后都要罩头帕，着民服，外袭羊裘，其余诸王、驸马、王妃、公主、宗室妇女等一千余人，皆袒露上身，披羊裘，到金朝的祖庙行“牵羊礼”。然后，又把这两个当日的堂堂君主拉赴乾元殿，身着素服，以降虏身份跪拜胜国天子金太宗。这当然都是最为难堪的。

年末，金太宗又把赵佶、赵桓父子及皇室九百余人迁徙到韩州（今辽宁昌图县八面城），赐地十五顷，让他们种植庄稼、蔬菜，在金人武力的严密监视之下，过着自耕自食的生活。此前，已将当地居民全部迁出。他们原以为可以终老于此，没有料到，一年半之后，又被发配到千里之外更加荒凉的穷边绝塞——松花江畔的五国城。

这里，流传着徽、钦二帝“坐井观天”的遗闻。经人考证坐实，这个所谓的“井”，就在慈云寺西北百余米处。我在城垣内前后察看一番，确实发现了一口古井。如果属于当年旧物，我以为，也是供这些亡国贱俘饮用的水井，而根本不可能在里面住人。据分析，他们极有可能是住在北方今天还偶尔可见的“地窨子”里。莫说是八百年前气温要大大低于现在，即使今天，在寒风凛冽的冬日，把两个身体孱弱的人囚禁在松花江畔的井里，恐怕过不了两天就得冻成僵尸。相反，那种半在地上半在地下的“地窨子”，倒是冬暖夏凉，只是潮湿、气闷罢了。之所以称为“井”，无非是形容其局促、塞陷的景况。

从流传下来的赵佶的一首诗，也可以验证这种推测：

彻夜西风撼破扉，萧条孤馆一灯微。
家山回首三千里，目断天南无雁飞。

一般的井，只有盖而无门；“西风撼破扉”云云，自然也就无从谈起。可见，当时绝非住在井里。

在中国的封建王朝历史上，末代皇帝丢了江山之后，含愤自杀的寥寥可数。因为“知耻近乎勇”，若是一无廉耻，二乏勇气，就不会像明朝的朱由检那样煤山自缢，选择“殉国”一途。退而求其次，就是变装出逃。可是，出逃又谈何容易！到了穷途末路，“率土之滨，莫非王臣”就变成“率土之滨，莫非敌臣”了，往往是没有跑出多远，就被人家递解回来。于是，就出现了第三种选择，索性白旗高举，肉袒出降。这在大多数亡国之君，被认为是较为理想的。他们的逻辑是：“好死不如赖活着”。如果新的王朝宽大为怀，只要脸皮厚一点，还有望混上个“安乐公”、“归命侯”当当，可以继续过那种安闲逸豫的日子。

其实，这不过是一厢情愿的甜蜜蜜的幻想，历史上多数“降王”的日子都不好过。当了亡国贱俘以后，如果像前秦苻坚、南燕末主慕容超、大夏王朝的废主赫连昌、后主赫连定那样，很快就都死在胜利者的刀剑之下，所谓“一死无大难矣”，倒还罢了；假如类似南唐李后主和北宋徽宗、钦宗父子这样，投降之后沦为俘虏，一时半刻又能喘上几口活气，那就免不了要受到终身縻押，心灵上备受屈辱不算，身体上还得吃苦受罪，结果是“终朝以眼泪洗面”，那又有什么“生趣”之可言呢！

三

历史确有惊人的相似之处。像宋太祖不问任何情由，只因“卧榻之旁不容他人鼾睡”，便蛮横地灭掉南唐一样，金太宗攻占汴京，扑灭北宋，也是不讲任何情由的。而且，南唐的李后主和北宋的道君皇帝，都是诗文兼擅，艺术造诣超群，“好一个翰林学士”；却都不是当皇帝的“胚子”，他们缺乏那种雄才大略和开疆定国的本领。可以说，赵佶的可悲下场，他的大起大落，由三十三天堕入十八层地狱，受尽了屈辱，吃透了苦头，都是他自己一手造成的。

记得小时候读过一本《帝鉴图说》，据说是明、清两朝皇帝幼年时的史鉴启蒙课本。其中选载了五十多个帝王的善政与恶行。在三十六件恶行里，宋徽宗自己占了三件。

我印象最深的，是他的信用奸人，穷奢极欲。这个历史上有名的风流天子、无道昏君，在位二十五年间，整天耽于声色狗马，吃喝玩乐，荒淫无度。凡是在这些方面能够投其所好的人，不管是朝中大臣，宫廷阉宦，还是市井无赖，他都予以信任和重用。蔡京奸贪残暴，无恶不作，却能四次入相，祖孙十一人同时担任朝廷命官。王黼多智善佞，五年为相，所蓄金帛珍宝和娇姬美妾之多，几乎能与皇帝比美。宦官童贯和梁师成，一个掌握兵权达二十年之久，成为北宋末年的最高军事统帅；一个掌管御书号令，权势熏天，连宰相都得把他当做父亲看待，因而有“隐相”之称。他们互相勾结，排斥异己，操纵了朝中的大权。而徽宗则乐得悠游岁月，过着花天酒地的放荡生活。

蔡京还挖空心思，从《易经》中找寻根据，以“丰亨豫大”

相标榜。说当前朝廷的宫室规模，同国家的富强、君德之隆盛不相配称，极力怂恿徽宗要“享天下之奉”，勿“徒自劳苦”。他们知道徽宗特别嗜好奇花美石、珍禽异兽，便勒令各地搜括、进献，一时间，贡奉珍品的船只在淮河、汴水中首尾相接，称为“花石纲”。当这些花石运到都城之后，蔡京又鼓动皇上兴建豪华的延福宫，分门别类放置。并用六年时间，在平地修起一座万岁山（亦名艮岳），周长十余里，高峰达九十步。山间布满了亭台楼阁，开掘了湖沼，架设了桥梁。他们确定了一条营造的标准：“欲度前规而侈后观。”就是说，其富丽堂皇不仅达到空前，还要能够绝后。

童贯从市井中物色到一个善于饲养禽鸟的薛翁。他入园之后，便仿效皇帝出游的架势，每日集中大量车舆卫队，清街喝道，在万岁山中巡游。车上张设黄罗伞盖，并安放巨大的盘子，满盛着粱米，任凭过往的禽鸟随意啄食。飞禽饱食后便翔集于山林之中，自由来去，绝对不许捕杀。经过一个多月的训练，飞禽习惯了与游人狎玩，立于伞盖之上也不再畏惧。一天，徽宗临幸万岁山，霎时，有数万只禽鸟听到清道的声音，迅速飞集过来，铺天盖地。薛翁于御前奏报：“万岁山禽鸟迎驾。”徽宗喜上眉梢，当即委之以官职，并给予厚重的赏赐。

四

其实，对一般人来说，苦难本是一笔宝贵的财富，是锻造人性的熔炉。一个人当缺乏悲剧体验时，其意识往往处于一种混沌、蒙昧状态，换句话说，他们与客观世界处于一种原始的统一状态，既不可能了解客观世界，也不可能真正认识自己。而对于赵佶之流来说，恐怕就不那么简单了。

一则故事说，徽宗当了太上皇之后，逃避金兵，跑到镇江。这天，游览金山寺，见长江中舟船如织，因向一位禅师问讯：江上有多少只船？禅师答说，只有两只，一只是寻名的，一只是逐利的，人生无他物，名利两只船。显然其中寓有讽喻的深意。但在当时的赵佶，是无法理解的。不知赵佶经过苦难的磨折之后，对于自己信用奸佞、荒淫误国的行为，有没有过深刻的反思。

据传，他在五国城写过这样一首感怀抒愤之作：

> 杳杳神州路八千，宗祊隔绝几经年。
> 衰残病渴那能久，茹苦穷荒敢怨天！

古代圣人有一句很警策的话："天作孽，犹可违；自作孽，不可活。"看来，岂"敢怨天"云云，倒还算得上一句老实话。

有资料记载，钦宗赵桓在流放中也填写过一首《西江月》词：

> 历代恢文偃武，四方晏粲无虞。权奸招致北匈奴，边境年年侵侮。　　一旦金汤失守，万邦不救銮舆。我今父子在穹庐，壮士忠臣何处？

词句直白、浅露，水准不高，达意而已。但是，如果真的出自赵桓之手，倒是从中可以看出，他在历经劫难之后的些微觉醒。

公元1135年4月，赵佶卒于五国城，年五十四岁。二十六年后，赵桓也在这里结束了他屈辱的一生。生前，他们都曾梦想能够生还故国。《纲鉴易知录》载，在燕山时，徽宗曾私下嘱托侍臣曹勋，要他偷逃回去转告康王赵构（即宋高宗）：便可即位，救出父母。羁押中的康王夫人邢氏也曾脱下金环，使内侍交给曹勋，说："请为我向大王转达'愿如此环，得早相见'的愿望。"曹勋回去以后，即向高宗奏报，应迅速招募勇士绕行海上，潜入金国的东部边境，偷偷接奉上皇从海道逃归。结果，不但意见未被采纳，曹勋本人还被放往外地，九年不得升迁。原来，这里面有一种非常微妙、隐秘的内情。

高宗赵构乃徽宗第九子、钦宗的弟弟。公元 1127 年 4 月，徽、钦二帝被俘北去；5 月，赵构在南京应天府（今河南商丘）即皇帝位，后来迁都临安（今浙江杭州），建立了被称为南宋的小朝廷。他同乃父乃兄一样，也是最怕同金兵交战的。他所信用的汪伯彦、黄潜善和充当金人内奸的秦桧，都是些主张逃跑和屈膝投降的人。除此之外，他还有一块心病，就是如果抗金成功，父亲、哥哥就会返回，那实在是难以接受的事实。明人陈鉴有诗云：

日短中原雁影分，空将环子寄曹勋。
黄龙塞上悲笳月，只隔临安一片云。

诗意是说，捎话也好，"寄环"也好，都是无济于事的，阻隔就在"临安一片云"上，当然指的是宋高宗了。

与这种委婉的批评相对照，明代文学家文征明在《满江红》词中，则一针见血地对赵构等人的卑劣用心进行了尖锐、直白的揭露："岂不念封疆蹙，岂不念徽钦辱，但徽钦既返，此身何属？

千载休谈南渡错，当时自怕中原复。”清人郑板桥也写道：

> 丞相纷纷诏敕多，绍兴天子只酣歌。
> 金人欲送徽钦返，其奈中原不要何！

不过，诗中的“金人欲送”的说法并不确实。不要说活人他们不想放回，就是死者的灵柩，金人也无意遣返。徽宗已知生还无望，临终时曾遗命归葬内地，但金廷并未同意。六年后，宋、金达成和议，才答应把赵佶夫妇的梓宫送回去。至于赵桓的陵寝，由于南宋朝廷无人关心，不加闻问，所以，究竟埋在哪里已经无人知晓了。

徽宗有皇子三十一人，公主三十四人，除了赵构和早殇的以外，其他统统被俘获到穷边绝塞。在徽宗的近千名随从、钦宗的上百名随从中，有些年老体弱者抛尸于流徙途中，还有很多人惨死在金兵的剑锋之下，有一百多名“王嗣”（徽宗的后代）成为海陵王的刀下之鬼，——这是在金世宗即位诏书中罗列海陵王罪行时揭露出来的。被俘的宗亲、后妃中唯一得以生还的是徽宗的韦后、高宗的生母，在高宗千方百计的营求下，得随徽宗的灵柩返回中土。

现今五国城的东门和南门外，有许多荒丘，传说乃赵氏宗室的墓葬。另外，二十世纪三十年代、七十年代，在城内先后掘得许多用铁柜盛装的北宋通宝。考古学家认为，可能是金人的掳获品。在依兰一带，还流行有所谓“徽宗语”者，类似切音叶韵，传说系当时徽宗与侍从所用之隐语。

有关徽、钦二帝羁身北国的情况，宋史、金史上只是寥寥数语，《松漠纪闻》、《北狩行记》等几部个人著述，由于掌握资料有限，也都是语焉不详。诚如鲁迅先生所说，过去的历史向来都是胜利者的历史，失败者如果不遭到痛骂，也要湮没无闻。就我所见的史料钩沉，要推日人园田一龟的《徽宗被俘流配记》较为详尽，但其中有些说法，还须作进一步的考证。

本来，赵佶的诗文书画都称上乘，宋人吴曾《能改斋漫录》中评说，“徽宗天才甚高，诗文而外，尤工长短句”。据说，在九年的穷愁羁旅中，他也未曾辍笔，仅诗词就写过上千首，但流传下来的极少，书画则已全部散失。这里有两个原因：一是金朝初期统治者对“汉化”存有戒心，因而对流人的创作钳制极严，即使社会上偶有流传，也必然遭到禁绝；二是作者本人出于全身远祸的考虑，不得不忍痛自行销毁。赵佶谢世之前，曾遭到一子一婿以谋反罪诬告，后来事实虽然得到澄清，但釜底游鱼早已吓得惊魂四散，片纸只字再也不敢留存了。就艺术方面看，李煜要比赵佶的命运稍好一些。

五

告别了五国城，我又沿着松花江、黑龙江，一路寻访了九百年前女真部族生息繁兴、攻城略地的丛残史迹，最后来到金代前期的都城——阿城的上京会宁府，考察了金太祖完颜阿骨打的龙兴故地。这座曾经煊赫百余年的王朝都会，几经兵燹劫火，风雨剥蚀，于今已片瓦无存，只余下一片残垣土阜，在斜阳下诉说着成败兴亡。

值得记述的是，据《大金国志》和《金史》记载，当时上自朝廷的宫阙、服饰，下至民风土俗，一切都是很朴陋的，充满着一种野性的勃勃生机和顽强的进取精神。可是，后来这些值得珍视的遗产，在他们的子孙身上就逐渐销蚀了。代之而起的是豪华、奢靡，玩物丧志。他们在燕京（今北京），特别是迁都汴梁（今河南开封）之后，海陵王完颜亮之辈，骄奢淫逸，横征暴敛，简直比宋徽宗还要“宋徽宗”了。其下场之可悲，当然也和前朝一样。

汴梁城的南郊有个名叫“青城”的小镇，是当年金军受降之处，徽、钦二帝以及赵宋的后妃、皇族都曾被拘禁于此。过了一百零七年，元人灭金，亦于青城受降，并把金朝的后妃、皇族五百多人劫掳至此，并全部杀死。诗人元好问目击其事，曾写过一首七律，末后两句是：“兴亡谁识天公意，留着青城阅古今！”可谓苍凉凄苦，寄慨遥深。元好问还有一首描写元人灭金，蒙古军肆虐、掠夺的七绝：

> 随官木佛贱于柴，大乐编钟满市排，
> 虏掠几何君莫问，大船浑载汴京来。

它使人忆起一百多年前金兵掠宋的情景。

本来，前朝骄奢致败的教训，应该成为后世的殷鉴，起码也是一种当头棒喝。但历史实践表明，像海陵王以及金朝的末代皇帝那样重蹈覆辙，甚至变本加厉的，可说是比比皆是。时间还可以往前追溯一下。六朝时，南齐的末代昏君萧宝卷，给他所宠爱的潘妃修筑永寿殿，凿金以为莲花贴地，让潘妃走在上面，说这是“步步莲花”。不久，即为梁武帝所灭。可是，新朝并未接受前朝的教训，豪华的齐殿变作享乐的“梁台”，依旧是歌管连宵，舞彻天明。唐代诗人李商隐对此感喟无限，写下了一首有名的《齐宫词》：

永寿兵来夜不扃，金莲无复印中庭。
梁台歌管三更后，犹自风摇九子铃。

看过金代的兴亡故迹，我也有无限的感喟。为此，发扬李商隐的诗意，步《土囊吟》一诗原韵，续写七绝二首：

艮岳阿房久作尘，上京宫阙属何人？
东风不醒兴亡梦，大块无言草自春。

哀悯秦人待后人，松江悲咽土囊吟。
荒淫不鉴前王耻，转眼蒙元又灭金！

唐人杜牧名篇《阿房宫赋》中，有“灭六国者，六国也，非秦也；族秦者，秦也，非天下也”和“秦人不暇自哀而后人哀之；后人哀之而不鉴之，亦使后人而复哀后人也”的警句，诗中阐发了其中的奥蕴。

东丹王：
残碑荒冢认辽朝

东丹王耶律倍的弃国逃亡、中原避祸，再恰切不过地揭示了在“武化”面前“文化”的无奈与无为的铁律。

一

盛夏的一天，我同三位文友聚坐在北京地坛的一间小亭子里。一番豪雨过去，松林里的空气格外凉爽、清鲜。大家谈论的话题，是将来退休后到哪里觅个舒适的住所。诗人G女士说，烟台最为理想，碧树隐红楼，一枕清幽，春季繁花簇簇，夏天浓荫翳日，冬日又比较暖和。D兄是写电视剧的，来自云贵高原，他的首选是春城昆明。散文作家V先生则主张在地坛附近赁屋小住，风晨月夕，伴着虫吟鸟噪，到这里来信步闲游。但马上遭到了质疑，都说他是受了史铁生的影响。地坛确已成为史氏生命的组成部分，可说是注入了全部情感和意蕴；但其他人则未必受得住那份苍凉与落寞。

大家谈笑风生，颇有一种孔门四子“各言尔志”的意趣。见三人的目光转向了我，便说：“我要回东北，卜居医巫闾山之下。”

我出生在闾山近旁，可是，故乡影像在我的梦魂中，却并不是很清晰、很确切的，一切兰因絮果毕落于苍茫之中，只觉得家就是山，山就是家。记得小时候，只要推开屋舍的后门，闾山的清泠泠、水洇洇的翠影，伴着天涯云树，便赫然闪现在眼前。当然，最好是在久雨新晴的夏日，或者气爽天高的初秋。天穹蔚蓝而高远，雪白的云朵，像羊群、棉絮一般，舒卷着，游荡着，转盼间就变换一个新样。山峦、陵谷间饱绽着新鲜，充满了泼辣的生意。

父亲望子成龙，希望我能有所作为，便给我取下了现在这个名字。六岁进了私塾，校歌头两句就是："闾左辽西我校在，钟灵毓秀作英才。"及长，读到《湛然居士文集》，发现元朝宰相耶律楚材在他的七百多首诗作中，忆及闾山的竟有二十来首，这引起了我深入探究的兴趣。

原来，楚材生在北京，可是，祖籍却在闾山西麓，那里是他的父亲及两个哥哥的庐墓所在。十几岁时，他曾回到闾山读过几年书。后来辅佐元太祖万里西征，而闾山旧隐仍然时萦梦寐，有诗可证："十载残躯游瀚海，积年归梦绕闾山。""闾山旧隐天涯远，梦里思归梦亦难。"回到大都之后，久居宸翰，日理万机，但家山依然刻刻在念。他想望着回归退隐："北阙欲辞新凤阁，东州元有旧闾山。""何时致政闾山去，三径依然松菊寒。"

只是，他的这个愿望始终未能实现，直到五十四岁生命终结的时候，他还在宵衣旰食，勤劳王室。这有些类似当年的卧龙先生。离开隆中时，诸葛亮还嘱托弟弟："汝可躬耕于此，勿得荒芜田亩。待我功成之日，即当归隐"。谁知，命运之神搬了个道岔，出师未捷身先死，星殒秋风五丈原。时间在他身上停止时，正好也是五十四岁。两人的相业、德行堪可比并，他们都是中华民族史册上的伟大政治家。

早在先秦典籍《周礼》中，即有关于全国名山“五岳五镇”，东北为幽州，其山镇为医巫闾的记载。“医巫闾”系东胡语音译，意为“大山”，在东北三大名山中尤负盛誉，风景绝佳，历代文人骚客登临寄兴，抒写情怀，留下了大量脍炙人口的诗文。

本来，较之于水，山更切近禅关，远于人境，望之辄有潇洒出尘之想。而此间瘦劲的奇松，幽峭的危岩，以及恍惚迷离、颠倒众生的神话传说，更饶有一种清寒入骨的丰神和超然远引的意蕴。

当然，山在人类生活中，毕竟是不可分割的一部分。无论是石器时代、青铜时代还是铁器时代，先民们每前进一步，都会感到山是和人一道存活着的。特别是在那类开天神话中，山，更被赋予了新的精魂，具有一种人格化的、超自然的蕴涵。说到不周山，人们会联想起那个天崩地拆中的英雄共工；而庄周笔下的藐姑射山，则是超然世外、无己无功的哲学的物化。

由于大山高插云霄，上接穹宇，常被认为上达天神的最佳阶梯；而从它的巨大体量和坚劲的线条中，则能读出对于人的藐小与软弱的嘲弄。因此，自古即有“大山崇拜”的习俗。最典型的当数泰山，其次，就是医巫闾了。隋唐以降，历代帝王对医巫闾山都有封爵，唐代封为广宁公，金代、元代封为王位，明、清两代诏封神号。自北魏文成帝开始，历朝凡遇大典，都要由皇帝亲临或委派官员登山致祭。单是清代，包括康熙、乾隆在内，竟有五位皇帝多次朝觐过闾山。

二

当我们翻检史册时一定会注意到，在历朝历代，同医巫闾山关系最密切的应数辽王朝。对于这座名山，契丹人似乎葆有一种先验的特殊的情感。当公元十世纪之初，医巫闾山区位优势极为明显，它是经略东北、联结漠边、沟通海外、雄视中原的战略要地。加之物产丰富，文化发达，辽王朝视之为挥师南进、与北宋王朝争衡的可靠后方和理想跳板。至今，在闾山上下方圆几十公里的范围内，仍然遍布着许多辽王朝的历史文化遗存。就中以埋葬耶律倍的显陵最为重要。

耶律倍是辽朝开国皇帝耶律阿保机的长子。公元916年，耶律阿保机立国称帝，是为辽太祖。册封耶律倍为太子，确立了阿保机一家代代世袭皇权的统治。公元925年，辽太祖率兵亲征渤海国，皇后、太子随驾东征。次年攻占王城上京，国王投降，渤海国改为东丹国。耶律倍被封为东丹王，主其国事。所有制度，悉用汉法。

耶律倍自幼聪颖好学，向往汉族封建文明，对于汉文化有很高的修养。他曾将万卷图书，藏于医巫闾绝顶的望海楼，朝夕诵读。一次，辽太祖征求臣下意见：事天敬神，应以何为先？侍臣“皆以佛对”。耶律倍力排众议，说：“孔子大圣，万世所尊，宜先。”太祖大悦，诏建孔庙。他还在闾山纳汉族医师高洁行之女云云为王妃（高美人）。由于平生非常景慕唐代大诗人白居易，他每通名刺，辄拟名“乡贡进士黄居难字乐地”，以自比于白居易字乐天。

公元926年，辽太祖死于征服渤海的回军途中，述律皇后宣布由她当国，总摄军国大事。《新五代史》记载："述律为人多智而忍。阿保机死，悉召从行大将等妻，曰：'我今为寡妇矣，汝等岂宜有夫！'乃杀其大将百余人，曰：'可往从先帝。'"以此为借口，除掉了一大批异己。还是这位极度残忍的皇后，不顾先帝遗命，硬性干预，由手握兵权的次子耶律德光继承皇位，是为辽太宗。现在看得清清楚楚，述律皇后之所以要除掉那些功臣宿将，正是着眼于"废长立幼"这一步。否则，那些兵权在握的将领肯定会出面干预，那样，她就不可能为所欲为了。

德光即位后，担心兄长东丹王与渤海遗民联合起来反抗他，便对兄长严加控制，采取了一系列的防范措施，最后把东丹王耶律倍安置在东平府（今辽阳市）。

耶律倍对于眼前的危险处境，怀有高度警惕。为了避祸自保，他将王妃萧氏和长子耶律阮留在东平任上，自己带着爱妃高美人，到闾山绝顶隐居，建筑了望海读书堂，过起隐士加学者的遁世生活。他选择了桃花洞这块地方，修筑一所宅院。每天在这里除了读书作画，抚琴啸歌，游览山水，欣赏闾山风光之外，还亲自翻译《阴符经》，写出了《乐田园》等诗作。他所画的《骑射图》、《猎雪骑》、《千鹿图》等画卷，都被后来的宋朝秘府所收藏。在我国绘画史上，耶律倍对于辽、汉文化艺术的交流起到了积极作用。

《骑射图》现藏于台北故宫博物院，是一幅契丹贵族射猎者的肖像——在一匹装饰得很华丽的骏马前面，站立着一位"髡发左衽"的中年契丹贵族。他腰挎虎皮箭筒，手中持弓，陷入沉思之中。此画风格细腻、典雅，与出土的契丹墓室壁画粗犷的风格迥然不同，表明画家颇受他所向往的中原汉文化的影响。身为北方草原的少数民族画家，耶律倍特别擅长画马，画中之马的体型即今之蒙古马，身躯低矮，长胴短脚，却很硕健。耶律倍画马，师法韩干。北宋年间绘画评论家黄休复评其作品，“骨法劲快，不良不驽，自得穷荒步骤之态。”

后来，鉴于他的弟弟猜忌日益加深，监视步步严紧，耶律倍从全身远祸考虑，也为了更好地接受汉文化的熏陶，应后唐明宗之召，于公元930年，偕同高美人从辽东半岛南端渡海，逃往汴梁。在离开故国时，曾立木刻诗，抒写其孤危的境遇和凄苦的怀抱：

小山压大山，大山全无力。
羞见故乡人，从此投外国。

后唐明宗很器重他，用天子仪卫迎接，委任他为节度使，赐姓李，名慕华，后改赞华。六年后，为末帝李从珂所杀害，时年三十八岁。公元947年，辽太宗病死于行军途中，东丹王的长子耶律阮随行，在宗室大臣的集体拥戴下，即皇帝位，是为辽世宗。登基之后，他即把父亲的灵柩由中原运回辽国，以天子之礼葬在父王当日无限钟情的医巫闾山之下，陵号“显陵”，谥为“让国皇帝”。

说到耶律倍的惨痛遭遇，使人想起印度著名史诗《罗摩衍那》中的古代十车王的太子罗摩。十车王听了一位王妃的挑拨，改立次子婆罗多为太子，反把罗摩流放到大森林里去。不同的是，婆罗多并不像耶律德光那么毒辣，他非常仁爱，想方设法要追回哥哥，把王位交还；实在找不到了，就拿哥哥的一双靴子放在宝座之上，自己算是临时摄政。后来，罗摩终于回来了，弟弟便把王位交回。

安葬耶律倍的显陵，位于北镇城北十公里的医巫闾山最高峰——望海峰脚下龙岗村，占地十六平方公里。这里后来成为辽代帝王、王侯的陵墓群。以显陵和乾陵为主陵，另有十三座附陵。附衬显陵下葬的是耶律倍的长子、辽朝第三代皇帝世宗，及其皇后、皇妃，还有耶律倍的三子平王耶律隆先、四子晋王耶律道隐。乾陵葬有耶律倍的孙子景宗皇帝及其妻子萧绰——即摄政二十七年，卓有建树，在中国历史上具有重大影响的杰出的女政治家“承天皇太后”。附衬乾陵下葬的有景宗次子秦晋国王耶律隆庆，耶律隆庆的长子、魏王耶律宗政，次子鲁王耶律宗允。在这里下葬的还有辽代有名的政治家、宰相耶律隆运（汉名韩德让）和后来作了金人俘虏的辽朝末代皇帝耶律延禧。闾山还有一处著名景观——道隐谷。由于耶律倍的第五子、晋王道隐曾在那里读书、居住，因而得名。

就这样，自创国之初以迄呼唤改革的中叶，直到晚岁播迁，契丹皇族、特别是耶律倍一支与医巫闾山胶葛重重，关系密切，历时长达二百年之久。

不到医巫闾山，已经十几年了。这次借参加《耶律楚材传》研讨会之便，足踏黄尘，手披榛莽，勘查了几处辽墓，面对着断碣荒坟，不系感慨系之，即兴口占七绝三首：

荒冢残碑迹未销，自将勘踏认前朝。
强爷无奈儿孙弱，狗尾赓貂葬晚辽。

操戈同室叹阋墙，胜败同归一土囊。
陵谷翻移成幻梦，苍山无语瞰兴亡。

依旧灵山似画图，当年胜迹尽萧疏。

完颜耶律风吹浪，“世上升沉一辘轳”(陆放翁句)。

三

闾山自东北逶迤西南，绵延百里。其地为塞外草原文明与农耕文明，游牧民族文化同汉族封建文化交融互汇的结合带，也是儒学和佛、道、萨满各教激荡、糅合的角斗场。如果说，“整个内蒙是古代游牧民族的历史舞台”，呼伦贝尔草原“是他们的武库、粮仓和练兵场”，(著名历史学家翦伯赞语) 那么，医巫闾山一线则是他们研习中原文化、接受华风洗礼的大课堂。

辽朝以来，此间文风夙盛，耶律倍及其八世孙耶律楚材先后在闾山佳胜处建立了读书堂，殿宇岿然，书香袅绕，千载以还，旧貌一直保持完好。当然，东丹王的弃国流亡、中原避祸，再恰切不过地揭示了在“武化”面前“文化”的无奈与无为的铁律。这在历史上大概也不是特例吧。

但是，文化种子毕竟还是流布开来。闾山内外，碑碣如林，题刻触目可见，仅北镇庙即有五十六座诗文碑，其中，元代的达十二座。过去这一带私塾多，读书人多，藏书家多。现在，文化教育事业仍很发达，民众十分重视人才的教养，学书作画蔚成风气。

山里民风淳朴，似乎较少世故与机心，只是由于过分质直、认真，有时不免透出几分呆气。当地流传着这样一个趣话：有个过路人向一位老者问询：“到大观音阁还得走多长时间?”老者瞠目不答。问路人以为遇见个聋子，便顾自向前走去。不料，刚刚迈出几步，便听老者在后面招呼："回来，我告诉你，再有一袋烟功夫就到了。"那人怪他开始时何以不说，他说："因为当时我不知道你的步子多么大。"逗得问路人"扑哧"地笑了。

在商品大潮滚滚滔滔、无远弗届的今天，闾山上下仍是清幽雅静，整洁一新，没有看到其他名山胜境常见的香烟缭绕、市声鼎沸的景象，置身其间，确有一种回归自然、陶然忘机的感觉。东道主嫌游人稀少，希望我能帮助向外宣扬一下。我说，天生丽质少人识，未必就是坏事。假如它也像有些景点那样，仕女如云，摩肩接踵，恐怕这块心灵的憩园也就化为乌有了。

最后应该说明，耶律倍的读书堂，这次我并没有蹑履亲登，因为它高踞于闾山绝顶，实在太险峻了。比不得东丹王，他是有肩舆代步的，而且，年龄也小我很多，当时不过三十岁。何况，像这类需要仰头方可逼视的事物，毕竟总觉得离平常心太远，因此，不去攀援也好。

金熙宗、金世宗、金章宗：文明的征服

作为胜利者，女真贵族集团在征服宋、辽帝国的过程中接受了新的异质文明；而这种新的文明最后又反转过来使它变成了被征服者。它在充分享用宋、辽文明硕果的同时，也吸收了这两个封建王朝的消极、腐朽的东西，最后导致本民族固有的健康质素的消失。

一

考究历史上每一个封建王朝，都会把握一个处于核心地位的话题。说到北宋，总也绕不开“重文轻武”、“守内虚外”这个属于战略性的决策；而论及大明王朝，人们立刻会想到“宦官政治”，“权阉肆，祸如林”。那么，金源王朝的历史，什么是核心话题呢？恐怕非“汉化”莫属了。

这个话题说来就长了。金太祖完颜阿骨打在创建大金国之前，女真族还处于部落联盟的社会形态。对辽朝用兵之始，本民族尚未形成文字，由于言语不通，又没有文字可以表达意向，遇事辄以射箭为号。民众不明岁时节序，没有纪年知识，见一次草青便算过去一年。即使是上层贵族，也没有种种岁时活动，不知生日时辰。后来，受汉族风习影响，从皇帝、大臣开始，各自选择吉日作为生辰，比如，金熙宗选定为七夕，粘罕选定的是元旦。

当时的都城上京，实际上只是一个较大的村寨聚落。“皇帝寨”之外，还有“太子庄”、“国相寨”等，都是植木为栅，十分简陋。都城外无城郭，内无宫室，四顾茫然，清一色都是茅草覆盖的土房。居民随意往来，车马杂沓而过，自“前朝门”至“后朝门”尽为出入之路，并没有什么禁制。北宋使臣马政等来到这里，太祖首先安排他们随驾出猎，归来后，指令几个儿郎各具酒肴，款待使者。待朝廷正式宴请时，太祖与大夫人于炕上设两个金装交椅，并肩而坐。他对使者解释说：“我家自上祖留传，即是如此风俗，不会奢侈；只住此类房屋，冬暖夏凉，不另修宫殿，免得劳费百姓。请勿见笑。”

根源于原始的自然产生的民主制文化，金朝立国之初，仍然实行军事民主制。史载：当时，“有事集议，君臣杂坐，议毕同歌合舞，携手握臂，略无猜忌”。讨论问题时，大家围坐在一起，就着沙地随画随议，讨论完毕即全部涂掉。为了广泛听取各方面意见，臣下发表看法时，由地位低、年纪轻者先讲，各陈其策，君主最后择善而从。

其时虽有君臣之称，而无尊卑之别。太祖、太宗和普通的女真族臣民一样，“浴于河，牧于野”，乐则同享，财可共用。至于车马、屋舍、服饰、饮食之类，与一般臣僚均无明显差异。皇帝唯一特殊的，是有一座供开会使用的乾元殿，也并非坐落于戒备森严的宫禁之中，仅栽植一道柳墙加以围拢。大殿中环绕四壁搭置土炕，每逢开会，臣僚杂坐于四面炕上，由太祖后妃恭侍饮食。在皇宫内廷里，如遇下雨积水，后妃们即脱去鞋袜，赤脚走在“御道”上。这些，都体现了当时完颜家族与普通臣下的平等关系，反映出当时的淳朴风尚。

在女真军队中，当时上自大元帅，下至百户长，上下级之间，军官与士兵之间，饮酒会食，有如父子兄弟，比较随便，彼此情通意洽，很少产生隔阂和疑忌。行军打仗之前，军事首长召集部下官兵聚餐、会饮，一边吃喝，一边议事，主帅很注意听取各类不同意见。战役结束，长官主持全体大会，兵丁场上环坐，由参战有功人员据实自述劳绩，其他人员参与考核。偶尔出现赏罚失当，有欠公允，可以随时更改、调整，准许当事人进行申诉，发表不同意见。

北方少数民族没有太多的文化积淀，自然也不存在着浓重的旧习的因袭和历史的负累。除了野蛮、落后的一面，在文化心理、社群关系上，还保持许多原始的健康成分的底蕴。苦寒的气候，辽阔的原野，艰难的生计，赋予女真族以豪勇性格、强壮筋骨、质朴民风，和冲决一切的蛮劲，蓬勃旺盛的生命活力。他们刻苦耐劳，勇于进取，擅长骑射，能征惯战。因而，在完颜阿骨打这个女真族的卓越的统帅指挥下，铁骑所至，望风披靡，奇迹般地战胜了军事力量超过自己几倍甚至十几倍的强大对手。十一年间，即扑灭了立国二百零九年的辽朝。然后由太宗完颜晟接手，又吞噬了北宋王朝这个庞然大物，也只用了两三个年头。

二

当然，一切事物都是发展变化的。女真上层统治集团，也和前朝的契丹、身后的蒙元一样，当他们从漠北的草原跨上奔腾的骏马驰骋中原大地的时候，都在农耕文化与游猎文化的撞击与融合的浪潮中，自觉不自觉地经受着新的文明的洗礼，面临着一场勃兴与衰颓、生存与毁灭的严峻考验。

本来，女真人主要是生活在白山黑水的森林地带，从事渔猎和粗放型的农耕以及作为经济补充的定居型的畜牧生产，与生活在草原上的游牧民族有很大的区别；而与汉族人生活方式则比较接近。这是他们接受“汉化”的重要背景条件。又兼随着金人铁骑的军事扩张，以及作为金朝基本国策的大批汉人北迁和女真人的徙居中土，使他们有更多的机缘与汉文化接触。这样，他们便面临着一个极为严峻的现实课题，就是作为文明程度相对低下的女真族与经济、文化高度发展的汉族自然融合与同化的问题。民族融合的首要条件，是必须各族人民在一起生活。而金代统治者挺进中原的军事行为和“内迁外徙”的重要国策恰恰提供了这一条件。

北宋时期，高度发展的中原文化，对女真这个北方游猎民族的吸引力和融摄力是巨大的。儒家思想是汉文化的核心。金太祖时，一批望风归顺或被迫羁留的辽、宋两朝汉官，首先把儒家思想带了进来，并为金王朝初步制定一套君臣朝仪制度，受到了举朝欢迎。熙宗朝，正式确认儒家思想为其统治思想。鉴于熙宗和海陵王先后惨遭杀害，篡弑行为屡屡发生，金世宗践位后，更把中原地区儒家的忠君、孝亲的纲常伦理，视为维护统治、调协君臣关系的法宝。

从铁一般事实中，金朝君主逐渐领悟到，马上得天下，不能马上治之。要巩固已经取得的统治地位，进而统一全国、君临天下，还须在创建“剑与火”的赫赫武功的同时，有效地饱吸汉民族的文化乳汁，全面借鉴历代中原王朝治国驭民的统治经验。

金朝统治者出于对文化载负者的敬重和对汉文化的认同，早在立国之初，就采取了“借才异代”的特殊政策。他们多方延揽中原文士，曾经委派专人赴山西访寻北宋名臣富弼、文彦博、司马光的子孙；还发出诏令，要求河北各州县四出寻索进士、举人。对于由宋入金的使者，特别是硕儒名士，他们都设法加以挽留。为了罗致人才，金太宗于天会元年实施开科取士。灭辽、侵宋过程中，女真统治者曾反复强调，必须尽力保护图书典籍，并指名索要国子监博士和太学生。汴京城破，金廷明令戒杀儒士，说“秀才懑懑，忠孝为国，不要杀他”。

随着北宋王朝倾覆，徽、钦二帝被掳，大量中原文物尽入女真铁骑的囊橐。从显型文化范畴的礼乐、仪仗、典籍，到隐型文化范畴的封建等级制度、儒家正统观念以及讲排场、图阔气的贵族生活方式，都受到了女真统治者的倾慕。他们并没有把中原文明付之一炬，而是毫不迟疑地主动地接受了汉文化的浸染与熏陶。

其时，举凡文字创立，教育、科举、官制、典章、礼仪的实施，都大量吸收了汉文化的质素。在最高统治者的带头倡导下，通过与汉文化的融合，金源文化的形态与结构得以迅速改观，政治、经济和整个意识形态都发生了深刻变化，对于这个建立在马背上的帝国的巩固与走向成熟，起到了催化作用。当然，其间也包含着颇大的负面效应。

三

据《大金国志》记载，太祖之孙、第三代君主熙宗完颜亶，自幼即十分聪悟，后来跟随长辈南征中原，接受燕人韩昉和中原儒士的教诲，遂醉心于汉文化，平日儒服打扮，喜欢诗词、书法和弈棋、象戏，所交游的都是一些文墨之士，这种生活环境决定了他的文化选择，从而完全丢掉了女真族固有的文化传统。他对女真的开国旧臣竟斥之为“无知夷狄”；而他在这些耆宿旧臣眼中，则“宛然一汉户少年子也”。

熙宗非常明朗地表示：“太平之世，当尚文物，自古致治，皆由是也。”他可以算是金朝第一代的汉化女真人。登极之后，出巡燕京，长达八九个月，流连忘返，乐不思归。古老而丰富的幽燕文明，包括中原皇帝威仪万方的无上尊荣，汉族士子诗礼蔚然的儒雅风流，以及楼阁的巍峨，弦歌的优美，街市的繁华，生活的潇洒，都使他如饮醇醪，既愉悦了身心，又大开了眼界。

历史上，从陈胜到刘邦，这类草莽英雄初践皇位时，都曾遇到过如何制定礼仪以建威严的现实问题。陈胜刚刚称王，原来一起佣工的伙伴跑来要见他，门卫不给通报，他们便在街头拦住陈王的乘车，并大声呼叫着他的名字。没奈何，陈胜只好载上他们一起回来。进了王宫，看到宫室之美、陈设之精，这些人又指手画脚，议论短长，闹闹嚷嚷，不成体统；不仅随便进进出出，而且讲些陈王的不尽光彩的旧事。为了维护王者的尊严，陈胜接受侍臣们的建议，索性把他们杀掉了事。结果呢，很糟很糟，一些老朋友都相继走开，躲得远远的，再也没有人亲近他了。

刘邦即皇帝位，虽然也曾遇到过类似麻烦，但是，由于身旁有几个懂得“周公之礼”的儒生帮忙，情况便大不一样。当时群臣喝醉了酒，个个争功邀赏，有的狂吼乱叫，有的拔剑击柱，弄得高祖十分烦苦。儒生叔孙通便为刘邦出主意：依照先王旧制，明尊卑之序，定君臣之礼。礼仪一定，有章可循，人们的行为受到了规范，朝廷内外立刻井然有序。那些共同起事的将领，无拘无束惯了，这回都变得服服帖帖，一个个规行矩步，跪拜如仪。刘邦高兴地说：“吾乃今日知为皇帝之贵也！”

金熙宗同样尝到了这个甜头。在燕京期间，身旁的一大批儒臣，每天都投其所好，大唱赞歌，讲些谄谀媚上的话，教之以宫室之丽，府库之盈，服御之美，燕乐之侈，妃嫔之盛，乘舆之贵，禁卫之严，礼仪之尊。这样，熙宗便接受了群臣所上封号，初御衮冕，始备法驾，美得“不亦乐乎”，光是仪仗队就动用士卒一万四千多人。

返驾回銮之后，熙宗也在会宁府设立仪卫将军，禁止亲王以下佩刀入宫，出则清道警跸，入则端居九重，大臣勋戚要到规定时间方得朝见，而且也效仿汉家制度，臣下面君必须拜伏阶墀。早在几百年前，唐代诗人骆宾王就曾咏叹过：“山河千里国，宫阙九重门。不睹皇居壮，安知天子尊！”熙宗此刻也正是这样，安坐在金銮殿上，饱享天子的安富尊荣。自此，君臣上下迥分霄壤，确立了皇帝的专制威仪，摈弃了建国之初君臣、尊卑、贵贱混同的礼俗。在尔后的八九年间，熙宗对朝廷的职官制度、地方行政制度、法律制度、礼制、仪制、服制，以及历法、宗庙制度，都进行了全盘改革，呈现出“政教号令，一切不异于中国”的局面。

四

海陵王完颜亮也是太祖之孙，从小就接受了系统的汉文化教育，有很高的文学修养。其父完颜宗干为熙宗朝推动女真族学习汉制、改革女真旧俗最为得力的权臣政要。在这种环境下成长起来的完颜亮，杀掉熙宗，登上皇帝宝座之后，自然会在女真“汉化”方面迈出更大的步子。迁都燕京是其决定性的一步。这一举措，表明了他以最大的决心加速推进改革，强化中央集权；并主动介入汉人居住地区，与汉族地主、官僚进一步结合，消除民族间的对立，铲削氏族贵族的特权，彻底同女真旧势力决裂，走中原封建制的道路。

尔后，海陵王为部下所杀，由同是太祖之孙的完颜雍践位，是为金世宗。初始阶段，他对完颜亮迁都燕京和女真急剧“汉化”所带来的种种后果是深感不安的，他担心长此下去，女真族的子孙后代会“数典忘祖”。接受前朝教训，为了笼络宗室贵族，他一上台即声讨海陵王捣毁上京的罪行，恢复上京名号，重建宫室、宗庙，并亲临上京巡幸，同据守在这里的本族元老派势力一道，进行抵制全盘“汉化”的斗争。世宗强调宗室子弟必须说女真话，学习本民族文字。当时，女真人改汉姓、着汉服、习汉俗的现象极为普遍。世宗痛斥说：“习学汉人风俗，是忘本也”。通过开展各种活动，倡导恢复女真古风，并于大定十三年、十七年先后两次颁布禁令，不许女真人改用汉姓和着南人衣装，犯者抵罪。

世宗对于恢复女真族习武、骑射，尤为重视。他多次号召，要通过整军经武，重振故国雄风。一次，南宋贺生辰使到达燕京，按惯例，双方要举行宴射活动。宋使射中五十，而金廷卫士只射中其七。世宗当场批评他们“饱食安卧，专务游惰”，从这里可以看出他的良苦用心。

但是，当时“汉化”倾向已成不可遏止之势，不管如何下令制止，都无法阻止这种社会风尚的蔓延。而世宗本人，认识与实践也并不一致。虽然他严苛指责海陵王忘本弃祖，而他自己却也同样醉心于中原文化。他和前面的完颜亮以及后来继承大统的金章宗完颜璟，都是才华横溢的诗人。君主带头吟诗填词，无疑会产生强大的号召力，成为风行全国的“诗教”，从而逐渐形成强劲的尚文崇儒风气。

其实，这种浸染汉习、修文偃武的风尚，主要还是由金朝几代皇帝带动起来的。原来，在“汉化”方面，金朝与辽朝有所不同。辽朝吸收汉族士子，主要着眼于政治体制的改革，而不在于借鉴文化；辽朝的帝王对于汉文化也并没有颇大的兴趣；而金朝则不然，汉族士子对于吏治并没有太多的建树，只是在文学方面大显身手，而这方面，恰恰得到了中、后期的金朝最高统治者的重视。

对于君王们一意崇文尚儒，一些女真军事贵族早就产生了强烈的不满情绪。一天，金世宗正在与诸王、大臣赋诗唱和，著名军事家完颜兀术的儿子、武将完颜伟实在抑制不住内心的不满，闯进去叩首直言，说：

> 我国起自漠北，君臣将帅凭借着强大的武力与雄才伟略，得以灭辽吞宋，诸番惧服。近年来，辽、宋亡国遗臣，以华文丽采败坏我们的淳厚土俗，不能不引起应有的警惕。当前，南宋志在恢复，蒙古更不受调役，西夏亦复屡次犯

边，而本朝的军威与武备，已经大不如往时。可是，皇帝却从来不谈论兵事，把战将们抛在一边，认为同这些人无话可说；只是让文士们朝夕守在身旁，难道要靠那些整天玩弄诗词的人去上阵杀敌吗？

这一席酸中带苦的悻悻之言，充分暴露了一些军事贵族久积胸臆的愤懑情怀和忧患心理。

金世宗号称中兴令主，在旧代史书中有“小尧舜”之誉。尽管其中不无溢美的成分，但此后的二十余年，确曾出现过治平景象。当然，里面也隐伏着深重的危机，晏安鸩毒，军无斗志，正在逐渐成为金朝中、晚期的不治之症。世宗之后，整个国运就开始走下坡路了。一个带有规律性的历史现象，就是：颓势一经形成，便如病入膏肓，不但无法逆挽，而且总是愈演愈烈，直到最后彻底垮台。

五

回过头来看，当日女真贵族从本集团的切身利益出发，种种忧虑和不安都不是无谓的。尽管以他们所处的社会时代和认知能力，不可能解读深藏其中的文化价值哲学的底蕴和社会历史发展规律，但直观的感觉在提醒他们注意：作为胜利者，女真贵族集团在充分获取、享用汉、辽文化硕果的同时，也在吸收这两个封建王朝的消极、腐朽的东西，而把本民族所固有的健康质素渐渐地丢掉。此之谓“成也萧何，败也萧何”者也。

是的，从茫茫塞野的“弓刀夜雪三千骑”，到繁华都会的“灯火春风十万家”，对于一个世代生长在艰苦环境中的质朴的民族来说，无疑是十分严峻的生存考验。作为统治集团利益的代表，他们当然不能忽视这样一个至关重大而又无法回避的课题：在政治制度、民族素质、文化情境、社会心理方面，如何割除腐败、奢靡的肿瘤，振作民族精神，克服晏安积习，保持本民族所固有的优势？

女真人的全盘“汉化”，彻底改变了其传统的生活方式，养成他们骄惰奢靡、晏安逸乐的生活作风，从而使这个一度生气勃勃的民族最终走向衰落。正如金世宗对臣僚所说的，山东、大名一带的一些军事贵族，骄纵成性，本人不亲稼穑，也不让家人从事农作，而是全部交给汉人去耕作，坐取租金而已。富家之家尽服纨绮，酒食游宴，而生活尚不富裕的也争相效仿。有的则“种而不耘，听其荒芜”，甚至靠出卖奴婢和土地来维持其寄生生活。即使是生活在金源内地的女真人也同样染上了懒惰奢靡之风，“宗室子往往不事生业”，而女真官僚“随仕之子，父没不还本土，以此多好游荡”。

女真人的全盘“汉化”，彻底销蚀了其传统的尚武精神，使得这个昔日强大无比的马上民族，在蒙古人的铁蹄下变得不堪一击。当日以二千五百人起兵的完颜阿骨打，仅用了十一年的时间，就将辽、宋两大帝国彻底征服。那时的女真人何以如此强大?《金史·兵志》上说：“原其成功之速，俗本鸷劲，人多沉雄，兄弟子姓，才皆良将，部落保伍，技皆锐兵。”然而，仅仅三四十年之后，随着南迁内地，女真人就渐渐浸染了中原浮靡骄惰的积习，而尽失其昔日的勇锐。女真人的“汉化”，从根本上改变了他们昔日的好战精神和勇敢无畏的性格。宋人对此做过比较：

> 金人之初甚微，……当时止知杀敌，不知畏死，战胜则财物、子女、玉帛尽均分之，其所以每战辄胜也。今则久居南地，识上下之分，知有妻孥、亲戚之爱，视去就、死生甚重，无复有昔时轻锐果敢之气。

更有甚者，是到了金朝晚期，宣宗完颜珣经受不住蒙古铁骑的袭击，从燕京仓皇逃窜到汴京。像当年的宋徽宗一样，整日间醉生梦死，纵情声色，倚红偎翠，笙歌不绝，似乎强敌的威胁根本就不存在。主荒于上，臣嬉于下，把一个好端端的江山弄得一塌糊涂，不但武备虚弱不堪，而且，文治也无从谈起。

女真人从尚武到不武的转变，给大金王朝的国运兴衰带来了决定性的影响。借用一句元人的话来说，就是“金以兵得国，亦以兵失国”。

六

人，既是社会文化的创造者，也是社会文化的制成品。一方面，人们在社会生活中不时地接受一定文化的传播，又必然不时地摈弃着某种文化；另一方面，人类创造的文化，无一不包含着自我相关的价值、功能上的悖谬，并且随着时间的推移，不断地作反向的运动与转化。这种文化上的悖论，似乎有意地开人类的玩笑——创造的结果、最后的效应，恰好同原初的愿望悖反。

这里，我想到十九世纪初发生在欧洲的一则轶事。在沙皇亚历山大的亲自率领下，帝俄军队与奥、普等反法联军一起追击拿破仑的部队，驰骋在欧洲大地上，并以胜利者的身份进驻巴黎，算是彻底打败了法国。可是，当俄军撤离法国凯旋归来时，人们却惊奇地发现，这支军队已为被征服的土地上的新的思潮所濡染。战士们回到俄国，见到城乡中依然盛行着农奴买卖制度和惨酷的肉刑，不禁为之义愤填膺，纷纷起来抗议。这又是沙皇亚历山大始未及料的。

类似问题也出现在蒙元帝国。开国的成吉思汗大帝，武功赫赫，横扫亚欧大陆，那该是何等强盛啊！可是，几代传承之后，就一步步走向式微。蒙古军一旦住进繁华的农耕区，很快便在歌舞狂欢、酒肉征逐中败下阵来。不出百年，就腐败得将军拉不开弓，战士跑不动马，面对着汉族的起义军一触即溃，最后，末代皇帝只好从繁华的大都狼狈地逃回草原，逐渐地消逝得无影无踪了。成吉思汗及其子孙的光华夺目的军威，在人类古代战争史上，最终像彗星般一掠而过的事实表明，文化落后者是不可能长久保持武力征服成果的，到头来终将在思想上、文化上溃败于被征服者。

上述情况也说明了，弥漫于当日金廷上下的种种殷忧是无济于事的。某种文化世界一经被创造出来，便不以某些个人的意志为转移，而是作为一种超越自我的异己力量客观地存在着，它不为尧存，也不为桀亡。这里反映了一种社会发展的必然趋势。

金章宗完颜璟是他的祖父金世宗在世时亲自指定和培养的继承人。完颜璟由金源郡王晋封为原王，操女真语入朝谢封。其时，世宗正在大力倡导保持女真旧俗，见状大喜，对群臣说："朕曾诏命诸王习本朝语，惟原王习之最力，朕甚嘉之。"可是，正是这个原王，即位后，大倡文治，崇尚儒雅，整天谈经论道，寄兴吟哦，每当发现群臣中工于诗文者，必定记下姓名，拔擢到要害部位；正是这个原王，推行汉化最坚定，也最见成效；正是在他当政时期，最终完成了女真社会的封建化；也正是这个原王，像宋徽宗一样醉心文艺，偏好宋徽宗的瘦金体，书法专学徽宗，笔迹酷似，以致后人难分彼此。因而宋人传说：金章宗的母亲，原是徽宗一位公主的女儿。所以，章宗“凡嗜好书劄，悉效宣和，字画尤为逼真。金国之典章文物，惟明昌（章宗年号）为盛。”

女真汉化，亦即封建化的进程，直接推进了金源文化的发展。不过几十年时间，就从建国之初尚无文字，发展到大定、明昌之际文化上的巨大跃迁，以至自立于唐、宋之林，以文治见称于史册。有金一代，不仅诗词创作达到了一个新的高峰，而且，院本、杂剧与诸宫调也在后来的文学史上放出了异彩，为北曲和元人杂剧的发展与繁荣创造了条件。通过异质文化的融合渗透、优势互补，更使多元一体、具有丰富内涵的中华文明获得了不断发展的契机与活力，形成了兼收并蓄，集多种民族文化之长的完整体系。

金人侵宋是野蛮的，非正义的，它给中原大地带来了一场灾难。而中原文化与北方文化的融合，却主要是在战争过程中实现的，战争的胜利者在征服敌国的过程中接受了新的异质的文明；这种新的文明最后又反过来使它变成了被征服者。从这一点来说，却又是文明的征服。诚如马克思所说，野蛮的征服者总是被那些他们所征服的民族的较高文明所征服，这是一条永恒的历史规律。

海陵王：
政治狂想曲

怪杰完颜亮，活脱脱的一个膨胀到极限的“气球”。他以并吞天下、横扫六合为职志，最后却以自身的毁灭告终。而其一首首飞腾的“政治狂想曲”和深重的汉文化影响，却在历史上留下了印迹。

一

提到上京会宁府这座“金源故都”，实在有太多的话题与无尽的沧桑感。

说来令人难以置信，由于地面遗存太少，又兼文字资料统付阙如，“金源故都”究竟坐落何方，曾经横绝一世的女真族开国时的都城会宁府确切位置在哪里，数百年来竟然成为一个巨大的历史谜团。

明清以来，从宋濂的《元史》、顾祖禹的《读史方舆纪要》到《大清一统志》、《盛京通志》，这些重要史书，都一无例外地误将渤海上京故城定为金上京会宁府。由于金初一段时间，曾同时存在过两个“上京”名号，后人还常将金之会宁府与辽之临潢府混同起来。直到二十世纪初，一些学者通过文献研究、实地考证、遗存发掘，才纠正了这些谬误，确认金上京会宁府即今之黑龙江省阿城县的白城。

这个定论的出现，就使它与黑龙江宁安县的渤海国上京龙泉府、内蒙古巴林左旗的辽代上京临潢府、辽宁新宾的后金第一都城赫图阿拉，并列成为我国东北地区由少数民族建立的、均未发展为现代化大城市的“四大古都”。

像历代王朝的大多数都城一样，从宏观地理环境看，此间的山川形胜具有很多优越条件。白城地势高爽，山河四塞，南面有张广才岭为其屏障，东面是大青山，阿什河流经其下。阿什河，金代称按出虎水，意为金水，“金国”之名盖出于此。松花江与拉林河在西面构成两道天然险阻，北有松花江干流，长河为堑。京郊土地平旷肥美，适于游牧畋猎，耕垦树艺。不仅山林与矿产资源丰富，而且“鱼鳖生焉，货殖兴焉”，富有灌溉与舟楫航运之利。

考古发掘与有限的史料记载，上京会宁府并不是一次建成的。它是由一座堡寨型城池逐渐发展而成的规模宏大的都城，前后延续近半个世纪，历经了初建、扩建、毁坏、重建四个阶段——

金太祖完颜阿骨打于公元1115年正月称帝建国时，正处在紧张的对辽作战之中，戎马倥偬，强敌在侧，无暇顾及京师的营建，因此，当时这里并没有什么宫观建筑。皇帝和普通的女真人一样居于村寨之中；只是，“皇帝寨”用木栅稍稍拦隔一下，以示区别。上京城池、宫殿的初建，始于金太宗吴乞买即位之后。

到了第三代皇帝金熙宗完颜亶执政时，进行过为时一年又五个月的大规模扩建，六年后，再次扩建，拓展了皇宫与市区范围，将皇帝、贵族与平民百姓的住所彻底分开。

又过了十一年，海陵王完颜亮迁都燕京，此间宫殿、城池被彻底毁弃。

尔后，完颜亮被杀，金世宗完颜雍袭位后，对金上京进行了较大规模的修复、重建。

但是，岁月悠悠，毕竟过去了八百余载，即使是修复后的上京城，于今也已形影无存。鸟瞰废墟遗址，除了四座大土墩中间，依稀显现出皇城南门的三条门道而外，其余已全部夷为平地。

像金上京这样历经沧桑变化，修了又毁，毁了又修，在我国历代古都中，原也不是特例。有人统计过，中国历史上做过大小王朝和割据政权都城的不下数百处。由于年深日久，其中绝大多数已经变为残墟废垒，甚至踪迹无存。就中，因为风雨剥蚀、河流淹没、沙漠吞噬等自然因素致毁的不算，纯粹毁于人祸的，要占很大的比重。

最著名的像秦都咸阳、东汉都城洛阳、金代中都燕京，都毁于敌对势力的纵火。公元前 206 年，西楚霸王火烧秦宫，烈焰蒸腾，三月不息。唐代诗人杜牧感慨生哀，低回无限，以如椽的大笔写下了脍炙人口的《阿房宫赋》。东汉末年，权奸董卓挟持汉献帝西迁长安，临行前纵火焚烧了洛阳宫殿，二百里内荡然无存。十九年后，诗人曹植路过洛阳，也曾咏诗哀叹那惨烈、凄凉的景象。至于在战争中因遭受兵燹炮火而沦为废墟的，更是难以计数。

但是，不管出于怎样的考虑，不论处在何种情况下，像金王朝第四代皇帝海陵王完颜亮那样，亲自下令彻底捣毁自己的都城，这在历史上尚属绝无仅有。

二

公元1149年，完颜亮联合各种反叛势力，谋杀了金熙宗，登上皇位。三年后，确定迁都南下，修建燕京都城，营建宫室。这是他酝酿已久的一项重要决策。我国古代，一些悄然崛起的少数民族政权，开始时都曾把都城建于当日肇兴之地。如鲜卑拓跋氏早期建都于漠北的盛乐（今内蒙古呼和浩特西南），后金最初建都于辽东的赫图阿拉（在今辽宁新宾境内），这是当时的基础条件决定的，原非长久之计。后来都选择适当时机，分别迁都到平城（今山西大同）、洛阳和辽阳、沈阳等城市，以适应形势进一步发展的需要。这一点带有规律性，金朝自不例外。

随着军事、政治活动的重心逐渐南移，以及疆域的不断扩展，上京会宁府越来越显得偏僻和闭塞。而燕京地处华北平原与蒙古高原及松辽平原的交汇点，人文荟萃，物产丰饶，经济发达，水陆交通方便，而且三面环山，有险可守，形势雄胜，地位重要。以燕京为首都，背靠女真的兴王故地，把山海关外作为巩固的大后方，可谓退可以守；而面向华北平原，非常有利于控制黄河以北广大地区，则是进可以攻，——这一点，尤其与完颜亮南下灭宋、统一全国的勃勃雄心合拍。为此，他于1153年3月，亲率满朝文武大臣及中央全套机构，在响入云天的“銮舆顺动，嘉气满中京，辇路宿尘清”的乐曲、歌声中，浩浩荡荡地进入了燕京城。随即定为中都，府号大兴。

历朝历代，迁都、建都都是一件牵涉全局、震动全国的大事，这次完颜亮毅然播迁，所遇到的争议、经受的震动，尤为剧烈。但是，这个刚愎自用的独裁君主，说一不二，志在必成，全然不顾一些宗室贵族或明或暗的抵制与反对，根本不听那种嗡嗡嘤嘤的“放弃祖宗兴王之地”的非难、指责之声。为了确保迁都后的局势稳定，狠狠地打击并摧毁上京地区守旧的宗室贵族和豪强势力，他亮出一副政治铁腕，任命亲信完颜昂为上京留守，授予他金牌一块、银牌两块，让他全权处置弹压事宜。迁都之前，完颜亮即已对离心势力中的太宗子孙大开杀戒，此次，又强令久居上京路的太祖子孙以及元老重臣完颜宗干、完颜宗翰的后代放弃世袭封地，连同几个宗室大族全部迁离故地，移居燕京。

考虑到祖茔、皇陵都在上京地区，尔后必然为女真人所追怀与向往，完颜亮又及时把太祖、太宗的陵寝迁出，在京郊大房山云峰寺营造新的墓园。为了消除女真人对上京的留恋情绪，打击守旧的宗室势力，紧接着又撤销了上京的名号，使金源故都几十年的熠熠荣光黯然失色。并采取断然措施，彻底捣毁了具有象征和纪念意义的皇城宫殿、宗庙，连同宗室诸王、国公、元勋旧臣、世戚贵胄的第宅和皇家佛庙储庆寺，一并夷平旧址，改为耕地。

这样，由其祖父、金朝开国皇帝完颜阿骨打奠基，经过几代人四十余年惨淡经营的龙兴故地，掺和着皇族宗室的伤心泪水，豪门贵胄的腹诽心谤，不到一个月时间，便沦为一片废墟。据说，“白城”之名源于“败城”。“败城”者，遭致败毁之城也。

当然，如果把这一重大变迁仅仅解释为一代枭雄的个性使然，那就未免失之于简单化与表层化。其间固有深厚的基因在。在很大程度上，它是金王朝前期历史的一个缩影。可以说，上京的兴废，同女真族接受中原文化（通称“汉化”）的程度，同女真族改变故俗、决裂旧制的深度，存在着直接的对应关系。

三

完颜亮掌权之后，在女真“汉化”方面迈出了更大的步子。一是迁都燕京；二是加速推进改革，强化中央集权；三是与汉族地主、官僚进一步结合，消除民族间的对立，铲削氏族贵族的特权，走中原封建制的道路。

在改革旧俗、推行“汉化”方面，海陵王与熙宗是一致的，当然，他们之间也有某些差异。熙宗与南宋两次议和，眼光由对外转向对内，致力于社会改革，特别是礼俗、官制的改革。而海陵王在中原封建专制主义的思想影响下，加上女真奴隶主贵族固有的猛悍、凶残的性格特征，自幼便把统一全国、“天下一家”，当秦始皇式的中华正统皇帝，作为最高的奋斗目标。

其为人也，雄猜果断，野心勃勃，自命不凡，傲睨一切。他曾经对大臣高怀贞说：“吾有三志，国家大事，皆我所出，一也；率师伐远，执其君长问罪于前，二也；得天下绝色而妻之，三也。”据《金史》记载，他疯狂地猎取女色，不避姻亲，不分对象，举凡兄嫂弟媳、叔伯姊妹、叔母甥女以及有夫之妇，无不肆意纳娶。在他的内心深处，有一种狂妄的“自恋”，视自己为至高无上，完美无缺，可以予取予夺，霸占一切。当他得知宫中嫔妃莎里古真和人有不正当关系时，当即无比愤怒地责问：“你爱贵官，有贵过我这样的天子者乎？你爱人才，有才兼文武似我者乎？你爱娱乐，有丰富伟岸过于我者乎？”

海陵王所作诗词，雄鸷、峻厉，豪放不羁，铲尽浮华，尽出本色。有《鹊桥仙·待月》一词：

停杯不举，停歌不发，等候银蟾出海。不知何处片云来，做许大通天障碍。　　虬髯抬断，星眸睁裂，惟恨剑锋不快。一挥截断紫云腰，仔细看嫦娥体态。

逼真地再现了焦灼待月的情态和由此引发的内心活动，一种剽急强悍、不可一世的蛮野之气，跃然纸上。

为藩王时，他曾为人书写扇面，诗中有“大柄若在手，清风满天下”之句。还有一首咏竹诗：

孤驿萧萧竹一丛，不同凡卉媚东风。
我心正与君心似，只待云梢拂碧空。

《书壁述怀》的七绝，也是托物言志：

蛟龙潜匿隐苍波，且与虾蟆作混和。
等待一朝头角就，撼摇霹雳震山河。

另有一首咏桂花的诗，所含意蕴是：尽管现在人们还不了解他的政治抱负，可是，一俟条件成熟，他就要南面而坐，黄袍加身，君临天下。这也是一首七绝：

绿叶枝头金缕装，深秋自有别般香。
一朝扬汝名天下，也学君王着赭黄。

在向南宋大举进攻之前，他曾派遣画师随同使臣前往临安，嘱其秘密绘出湖山、城郭图。回来后，作成画屏，他在上面题诗一首：

万里车书一混同，江南岂有别疆封？
提兵百万西湖侧，立马吴山第一峰。

所有这些诗词，都是这一代枭雄急于位登九五、横扫六合的心态的展现，露骨地揭示了他的无穷欲望与政治野心。当然，从中也可以看出中原封建文化在他身上的深重影响，以及他对汉文化掌握的熟练程度。

但是，一代怪杰完颜亮的政治狂想并没有实现，最后，“气球”膨胀到极限以自身的破裂而告终。公元1161年9月，他亲率三十二总管，挥师南下，抵达长江北岸的扬州瓜洲渡时，被部将射杀于帐中。完颜雍在辽阳即皇帝位，取而代之，是为金世宗。

元太祖：
强梁无奈死神何

有些人是“死不起”的。生前占有得越多，死时就丧失得越多，痛苦也就越大，就越是“死不起”。对于那类一意攫取者而言，这生而必死的规律，实在是太残酷了。

强梁出世

我想以拙作《咏叹成吉思汗》七律，作为本文的领起：

灭国开疆枉自多，天骄无奈死神何。
衢街枕藉横尸骨，妇孺悽惶说战魔。
踏破山河驰铁马，凿穿欧亚挺琱戈。
强梁空有长生梦，一样金棺伴挽歌。

“强梁”一词，意为强盛勇武，强悍果决，强横凶暴。看来，用这个词儿来状写既令人震撼也让人恐惧，既遭人诅咒还令人自豪的“一代天骄”，还是形象而又贴切的。

当代史学家周良霄先生在《元史》一书中，引述世界史名著

《史集》中的记载：

> 有一次，成吉思汗询问他的近臣，男子最大的乐趣是什么？臣属们都回答说："男子之乐，莫过于乘健马，架名鹰，射猎禽兽。"
>
> 成吉思汗听了，说："你们说得不好。镇压叛乱者，战胜敌人，将他们连根铲除，夺取他们所有的一切，使他们的已婚妇女号哭、流泪；骑乘他们的后背平滑的骏马，将他们美貌后妃的腹部当做睡衣和垫子，注视着她们的玫瑰色的面颊并亲吻着，吮她们的乳头色的甜蜜的嘴唇，这才是男子汉（最大）的乐趣。"

此则轶事，也见于《蒙古秘史》。面对这番真实无隐地映现着成吉思汗强横凶暴的性格的谈话，我始而震惊，震惊于它的直白、露骨——在浩如烟海的史籍中，还曾有哪个封建帝王，会像成吉思汗那样，勇于坦露自己的心迹呀！继而思索如下两个问题：成吉思汗的这种剽悍凶残的性格和冒险、进取的精神，是如何形成的？即便成吉思汗对于坦露一己之私衷毫无顾忌，那么，他身旁的人们，包括那些史臣，还有蒙古族的史学家，何以会把这类也许有损于伟大光辉形象的话语记载下来，并使之流传开去呢？就此，我想了很多。

——幼年的生活对人的一生往往会产生决定性的影响。铁木真（成吉思汗本名）一生下来，就饱经丧乱、流离之苦，遭受过无数次灾难性的打击。出生之前，其先祖就被金国皇帝钉死在木驴上；九岁时，他的父亲又被仇家暗下毒物害死；尔后，他便被同族人抛弃。从此，孤儿寡母一家人，便陷入了饥寒交迫的境地，整天四出游荡，靠拾野果、挖草根、捕鱼、捉鼠度命。在冷酷无情的环境中，在极度苦难与愤懑的煎熬下，铁木真为了争夺一条鱼，竟然亲手将他的庶母弟弟射死。在孩童时代，他根本没有欢乐和幸福，更不知友爱、和谐、怜悯为何物；多的是物质欲望，是征服、占有、抢掠的欲望；除了通过袭击、打斗、争夺、拼杀获得快活与满足，此外再没有其他内容可以充实、装点儿时的生活。

对于铁木真来说，灾难和困苦是一把双刃剑，既锻造了他的刚毅果决的个性、顽强拼搏的精神，磨砺了他的坚忍不拔的意志和超强的体力，增长了他的智慧与才干；同时，也扭曲了他的性格，硬化了他的心灵，使之变得无比残忍而凶悍。

——残酷的不断的迫害，激活并强化了铁木真的复仇意志。他的仇家泰赤乌的首领，提防铁木真长大后为报杀父之仇施行反扑，于是，在他们一家走投无路的窘境中，又突然发动一次追捕袭击。铁木真捉住了一匹马，仓皇逃命，但躲藏到第九天，最后还是被抓住了。他的脖子上戴着沉重的木枷，从一个蒙古包转到另一个蒙古包，被巡游示众，肆加羞辱。每到一处营地，铁木真都用那双愤怒的眼睛目注着凶恶的敌人，他想看清楚他们的洋洋自得和成功的欢悦，心中暗自思忖着："只有那一张张以胜利骄人的面孔，可以告诉我失败是多么可耻，多么可怕。"在这个只有十三岁的少年的心中，鼓荡着熊熊燃烧的复仇火焰。

在一个漆黑的夜晚，他趁看守人员喝得烂醉如泥之机，偷偷地跑掉了。重新获得了自由与生命之后，他把一切空闲时间，都用来苦练草原上的武艺。马刀被晨风吹得铮铮作响，闪着锋利而阴冷的毫光；那张用百年劲松制作的强弓，已被他那粗糙的手掌磨砺得光滑、崭亮。他暗暗发誓：一定要以更加残酷的暴力来反击命运的残酷；要以更加疯狂的复仇来摧残敌人，获得胜利。这种心理反应，一天天地在铁木真身上生根、发芽，在焦急中发酵，在愤怒里成长，最后，演化为汹涌澎湃的征服欲望和理由。

——人是环境的产物。成吉思汗长期生长在极度艰苦的环境之中。在资源匮乏、产品单一的草原上，生齿日繁，需求不断增长，“粥少僧多”，从而构成了尖锐的供求矛盾。生存竞争空前残酷而激烈，唯有强者才能有望存活下去。正是这种极度艰难困苦的条件，促使成吉思汗生发出这样一个愿景：“要让所有青草覆盖的地方，成为我的牧马之地。”

法国历史学家勒内·格鲁塞在他的名著《草原帝国》中深刻地指出：

> 他们，伟大的野蛮人，出现于完全文明化了的时代，而在几年之间突然地把罗马世界、伊朗世界或中国世界变成为一堆废墟。他们的来临，他们的动作和他们的失踪，似乎是难以解释的，以至于实际的历史，将这些人看做是上帝降下来的灾难，对古老的各种文明的一种惩罚。
>
> 但是，人类从来不曾是大地的儿子以外的东西，大地说明了他们，环境决定了他们，只要认识到他们的生存方式，则他们的动作及他们的行为便会即刻一目了然的。

——成吉思汗的强悍性格的生成，是万古洪荒的草原上特殊的社会与自然环境的产物。蒙古族在十二、三世纪的崛起和统一，以及整个社会的发展，始终是在出生入死的战争环境、拼搏状态下进行的。缺乏尚武精神，没有决战决胜的斗志，就不可能生存下去。因而，刚毅不屈，尚勇崇武，成为蒙古族共同的民族意识。史称：蒙古人“耻病死而尚阵亡，畏伤残而不惧死”。而作为部落联盟时代的最高首领，或者大蒙古国的天汗，其神圣职责即在于能够率领所部战胜攻取，对内保证部族的安全、富庶，对外能够击败一切敌人，并且夺取足够的财物，以维护、巩固自己的统治。否则，还有谁会追随你、服从你、拥戴你、崇拜你呢？

——这种特异的社会环境，特别是本人传奇的经历，不仅塑造了他的坚忍、残暴的个性，也在很大程度上决定了他的价值取向与理想追求。就是说，他之所以把“镇压叛乱者，战胜敌人，将他们连根铲除，夺取他们所有的一切”视为人生最大的乐趣，其源盖出于此。

儒家的“亚圣”孟轲，说“君子有三乐”：“父母俱存，兄弟无故（即良好的亲情环境），一乐也；仰不愧于天，俯不怍于人（即自身的品格修养、胸襟抱负），二乐也；得天下英才而教育之（即社会责任与承担意识），三乐也。”这大体上代表了封建社会中一般读书士子的愿望。还有一本名为《延寿药言》的古籍，列举了读书人的四十件人生乐事，什么高卧、静坐、尝酒、试茶、阅书、临帖、对画、咏歌……应有尽有，唯独没有“杀敌”、“复仇”之类行为。这是两种悬同霄壤的生命存在方式。它们既体现着生命个体的规定性，更是社会文明环境的产物。

——由于成吉思汗“天神”般的领袖地位，及其所产生的巨大的感召力与影响力，他的这种个性与行为，已经作为一种文化传统基因，在整个社会中得以普遍传承，并为所有的追随者，也包括一些代表社会良知的知识分子所一体认同。在他们看来，这一切，都是极其自然，完全正当，甚至是值得崇尚、堪资颂扬的。所以，他们在口耳相传中、在记述先人的历史时，就会无所顾忌地、如实客观地记载下来。

记得历史学家钱穆先生说过，大部分的官方历史是官僚写给官僚看的，远没有铁木真的这些故事的率真坦诚。之所以如此，道理恐怕就在这里。

快意恩仇

蒙古族是我国的一个古老民族，生活在西起克鲁伦河、鄂嫩河、土拉河三河之源的肯特山，东至呼伦贝尔湖这片广阔的大草原上。据成吉思汗家族史记载，很古的时候，一只苍狼和一只白鹿，因受天命启示而相爱，尔后便在肯特山下、斡难河边定居下来，生下一个健壮、勇敢的男孩，名叫巴塔赤罕，后来成了蒙古族的远祖，也即成吉思汗家族的祖先。而肯特山顶上的光秃秃的花岗岩石，便是蒙古人至高无上的神祇——“长生天”的住所。这是一处圣洁无比的所在。成吉思汗一生中，不知多少次朝拜过这里，每当命运出现转折关头，他都要登山祈祷，拜求“长生天”保佑他遇难呈祥，战无不胜。

铁木真的青年时代，处于蒙古高原上战火纷飞、灾患频仍、四分五裂的公元十二世纪。此前，广袤无边的草原地带，部落星罗棋布，经过长时期的兼并、争夺，最后形成几个大的部落联盟：东部有塔塔儿部，北部有蔑儿乞惕部，中部有克列亦惕部，西部有乃蛮部，还有号称纵横家的扎木合为首的札答阑部，而少有大志的铁木真所在的蒙古部，只是其中比较弱小的一个。

他深知，在当时宗教盛行的社会环境里，尽管他有卓越的才能和非凡的勇气，但要在各个部落的激烈角逐中获取胜利，还必须凭借宗教的信仰，使自己变做一个受人崇拜的精神偶像，显示出与众不同的独特优势。于是，他就积极借用“替天行道”、“汗由天授”的宗教观念，把自己的所作所为说成是“执行天意”，他在战争中获取的一切胜利，都是奉行“长生天”意志的结果。自觉不自觉地把自己看作天在人间的代表者、天意的执行者。

即使后来成为蒙古帝国的大汗，他也仍然大力宣扬他的成功是“天命攸归”。他说：“我做大汗，不是因为我有强健的身体，而是我顺从天命；我成为皇帝，不是因为我有超人的智慧，而是我仰赖天恩祖德；我扫荡群雄，全靠苍天的帮助。”从而使人认定：为成吉思汗效忠，就是为“长生天”效忠。他把“天命观”与忠君信仰巧妙地结合在一起，使之成为统摄一切的最高指导原则。这样，“天命观”既是一种为蒙古民族所共有的宗教信念，又成为一种世俗的价值观念与伦理准则。正是靠着这种强大的精神力量，使这位“力拔山兮气盖世”的战争之神，获得了渊源不竭的号召力和无远弗届的影响力。

为了终止战乱兵燹所造成的严重破坏，适应广大牧民渴望统一、安定的迫切要求，铁木真率领他的伙伴和部属，以“天命攸归”为号召，靠着勇敢、顽强的拼搏精神和高超的斗争智慧，从公元1183年起，经过二十四年的苦战，终于完成了整个蒙古草原的统一，结束了诸部林立、群雄角逐的局面，建立了东起呼伦贝尔草原，西至阿尔泰山的辽阔地域内，操着不同语言和具有不同文化水平的大汗帝国，逐步形成了勤劳勇敢的统一的蒙古民族。铁木真被加尊号为“成吉思汗”。这一年是公元1206年，他四十五岁。

伴随着大蒙古国的创建，专制主义的汗权相应确立，在军事、行政、法律、文化等各方面都创立了一套崭新的制度，从而走上了一个新的历史阶段。成吉思汗及其亲属、功臣和贵族，渐渐地变成了封建主，原来的奴隶和自由民就成为封建牧民。这样，整个蒙古草原上的游牧部落和泰加森林中的猎户，都只承认一个主人，即成吉思汗；只高举一面共同的旗帜，即九足白毛纛。作为军队的守护神的象征，大旗的边上缀有九角狼牙，牙端悬有九条牦牛尾。从此，成吉思汗便高举这面象征着守护神的旗帜，率领统一组成的大军，浩浩荡荡地南下了。

成吉思汗接受大将木合黎的建议，全面夺取中原，是按照先攻西夏、次图金源、再取南宋的步骤进行的。可是，就在第四次出征西夏、围攻它的都城这一年，突然发生了意外的变故：由四百五十人组成的庞大的蒙古商贸使团，和满载着黄金、白银、精美丝绸、珍贵毛皮的五百头骆驼的运输商队，当抵达西亚花剌子模国的讹答剌城时，被“见财眼红”的驻城守将，妄加以“间谍”的罪名，把商贸使团扣押起来，最后国王摩诃末下令，财货一律没收，人员全部处死。

成吉思汗得知这一消息后，复仇的火焰在胸中强烈地燃烧起来。他怀着满腔的愤怒，独自登上了蒙古的圣山，脱下帽子，把腰带搭在脖子上，将脸贴到地面，跪在地上向长生天祈祷，号啕、奋呼，经久不止。祷天既毕，下令大军即刻出征，向花剌子模实施报复性的打击。由于他适时抓住了“报仇雪恨”的由头，把握住这一战胜攻取的至宝，就使这场“西征”成为“出师有名”的正义行动，从而激发了全军的斗志，将士个个奋勇争先，为他这个伟大的统帅提供了强大的战斗力。

花剌子模位于咸海之南、阿姆河的下游，是中亚地区的一个古国。疆域辽阔，领土包括前苏联中亚细亚南部、伊拉克、阿富汗斯坦等地，成为雄踞四方的强国。但这些地区，许多都是刚刚征服下来的，人心未定，危机四伏，内部统治很不稳定。加之，上层统治者横征暴敛，军行所至大肆屠杀，民众基础十分薄弱。而以“世界征服者”自居的摩诃末国王，却极端狂妄自大，野心勃勃，在经过多年战争征服了伊斯兰世界大片土地之后，很想紧步斡罗思的后尘，征服东方诸国。

公元1219年秋，成吉思汗率领的二十万蒙古大军，“车帐如云，将士如雨，马牛被野，兵甲赫天，烟火相望，连营万里”，很快就杀到了花剌子模的边境城市讹答剌城下，这里距今土耳其斯坦市仅有八十公里。守城的将领名叫亦难赤，正是双手沾满蒙古使团商人鲜血的刽子手。“仇人见面，分外眼红”。被愤怒的火焰燃烧着的蒙古大军，气焰高张，群情激奋。他们“视战争为宴席的佳肴，战斗之日为新婚之夜，把一口吞食刀剑看成是满饮一盅美酒，枪刺看做是美女的亲吻”。讹答剌的守城部队登上城头望去，“郊外已变成一片无数雄师劲旅的汹涌海洋，而战马的嘶叫，披铠雄狮的怒吼，鼎沸骚嚷，充塞空间”（志费尼：《世界征服者史》）。他们为这种先声夺人的气势所慑服，将领们竟吃惊得直咬手指。

进攻的部队在大汗的两个儿子察合台和窝阔台率领下，满怀着报仇雪恨的强烈愤慨，一个个龙腾虎跳，似乎通身注入了一种疯狂的魔力。而守城将士，面对四周铁桶似的包围，找不到一线逃脱之路；且又深知，即使他们放下武器，举起降旗，也绝对不可能得到宽恕，因而拼死固守，绝不丝毫懈怠。战斗持续了很长时间，蒙古军才把城池攻下。蒙古军像驱赶牲口那样，把城里的百姓全部逐出城外，然后进行疯狂的洗劫、掳掠。亦难赤则趁此机会，率领万余名将士，退守到预先准备好的城市内部的中心堡垒中去，继续顽抗了一个月，使城内的蒙古军遭到了很大伤亡。亦难赤在四面合围的情况下，带领两名贴身护卫登上屋顶格斗，待到两个护卫也倒下了，他就孤身拼杀，最后终被擒获。蒙古兵给他带上了沉重的铁索。成吉思汗下令，将熔化了的银汁灌注到他的耳朵、眼睛里，为被害的商人报仇。

成吉思汗率大军继续南下，穿越大山屏障，进入一座名叫范延（亦译巴米安）的城市。这里战略地位十分重要，而且，历史文化遗迹极为丰富，峭壁上布满了六个多世纪以来开凿的佛教石窟，一尊尊高达数十米的塑像，若有所思地凝视着对面的河谷、庄园。攻城伊始，成吉思汗爱如掌上明珠的孙子蔑忒干，光着头，骑在马上，勇敢地冲在最前面，结果被一支飞箭射死。为了报这“一箭之仇”，偿还这笔血债，成吉思汗发令：即日必须攻下城池，对所有喘气的，无分人和动物，包括还在母体中的婴儿，一律屠杀净尽；不许接受任何俘虏；不许掠取任何财物。为了使它变做一座“死亡的城市”，今后不会再有人居住，城中一切设施，都在摧毁之列。蒙古军严格地执行了这一命令，以致时至今日，这里仍然荒无人烟，了无生气。

法国历史学家格鲁塞在《成吉思汗》一书中，引用了多洛特的记述：

> 自从发生那起悲剧性的事件以后至今，在这个荒凉的死气沉沉的山上，一切仍是原样，破败的景象没有任何改观。我顺着一条小道艰难地攀登着，费了九牛二虎之力才爬上山顶。举目四望，所见无非废墟。在这一片废墟中，城堡主塔还立在那里，算是这个城堡的最高遗迹。这个地区气候十分恶劣，但七个世纪以来，恶劣的气候变化，剥蚀一切的凄风苦雨，都没有损坏这几堵普通的泥墙。狼藉的破砖碎瓦，简陋的陶器碎片，当年建筑用的卵石和采釉陶瓷碎片，彼此混

杂在一起。在这片阴森可怖的混乱中，只有那彩釉陶瓷碎片还在闪烁着光彩，显示着当年波斯陶瓷的装饰图案和颜色。

成吉思汗在西征过程中，只要遇到哪个城市稍有抵抗，便会施行最残酷的报复。不花剌城在被围时，军民抵抗得比较激烈，结果，城池被攻陷之后，居民中的男子被斩尽杀绝，妇人和孩子都当了奴隶。蒙古军闯入清真寺中，将装《古兰经》的书柜弄过来代替马槽，那些经书则被乱弃于地，任由马匹践踏。最后，纵火焚烧了整座城市。

当成吉思汗攻下咸海岸边肥沃的绿洲、花剌子模首府玉龙杰赤后，愤恨于城内军民长达七个月的顽强抵抗，便将居民全部驱赶到野外，从中挑选出几万名工匠押送到东方去，青年妇女和孩子们都被纳入了俘虏队，剩下的一百二十万人则分配给军队屠杀，五万多蒙古兵每个人分到二十四人。最后，又决开阿姆河堤，引水灌城，整个市区顿成泽国。这样，有些市民即便是幸免于刀兵的劫难，也都全被淹死。至于发达的纺织业，繁荣的商贸中心，随着城市的彻底毁灭，也都转瞬间化为乌有了。

这支来自草原的、在凶狠残暴的军事统帅指挥下的征服者大军，每攻下一座城市，最终的也是唯一的目的，就是杀人屠城、掠夺财物。在那些“恃力而为”的军事贵族看来，屠戮与掳掠不仅不是罪恶行径，反而是胜利的象征，是值得永生炫耀与骄矜的英雄壮举。他们既体会不到农耕稼穑的艰难，更不知城市百业千行的惨淡经营为何物，因而对于凝结着多少代人心血的农业工程设施和城市建设成果，也缺乏应有的感情，不知道珍视和顾惜；只是靠着沸腾的感情冲动，带着当时仍很盛行的“血亲复仇”的狂热，动辄掘河、纵火，捣毁城池。狂飙所至，使西亚诸国遭受到空前的浩劫。

作为横绝一世的战神，成吉思汗怀有一种异常鲜明的英雄主义情结。在他的心目中，所最不能忍受与宽恕的，是下属对于主子的背叛；他极度鄙视奴颜婢膝的软骨头和俯仰由人的奴才性格；而最敬重的则是百折不挠、宁死不屈、意志坚强的勇士，即使置身于敌对营垒、甚至是专门与他作对的人，他也会格外高看一眼。据勒内·格鲁塞《成吉思汗》一书中记载：花剌子模帝国王位继承人扎兰丁，带领一支骁勇的骑兵，踞守在哥疾宁城。蒙古西征军的一支部队在围攻附近的一座要塞时，被扎兰丁所部击溃，损失了上千人。这使成吉思汗十分惊诧，当即指派他的“义弟”失乞忽秃忽亲自率领三四万人前去攻城。扎兰丁手下的将领，看到蒙古军气势汹汹，提议暂先撤退，以避锋芒。可是，扎兰丁却坚持寸步不让，决意拼杀到底。他命令骑兵全部下马，每个人都将马缰绳系在腰带上，手持强弓劲弩，列队站定，沉着地迎战进攻的敌人。当蒙古骑兵潮水般地涌来时，扎兰丁的军队一齐张弓攒射，矢如雨集，逼得蒙古军被迫后退。稍顷，失乞忽秃忽再次挥师冲杀过来，眼看就要闯入对方的阵地，这时，扎兰丁突然吹响号角，手下的骑兵忽啦啦地反扑过去，杀声震天。蒙古军遂大溃，各自策马奔逃，前路沟壑纵横，兵马纷纷颠扑，而扎兰丁的骑兵则挥刀猛进，大肆劈杀，使蒙古军遭致惨痛的失败。

成吉思汗闻讯后，亲自率军前往。两天急行军，马不停蹄，赶至哥疾宁城，扎兰丁却已神秘地消失。后来得知他逃到了印度边境，成吉思汗下令部队全速前进，跟踪追击。这时，发现扎兰丁军队正在准备强渡申河（今印度河）。成吉思汗当即下令，部队布成长蛇阵势，作半月形包围圈，向敌军步步逼近。可是，当接近了扎兰丁时，成吉思汗却下令“不得放箭”，他想要活捉这个勇士。在走投无路的困境中，扎兰丁换乘了一匹健马，作最后一次猛冲，蒙古军便稍稍后退一些，这时，他又突然掉转马头，改向河的对岸冲去。他背负盾牌，手持军旗，纵马一跃，很快地便抵达对岸。成吉思汗立马岸边，深深为扎兰丁的骁勇、机智所折服。将士们要继续追捕，他摆手加以阻止。

在整个西征进程中，扎兰丁是唯一坚持同成吉思汗抗衡到底的人。而成吉思汗不以为忤，反倒采取宽容大度的态度，放他一条生路。他还指示几个儿子，要学习扎兰丁的英勇顽强精神。但是，对于扎兰丁的部下，则像往常一样凶狠、严厉。他命令部队，向跳入河中的敌军将士放箭，将他们全部射杀；对留在此岸的部分残敌，包括落入蒙古军手中的扎兰丁的子女，都无情地处决了。

天命观、复仇意志与英雄主义情结——成吉思汗凭借着他的“三宝”，战胜攻取，所向无敌，一往直前。帛书甲本《老子》中有一句意味深长的话：“祸莫大于无敌”。清代学者魏源解释为：“盖兵至无敌于天下，则杀人必多，乃祸莫大焉者也。”综观成吉思汗西征始末，益发感到先哲此言的睿智与深刻。

在人类历史的推进过程中，伴随着文明进步的脚印，邪恶总是如影随形地紧跟在身后。蒙古军的西征，不论其初始的动机如何，肆行无忌地杀戮与掠夺，以破坏一切文明成果为职司、甚至为乐趣，总是一种蒙昧，一种邪恶，一种无法令人宽宥的罪行。

德国历史学家李斯特说过：“一个拥有权势的人，除了拥有更多的权势，还有什么能够吸引他？打败了所有的敌人以后，成吉思汗想要做的，就是去寻找更多的敌人。”但是，前路上已经没有敌人与之争锋了。强悍的蒙古西征军，只好逐步地向东北方向撤回。一路上，成吉思汗既满怀着胜利的喜悦，快意平生，志得意满；又不无孤峰峭立、四顾苍凉、英雄寂寞之感。他踌躇满志地说："直到如今，我还没有遇到过一个不能击败的敌手。我现在只希望征服死亡。"

天骄无奈

史载，成吉思汗是在一场铺天盖地的白色乳雨过后诞生的。呱呱坠地之时，他的小脸上映现着血色的光华，眼睛里闪射出火花来，右手中攥着一个红宝石似的血块。随着雨过天晴，一道拱形的奇异的白虹，出现在茫茫大草原的上空，经久不散。

早年的铁木真，曾经三次遇险，据说，都是由于得到天助，最后转危为安。第一次险情，前面已经叙过。抛弃了铁木真一家的泰赤乌部首领，为了斩草除根，把他捉拿到手，计划在巡游示众之后，就把他处死。结果，他趁着看押人烂醉如泥的当儿，机智地逃脱了。怎么就那么凑巧，不早不晚，偏偏在这一天，看守就醉了酒呢？在他看来，是冥冥之中有天意安排。

不特此也，他逃出之后，被一位名叫锁儿罕失剌的好心人掩藏在装满羊毛的大车里。追赶的人逐户搜查，最后来到他家，翻箱倒柜搜了个遍，也不见踪迹；回头看到一辆装满羊毛的大车，便动手去扒车上的羊毛。眼看就要暴露了，主人若无其事地对来人说："你们这种搜法实在荒唐，这大热天里，就是有人藏在里面，还不早就闷死了！"搜查者觉得有道理，他们原本也不想在那闷热而又脏臭的羊毛上做文章，听他这么一说，就返身走开了。在这危如累卵的千钧一发之际，居然得以解脱。人们都说，如果不是暗含着天助，哪里会有这神话般的幸运！

铁木真第二次遇险，是在穷追泰赤乌残部时，赶到斡难河边，被敌人射伤了脖颈，血流不止，昏迷过去。一位叫者勒篾的战士，按照蒙古族的疗伤经验，小心地用嘴吸吮出他伤口里的淤血，然后擦洗干净。他一清醒过来，就说："我的血快干了，口很渴。"者勒篾乘敌人熟睡之时，潜入敌营，带回了酸奶。铁木真喝过后，元气有所恢复，发现身边汪着一摊血水，这才知道是者勒篾一口口吐出来的，心中感动万分。

还有一次获救，就更是奇突、惊险。铁木真与王汗决裂之后，处境极度艰难。敌对的克列亦惕部，决定在他有效组织防御之前，第二天拂晓进行突袭，将他擒获。其中一个小头目当晚回家，无意中同妻子谈论起了这件事，碰巧被前来送马奶的牧人巴歹听到了。巴歹回去后，就把这个消息透露给同伴乞里失黑。两人出于对铁木真的仰慕，立刻借助夜色的掩护，飞马前去通报消息。这样，铁木真又得以侥幸脱险了。

史书中还记述了这样一个传说：

有一次，成吉思汗带着一帮人出去打猎。他们一大早便出发，可是到了中午仍没有收获，只好意兴阑珊地返回帐篷。成吉思汗心有不甘，便又带着皮袋、弓箭以及心爱的飞鹰，独自一人走回山上。烈日当空，他沿着羊肠小道向山上走去，一直走了好长时间，口渴的感觉越来越重，但他找不到任何水源。良久，他来到了一个山谷，见有细水从上面一滴一滴地流下来。成吉思汗非常高兴，就从皮袋里取出一只金属杯子，耐着性子用杯子去接滴下来的水。当水接到七八分满时，他高兴地把杯子拿到嘴边，想把水喝下去。就在这时，一股疾风猛然把杯子从他手里打翻，到口边的水被弄洒了，他不禁又急又气。忽然抬头，看见自己的爱鹰在头顶上盘旋，才知道原来是它捣的鬼。尽管非常生气，却又无可奈何，只好拿起杯子重新接水。当水再次接到七八分满时，又有一股疾风把水杯弄翻了。又是他的爱鹰干的好事！成吉思汗顿生报复心："好！你这只老鹰既然不知好歹，专给我找麻烦，那我就好好整治一下你这家伙！"

于是，成吉思汗一声不响地拿起水杯，再从头接那一滴滴的水。当水接到七八分满时，他悄悄取出尖刀，拿在手中，然后把杯子慢慢地移近嘴边。老鹰再次向他飞来，成吉思汗迅速地掣出尖刀，把老鹰杀死。不过，由于他的注意力过分集中在老鹰上，却忽略了手中的杯子，不慎掉进山谷里。成吉思汗无法再接水喝了，不过他想到：既然水从山上滴下来，那么上面也许有蓄水的地方，很可能是湖泊或山泉。于是他拼尽气力向上爬，终于攀上了山顶，发现那里果然有一个蓄水的池塘。成吉思汗兴奋极了，立即弯下身子想要喝个饱。忽然，他看见池边有一条大毒蛇的尸体，这时才恍然大悟："原来飞鹰救了我一命，正因为它刚才屡屡打翻我杯子里的水，才使我没有喝下被毒蛇污染了的水。"

马基雅维里在他那部闻名世界的《君主论》中，有过这样的论述：

人是被命运女神和上帝所控制的，自由远不是绝对的，因为命运女神的力量是强大的。……但命运之神是一个女人，她会受到男性品质的诱惑，她尤其为真正有男子气概的人的德行所感动，并受其左右。

过去说，“神鬼怕恶人。”原来，命运之神也是钟情于强者。中国古代诗人也曾咏叹过：“时来天地皆同力，运去英雄不自由”。古往今来，一切英雄豪杰都逃脱不了由旺健到衰老直到死亡的自然规律，成吉思汗又如何呢？

在中国历史上，孔夫子属于意志上的强者——“知其不可而为之”，“不知老之将至云尔”。而“千古一帝”秦始皇，则不仅是意志，就行为而言，也称得上是真正的强者。成吉思汗则是“强中更有强中手”。他与秦始皇隔着“时间之河”遥遥相望，分头生活在同一向度的空间里。在成吉思汗的字典上，根本就没有“不可”与“衰老”这类字眼，至于“死亡”，似乎更与他绝缘。所以，尽管他相信天命，却并不相信命运女神能够控制他、左右他。

但是，岁月终竟不饶人啊！随着年龄的增长，他的身体、精力，在一天天地敲打着他的意志，一再地发出挑战性的警告信号。也许正是从这时候开始，成吉思汗渐渐地懂得了什么叫做“无奈”。

率军出征中亚，普通人不要说了，即使是戎马一生的成吉思汗，也是破天荒的一次。作为一位历尽艰辛、饱经忧患、百对战疆的年近花甲的老人，进入一个完全不同于蒙古大草原的陌生环境，特别是即将面对的是素以野蛮、强悍著称的花剌子模帝国，总是一场严峻的考验。在出发前的那些日子里，尽管成吉思汗嘴巴硬朗，绝不吐露一个“难”字、“险”字，但宫中上下还是弥漫着一种无法掩饰的忧心与悬念，只是没有谁敢于开口罢了。后来，大汗的宠妃也遂终于忍不住了，冒着触犯天威的风险，对大汗说出了人们共同的心里话：

我汗将翻越巍峨险峻之山岭，渡过宽阔汹涌的江河，出征远行，平定诸国。然而，凡是有生之物都不可能长生，人寄身于天地间，同样也难以久留。倘若陛下在进军中，伟岸的身躯突然像参天大树一样骤然倒下，届时，那万里江山、普天下的百姓，将要托付给谁？在我汗所生的英杰四子中，陛下想要由谁来接班？这绝非我个人的一己之见，而是陛下诸子、诸弟以及广大臣民所共同关心的大事。愿陛下早作圣裁。

出乎人们的意料，听过也遂的这番话，成吉思汗不仅没有震怒，反而点头称是，可见，他的心里也正在筹思着这个问题。他说："由于我未尝继承先祖之遗业，所以也就忽略了预立储君的问题；未尝遭遇过疾病和死亡，也就没有想到会有树倒梁颓之结局。多亏爱妃加以提醒。"经过一番周密的思考和议论，成吉思汗当下确定：由他最为钟爱的稳重沉着、头脑清醒的第三个儿子窝阔台来做未来的接班人。并且，从长远考虑，宣布：诸子以后要各治一方，各守封疆，以防患于未然。

从此，生死问题开始在成吉思汗的头脑中占据了位置。即使在尔后的西征途中，在战火纷飞的疆场上，他也没有放下这份心思。他记起当日在中原战场上，曾听说有一种"长生不老之药"，秘方掌握在道教魔术师手里。后来，有人告诉他，一位类似高级萨满的人物，名叫丘处机，道号"长春真人"，已经三百岁了，有长生延命的秘法，且又博古通今，才能超群。他决心把这位神秘的人物罗致到身边来。他想借助这位"真人"的神力，掌握古老的秘方，实现长生久视，征服那不知什么时候就会降临到头上的死神。于是，派遣侍臣刘仲禄备下轻骑素车，携带他的手诏，前去敦请丘处机出山。

说起这位丘真人来，可算是大有来头，大名鼎鼎的。不仅成吉思汗想要见他，内地的金宣宗和宋宁宗两位皇帝也都曾发出征召，但都被他借故回绝了。这次，震慑于成吉思汗的声威，为了保全自身及其教派，即使出于勉强，丘真人也只好前往应召。他挑选了十八名弟子，于公元 1220 年初，开始了前路漫漫的长途跋涉。他们先是到了燕京，这时才知道，成吉思汗已经远在数千里之外的中亚地区。尽管略有悔意，但他迫于大汗的压力，也不得不以七十二岁高龄，勉力前行。当然，他也有所期待，希望通过此行，能够做一些度世济人的善事。经过两年多的奔波，他们师徒一行，终于赶到了昆都斯（今阿富汗北部），见到了事先等候在那里的成吉思汗。

在丘真人想象中，这位叱咤风云、骄横一世的蒙古大汗，一定是浑身透着杀气、两眼射出凶光、威风凛凛、步履生风的。可是，映入眼帘的却是一位眉舒目展、满脸堆笑的老人，无论如何，也难以把他同嗜杀成性的凶神恶煞联系起来——然而，那一切一切，却是天天都在发生的千真万确的事实。他的个子很高，前额宽阔，横着几道平行的皱纹，红脸膛衬着灰白色的胡髭，还有鼻翼两旁那“八”字深沟，也算是一道晚年的风景。身材有些发胖，看上去还算健壮，但已经谈不上神完气足了。从道家养生的角度看，这是虚耗过度、真元亏损的反映。

见面礼之后，成吉思汗便单刀直入地向他求索长生之术，丘处机也像是相识已久的故交，答复得简单而斩截：“世上只有卫生之道，而无长生之药。”就是说，长生不死是不可能的；但通过健康养生，可以获得长寿。成吉思汗并未因此而感到失望，反倒赞赏丘处机的诚实无隐。在尔后的三次讲道中，总是以“丘神仙”呼之。

他们之间建立了友好、亲密的关系。丘处机讲道，侧重三个方面：长寿之道，清心寡欲；一统天下，不嗜杀人；为治之方，敬天爱民。丘处机说，道家主张：敬天爱民以治国，心境安闲以养身，清心寡欲以抗衰老，这是百试不爽的秘方。

他针对成吉思汗妻妾成群和现实神色的状况，特意告诫说：养生之道，无非是清心养气，固守精神。“气全则生，气亡则死，气盛则壮，气衰则老。”“庶人一妻，尚且损身；况乎天子多畜嫔妃，宁不深损！贪欲好色，则丧精耗气，乃成衰惫。陛下宜加珍啬。一宵一为，已为深损，而况恣欲乎！”当然，他也知道，成吉思汗根本不可能做到禁欲，便降格以求：“虽不能全戒，但能节欲，则几于道矣。”

一次，成吉思汗在塔什干的一座山里狩猎，穷追一只受伤的大熊，不慎从马背上跌了下来。狰狞狂肆的大熊就在他的对面，竟然没有猛扑过来，使他侥幸得脱。丘处机劝说他：

“此次坠马，乃天戒也，以后再不要经常行猎了。”成吉思汗说：“神仙说得极是，朕亦深省。只是射猎自小所习，一时难以戒除。”他还向丘真人询问了地震与雷电的原因，真人则以“上天示警”答之。

在论道过程中，丘处机还乘机提出一些有关治国安民的建议：“只有统一中原地区并能善加治理，方能称为大国；而要治理好中原，则必须施行仁政，爱惜民力，让人民休养生息。”成吉思汗当即召集诸子和其他王公贵族，要他们很好领会丘真人的教谕，并能照着去做。看到丘处机年事已高，成吉思汗允准他返回故国，并带领文武百官，在城外数十里夹道送行。临别时，与丘真人相约，希望日后在国内再次会面。这时正值公元 1223 年的春天。

他绝没有料到，此次竟成永别，四年后，两人在同年同月里辞世。

死者已矣

成吉思汗于 1226 年秋天，率军征讨西夏国。冬季，在一次出猎中，他胯下的红鬃烈马受到惊吓，昂首腾足，将他掀倒摔伤。当夜，他就发起了高烧。随行将领都奏请大汗立即回去养伤，待伤愈后再来攻打也不迟。无奈大汗一生逞强、赌胜，心想：如果这样回去，定会遭到西夏君臣的耻笑。恰好，这时一个去西夏探听情况的人回报，那里的一个大臣竟然当众讥笑大汗，说他根本没有本事对付西夏。成吉思汗听了，恼羞成怒，拍案而起，当即表示，宁可死在这里，也决不退兵，遂扶病上马，继续指挥部队向贺兰山挺进。

进军西夏，所向披靡，各路兵马很快就到达了中兴府，把这个西夏的首都围得水泄不通，旦夕之间，即可拿下。只是，成吉思汗的伤病已经一天天地加重，身体更加虚弱，再也没有了昔日的威风。炎热的气候，加上水土不服，又染上了斑疹伤寒，这就更是雪上加霜。到了 1227 年农历七月十二，终于命归黄泉。其地在六盘山下的清水县，得年六十六岁。

去世的几天前，他知道属于自己的日子已经屈指可数了，于是，赶紧把几个儿子召集到身边，心情沉重地说：

> 我的病势很重，看来是无法医治了。幸赖长生天之庇佑，我已为汝等创建此庞大帝国。现在，汝等中需有一人继承汗位，以支撑这一坚实的宝座。如果汝等人人都想争汗位，互不相让，则必将遭遇我所讲过的那条多头蛇的下场。

兄弟数人清楚地记得，大汗曾多次讲述过：在一个大雪纷飞、北风卷地的夜晚，一条多头蛇为了御寒，想要钻进洞里去。可是，由于惧怕寒冷，身上的每一个头都想尽先钻进去，结果互不相让，足足争斗了一夜。最后，这条多头蛇竟冻死在洞口。

当下，窝阔台等一齐跪在地下，说："我们俯首听从父王的吩咐。"

成吉思汗说："很好。那就让窝阔台继承我的汗位。因为他足智多谋，富有雄才大略，在你们中间尤为出色。"大家异口同声说："遵命。"于是，共同立下了拥戴窝阔台继承汗位的文书。接着，成吉思汗又部署了经他深思熟虑的灭金方略：

> 金朝的精兵在潼关。潼关南据华山，北靠大河，难以一举攻破。如能借道南宋——宋金为世仇，必能同意，则可出兵直捣开封。潼关数十万金兵必将千里赴援，纵能赶到开封，也必然兵疲马乏，不能作战，开封城指日可破。

窝阔台遵循这一方略，七年后终于灭掉了金国。

成吉思汗嘱咐左右，他死后，要严密封锁消息，待西夏国王前来朝拜时当即把他干掉，再把城内军民全部杀光。他要以屠杀整个民族来作为自己的葬礼。尽管这一切一切，都会按照他的愿望圆满地实现，应该说是快意恩仇、死而无憾了；但是，弥留之际，他仍然带着无限的依恋，而且不无伤感地说：“朕之子孙后代，将衣金衣，就美食，跨宝马雕鞍，拥绝色美妇。然而，彼等将不记忆，此等荣华富贵所赖何人而有之也”。这倒应了“生非容易死非甘”那句古话。看来，即使像成吉思汗那样叱咤风云的强者，也同样贪生畏死，难割难舍。因为生是权力与富有的象征，意味着拥有一切，支配一切；而死是了断，是枯竭，是丧失，转瞬间一切化为乌有。“死而后已”，实际是“死而即已”。

黑格尔老人说，死亡是自然对人所执行的必然的无法逃避的“绝对的法律”，也就是庄子所说的“天刑”。对这一“性命之理”，成吉思汗从前是不承认的；但自西征以来，特别是会见丘真人之后，他已经逐渐地觉察到死神的套杆在身后晃动。只是不肯乖乖地束手就擒，而是把征服一切的欲望作为助燃剂，去继续点燃生存欲望的火焰，用以取代对死亡的忧虑与恐惧。

“功成身退”，原本是自然界的极为普遍、极为正常的现象。日出月没，暑往寒来。千花万木，都是在时序交接中悄然退去，毫无恋栈、迟回之态。唯有人贪心无厌，欲海茫茫，活着要成为“长明的灯盏”，咽气了也要作“不坏的金身”。即使从理性上承认死亡的必至性，但当死亡真的临头时，仍会感到无边的失落。用老百姓的话说，叫做“死不起”。而且，生前拥有的越多，死的时候就丧失得越多，痛苦也就越大，就越是“死不起”。对于那类一意攫取、不知止足者而言，生而必死的规律，实在是太残酷了。

记得《射雕英雄传》中，成吉思汗与郭靖有过一番对话，很有味道。虽属小说家言，但借用钱钟书先生的话说，其“遥体人情，悬想事势，设身局中，潜心腔内，忖之度之，以揣以摩，庶几入情合理”。

“靖儿，我所建大国，历代莫可与比。自国土中心达于诸方极边之地，东南西北皆有一年行程。你说古今英雄，有谁及得上我？”

郭靖沉吟片刻，说道：“大汗武功之盛，古来无人能及。只是大汗一人威风赫赫，天下却不知积了多少白骨，流了多少孤儿寡妇之泪。”

成吉思汗双眉竖起，举起马鞭就要往郭靖头顶劈将下去，但见他凛然不惧地望着郭靖，马鞭扬在半空却不落下，喝道：“你说甚么？”

郭靖心想：“自今而后，与大汗未必有再见之日，纵然惹他恼怒，心中言语终须说个明白。”当下昂然说道：“大汗，你养我教我，逼死我母，这些私人恩怨，此刻也不必说了。我只想问你一句：人死之后，葬在地下，占得多少土地？”

成吉思汗一怔，马鞭打个圈儿，道：“那也不过这般大小。”

郭靖道：“是啊，那你杀这么多人，流这么多血，占了这么多国土，到头来又有何用？”

成吉思汗默然不语。

郭靖又道：“自来英雄而为当世钦仰、后人追慕，必是为民造福、爱护百姓之人。以我之见，杀的人多却未必算是英雄。”

成吉思汗道：“难道我一生就没做过甚么好事？”

郭靖道：“好事自然是有，而且也很大，只是你南征西伐，积尸如山，那功罪是非，可就难说得很了。”他生性戆直，心中想到甚么就说甚么。

成吉思汗一生自负，此际被他这么一顿数说，竟然难以辩驳，回首前尘，勒马回顾，不禁茫然若失，过了半晌，哇的一声，一大口鲜血喷在地下。

成吉思汗的葬礼，由幼子托雷主持。人们“用梡木二片，凿空其中。类人形大小合为棺，置遗体其中。加髹漆毕，则以黄金为圈，三圈定”，做成了成吉思汗的金棺。他们杀死了最好的马，供大汗在阴间享用；同时，又从那些容色可爱、顾盼多姿的处女中，选出四十名殉葬。墓地是由大汗生前自己选定的，位于肯特山的萨里川，距离他的出生地大约有六天的行程。

下葬后没有留下冢堆，而是驱赶马群将地踏平，来年春草绿遍，一望平川，没有任何踪迹可寻。只是由于安葬时曾就地宰杀过一只小骆驼，当再次致祭时，将它的母亲牵来，从母驼嗅血悲鸣中，可以验知其地为大汗之葬所。但是，随着岁月的迁流，沧桑迭变，后辈人已经茫然不晓。于是，成吉思汗之灵骸所在，遂成为千古之谜。

其实，“人死如灯灭”，一瞑之后，万虑皆空。中国古代的名家提出过“白马非马”的命题。顺着这个思路，也可以问一句：“死人还是不是人？”答案应该是十分简单的：死亡之前是人，人死之后，作为尸体，只是一个社会的符号。就社会属性来说，对死人是无法进行具体分析的，人们只能把它们放在一个过去的统一的范畴中加以认识。头角峥嵘、不可一世的秦始皇、汉武帝，也包括“一代天骄成吉思汗”，当他们成为尸骸之后，就同普通的贩夫走卒的尸骸，没有任何实质上的区别。

当然，作为伟大的政治家、军事家，他们在历史上所留下的足迹——他们的丰功伟业以及给后世所带来的正面、负面的影响，并不会湮没于岁月的尘灰，随时间而褪色。

著名蒙元史专家杰克·威泽弗德有这样一番论述：

> 伟大的历史人物不能被整齐地卷塞在书皮之间，也不能像受压的植物标本被熨平。……当事件本身从人们的视野中淡去后，它们的影响还将长期存在。就像一口钟的振荡声一样，在停止敲击之后，我们仍可以感觉到它。成吉思汗离开历史舞台已经很长时间了，但他的影响将持续地萦绕在我们这个时代。

成吉思汗的名字，在欧亚许多国家中又是恐怖的象征，是一个沉重得令人两股颤栗的话题。他的西征大军，一路上焚烧劫掳，屠杀大量无辜平民，丧生者多达数千万，而当时全世界的人口总数也只有四个亿。冷兵器刀箭的杀伤量，竟然超过了二十世纪两次世界大战。说起来怵目惊心，真堪发指！

当然，也应该承认，伴随着蒙古大军的西征，客观上打通了亚欧之间的壁垒，扫除了东西方陆路交通的人为障碍，促进了经济、文化交流，推动了人类社会文明的进步。由于东西方交往的频繁，距离的缩短，中国的创造发明如火药、纸币、驿站制度等得以输出到西方；而西方的药品、织造品、天文历法等现代科技也随之传入了中国。诚如勒内·格鲁塞所言："将环绕禁苑的墙垣吹倒，并将树木连根拔起的风暴，却将鲜花的种子从一个花园传播到另一个花园。"

明太祖：
宦祸

皇权专制制度本身就存在着无法化解的根本性矛盾，而缺乏政治远见，只求现实功利，不计后患重重的老皇帝，更为尔后的招灾致祸种下根由。许多祸患的发生，似出“天意”，实系人为。

一

北京的东厂胡同，今天已是一个人烟辐辏而又恬静安详的去处。披着温煦的阳光，人们很早就沿着一条条狭街曲巷，进进出出，这里有欢跳着奔赴学校的儿童，有推着四轮车吆喝着卖菜的小伙子，有跨出房门，疾徐有致地遛弯儿的老伯伯，也有坐在台阶上，安闲地晒太阳、抽旱烟的老奶奶……“您早”，“走好！”大家互相亲切地打着招呼，人人都面带着笑容，充满了温馨。

可是，说来也许难以置信，这里，正是这里，几百年前，却是一个满布着腥风血雨，特务横行、缇骑塞路的暗无天日的所在。

明朝永乐皇帝登极的第四年，下令筹建北京宫殿，并重新改造北京城。永乐十八年（公元 1420 年）工程全部告竣，北京正式成为大明帝国的首都。同一年，在这里建立了“专门缉访谋逆、妖言、大奸恶等”的东厂——这是在锦衣卫镇抚司之外，专门设置的一个特务机关，厂、卫均由太监直接控制。就是说，太监成了名副其实的特务头子。

尔后，四百多年间，东厂、锦衣卫、阉宦三位一体，祸国殃民，史家称之为“明朝三大害”。不知有多少人丧命其间，有多少人在这里惨遭酷刑，被剥皮、剜眼、油炸、寸磔。可以说，这里的每一个院落都留存着种种惨绝人寰的记忆，每一堵墙上都淋漓着斑驳的血迹，回荡着哀鸣惨叫的声波。主其事者，都是那些“不能人事”的擅权太监，在当时，下属称之为“厂公”。

《明史·刑法志三》记载，一天，四个朋友聚集在一个十分隐秘的去处吃酒闲谈，一人喝得有些过量，破口大骂权倾朝野的大宦官魏忠贤，其他三人吓得吐着舌头，不敢出声。这边的人喷着酒气还没骂完，那边已经闯进来几个特务，立刻把四个人抓走。带到东厂后，那个痛骂魏阉的人被活活剐死，而另外三人由于没有跟着骂街，受到了奖励。可是，他们早已吓得魂飞魄丧，呆若木鸡。

还有一部名叫《幸存录》的明人笔记，亦有类似的记载：

忠贤凶恶异常，国史当备载之。余见一术士徐姓者，言游都下，五人共饮于逆旅，忽一人倡言忠贤之恶，不久当败。余四人或默或骇，讽以慎言。此人大言：“忠贤虽横，必不能将我剥皮，我何畏？”至夜半熟睡，忽有人排门入，以火照其面，即擒去。旋拘四人，并入内地，见所擒之人，手足咸钉门板上。忠贤语四人曰：“此人谓不能剥其皮，今姑试之。”即命取沥青浇其遍体，用椎敲之，未几，举体皆脱，其皮壳俨若一人。四人骇欲死，忠贤每人赏五金压惊，纵之出。

中国的宦官始于何时，已不易查考，大概殷周时期就已经出现了。《周礼》一书中即有阉、寺、竖等称谓。当时，他们主要的职责是守门，做一些服侍皇帝和皇族的杂务，并没有实际权力；而且数量不多。宦官擅政，秦末赵高是始作俑者，人们所熟知的“指鹿为马”的故实，就发生在赵高身上。但是，宦官作为一个群体，真正成了“大气候”，还是在以后，东汉与晚唐始臻其盛，至明王朝而集其大成。

明代宦官擅政，特别是到了魏忠贤当权，可谓登峰造极，故而有“最大的太监帝国”之称。前代的宦官专权祸国，只限在宫廷之内，到了明代，宦官的威权已经无远弗届，由帝座宫门延伸到整个社会。他们威福自恣，无恶不作，笞辱朝臣，草菅民命，生灵涂炭，至于万劫不复之境。正如有的史料所指出的：用宦官以监边则敌寇入，以之监矿则矿盗起，以之监税则民变作，以之监场、监珠则国库空，以之监军则军力弱，以之监民则民怨腾，以之御清则通敌，以之典镇则降贼。总之，明朝的宦官是“无所不监”，“无所不乱”！

当然，在明朝，这种阉宦政治的形成与发展，也有一个渐进的过程。从立国伊始太监并没有什么实权，发展到后来集军事、政治、人事、财经、外交权力于一体，大体上经历了上百年的时间。这期间，出了几个大阉，英宗时的王振，宪宗时的汪直，武宗时的刘瑾，熹宗时的魏忠贤。他们权势最大，威焰最烈，为害最深。

魏忠贤出身民家，目不识丁，却颇有胆略，又残忍无情，喜欢奉承，自以为是。年轻时与人赌博，输钱跑掉了，后来被人捉拿住，当时大受窘迫，一气之下，自行阉割。随后就投奔到掌管东厂的太监手下，通过阿谀取容、小心服侍，讨得了熹宗皇帝的欢心。又跟皇帝的奶妈客氏勾搭在一起，从而青云直上，气焰熏天，有人甚至称他“九千九百九十九岁”，和“万岁爷”只差一岁。他的权力之大，不仅能够随意迫害无辜臣民，而且竟然矫传圣旨，害死选侍赵氏、张裕妃、冯贵人等几位皇帝的嫔妃，甚至对皇后暗下毒手。

魏忠贤的阉党里有“五虎”、“五彪”、“十狗”、“十孩儿”、“四十孙”等，其中包括专门为他出谋划策的谋士，任职于厂、司，充当“鹰犬”的打手，还有一些外官和军队中丧心灭良的无耻之徒。此外，又从宫中选出三千名小太监，在禁中统一操练，习武，以备后日应急之用。他们凭借魏阉的权势，狼狈为奸，用刑逼供，设阱陷人，暗杀对头，残酷镇压所有反对过魏阉的官员；并在东厂和锦衣卫，设立多种名目，实行种种酷刑。还别出心裁地发明一种所谓“全刑”——对被关押者施行笞杖、枷锁、脚镣、手钮、夹棍、拶指（把手指挤掉）、压膝以及断脊、刺心、剥皮等各种酷刑。东厂内外，惨叫哀号之声，日夜不绝。一个个呼天抢地，痛不欲生，令人毛骨悚然。

魏阉依靠这些人，对所有得罪过他的人施行残酷的报复，既能使宫廷内外都感受到那种“顺我者生，逆我者亡”的豪强气派，为自己大树淫威；又为自己和同伙剪除了异己，报仇雪恨；而且，铲除异己之后，可以空余出许多官位，用来安插党羽、亲信，进而聚敛更多的财物，供其恣意挥霍，真是一举数得。

朝廷中各个衙门都要受到东厂和锦衣卫的监视。三法司会审大案要案时，必须有东厂人监审，叫做“听记”。每天各衙门发生了什么事，某官员干了些什么事，都有人向东厂报告。然后再把情报送进东华门，即使是深更半夜，提督太监也有办法送进内宫，到达皇帝手中。东厂的一项重要使命，就是对反对魏忠贤的官员一律施行残酷的镇压。当时有两个“直声素著”的大臣——杨涟和左光斗，上疏皇帝，弹劾魏忠贤，魏阉立即指使他的党羽，诬陷杨、左等人接受辽东经略熊廷弼的贿赂（其时，熊廷弼正身陷狱中），必欲置之于死地。一时闹得沸反盈天，群情震恐。凡是过去与杨、左有过关系的，都在跟踪、盯梢之列。因为害怕受到牵连，有人终日闭户不出，有的竟被迫自杀。杨涟和左光斗在狱中受尽了折磨，最后被迫害致死。杨涟死时，土囊压身，铁钉贯耳，惨酷之状，令人不堪目睹。

魏忠贤的侦缉、诬陷，都是事先经过周密策划，一步步实施的。他会同党羽拟出了许多黑名单，然后照单缉捕，逐个捉拿归案。在这种特务政治的威慑下，朝廷中一大批没有骨气的官员，趋炎附势，百般献媚邀宠，以求得晋升。

内阁宰辅顾秉谦，《明史》本传中说他“庸尘无耻”，“曲奉忠贤，若奴役然”。一次，他带领小儿子到魏府去，给大阉叩头请安，说：“本欲拜依膝下，恐不喜此白须儿，故令稚子认孙。”魏阉含笑点头。当时，这还是个小孩子，就被授以尚宝丞的官职。内阁中另一宰辅魏广微，与魏阉同乡同姓，开头自称“宗弟”，后又觉得不妥，便自认是魏忠贤的侄儿，一切有关魏阉事由，无不曲意逢迎。

时人称这些宰相为“魏家阁老”。阁老都属于魏家，其他六部九卿就更不在话下了。他们毫无廉耻地自称干儿，拜大阉为父，甚至自称义孙。有人曾写出《百子图演义》一书，以记其丑恶的“盛况”。从中可以看出明末官风士气败坏到何等程度。

二

明代，无疑是我国历史上一个十分重要的朝代。经济、科技的发展自不必说，单单说起人文荟萃、俊采风流来，我们的脑子里就会立刻浮现出许多令后人仰视、引以为骄傲的政治家、军事家、思想家、文艺家、科学家的名字，他们留下的宝贵精神财富，至今还在润泽着、滋养着我们。然而，也毋庸讳言，这个朝代确实又是中国历史上一个非常腐朽、没落、混乱的时代。翻开那二百七十六年的史页，特别是十六个皇帝的宫廷史，里面充满了上层统治集团内部的疯狂争夺、血腥搏斗。令人记起元代作家马东篱的散曲中所描绘的场景："蛩吟罢一觉才宁贴，鸡鸣时万事无休歇。争名利何年是彻？看密匝匝蚁排兵，乱纷纷蜂酿蜜，闹嚷嚷蝇争血。"真是乱糟糟一团，剪不断理还乱，看得人头昏脑涨，眼花缭乱。

当然，也还有三条线索可供把握：即皇位争夺、阁臣内讧、阉宦擅权。而无论是皇位争夺，还是阁臣内讧，都和阉宦的擅权和参与有着直接联系。三者紧紧地缠绕在一起，盘根错节，错综复杂。最高统治集团几乎把全部精力、大部分时间都花费在这上面，而使朝政日趋荒废，日益腐败，国势逐渐衰颓，直至灭亡。

这种荒政，这种朽局，这种颓势，似乎与虑远谋深、励精图治的开国皇帝朱元璋没有干系。表面地孤立地看，可以这样认为；但是，如果寻根溯源，就其发生发展的整体过程来考究，又不能不说，肇基于此。——就是说，有明二百多年的祸患，在高皇帝朱元璋那里，已经早早地埋下了根子。这一论断，似乎有点耸人听闻，实际上，却是凿凿有据的不刊之论。

朱元璋本为淮西地区一介平民，在元末烽烟遍地、群雄并起的情势下，因时乘势，叱咤纵横，十数年间，便实现了宇内一统，成就了煌煌帝业。万几之暇，他总是手不释卷，认真披阅史籍，并礼遇儒臣，共同研索长治久安之策，特别是对于帝王统治权术和保证权归帝座不使旁落的经验尤为关注。概括起来，包括四个方面：一是一切权力集中于皇帝，裁削相权；二是接受东汉末年和晚唐时期的沉痛教训，严防宦官干预朝政；三是惩戒历代的女宠之祸和外戚之乱，禁止母后临朝，不加封皇后本家；四是警惕藩镇叛乱，不预授武将兵权。就中尤以一、二两项最为重要。

明初的国家机构，基本上沿袭元朝体制，中书省的丞相权力很大。朱元璋考虑到，这很容易导致相府专恣、帝权旁落，因而于洪武十五年毅然撤销了中书省，罢除丞相，并使之制度化、绝对化。《明太祖实录》记载，他曾宣布一道铁的命令："以后嗣君并不许立丞相。臣下敢有奏请设立者，文武群臣即时劾奏，处以重刑。"丞相罢除后，设吏、户、礼、工、刑、兵六部，由皇帝统一管辖。这样，朱元璋便成了中国历史上空前的封建专制独裁者，擅权最甚、权力最大的帝王。

对于宦官干政，这位朱皇帝有着更为深远的忧虑。他起自民间，不仅耳闻目睹宦官为害之烈，而且从切身实践中认识到，"此曹（这类人）善者千百中不一二，恶者常千百，若用为耳目，即耳目蔽；用为心腹，即心腹病。驭之之道，在使之畏法，不可使有功。畏法则检束，有功则骄恣。"但是，防范"此曹"也有一定的难度。他说："阉寺之人，朝夕在人君左右，出入起居之际，声音笑貌，日接乎耳目，其小善小信，皆足以固结君心。"所以，君主很容易对他们产生好感，对之依恋与信赖，最后为阉宦所迷惑，所包围，所愚弄，所左右。而阉宦之“便嬖专忍，其本态也。苟一为所惑而不之省，将必假威福，窃权势，以干预政事。及其久也，遂至于不可抑，由是而乱阶多矣”。

有鉴于此，朱元璋主张阉宦数量必须大大削减，越少越好。为防范其越位干政，他规定宦官只供洒扫侍奉，“不许读书识字”，“不得兼外臣文武衔”，敕令百官不得与宦者有文书往来。据史书记载，洪武十年，“有内侍以久事内廷，泛言及朝政，即日斥还乡，终身不齿”。到了洪武十五年，朱元璋更明确地宣布：“内臣不得干预政事，预者斩。”还把它铸上铁牌，立于宫门前，使所有阉宦及文武百官一体周知，并垂戒于万世。应该说，认识是够深刻的了，防范措施也不为不力。可是，结果却大谬而不然。大概这也是“知之非艰，行之维艰”的一个佐证吧。严酷的现实总是为设言者摆出一系列难于跨越的矛盾。朱元璋当然也不例外。

他说阉宦这种人不宜多，可是，骄奢淫逸、安富尊荣的宫廷享乐生活，繁杂琐屑的内廷事务，决定了对于“此曹”的实际需要，人员不多也得多，机构不设也得设。洪武初年，宦官不及百人，二十几年过去，他还在位的时候，内官机构就已大大增加了，设有十二监、四司、八局，总称“宦官二十四衙门”，人员也随之增长了数倍；到了宪宗成化年间，“监局内臣，数以万计”；及至明末崇祯时期，已经多达七万人。

就亲政、勤政情况而论，历史上的皇帝可分为几种类型：像李后主、宋徽宗、明神宗那样，或者淫逸享乐，或者心有别骛，长期不理政事，算作一类；再一种是，主动过问朝政，也要有所作为，但毕竟比较超脱，所以暇豫也比较多；还有少数皇帝，像唐太宗、明太祖、清康熙帝那样，不仅勤于政事，宵衣旰食，同时还悉心读书，研讨治乱兴衰之道，当然是极为忙碌的。尤其是朱元璋，他集各种大权于一身，即使有丞相帮助，也仍然难于应付；何况，中书省废除了，丞相没有了，事事要亲自过问，成为名副其实的“日理万机”，自然就叫苦不迭了。那么，靠谁来帮忙呢？对于才智双全的文官武将，总有些放心不下；最后，还是找到了身旁的“不识之无”的宦者。

开始时，他只是让他们帮助处理一些日常事务，而后，随着“声音笑貌，日接乎耳目，其小善小信皆足以固结君心”，渐渐地又把一些属于政治活动的重要事项交付他们去办了。洪武之世，仅史书上记载的，就有派遣宦官赵成去河州以绫罗绮帛换马，让宦者吴诚到总兵官的行营里探观方略，甚至指令宦官随大臣出国访问等多起安排。只是由于当时管束甚严，尚未造成显著的危害罢了。

可是，一当他的儿子朱棣（明成祖）继承了帝统，情况便立刻发生了变化。在“靖难之役”中，当时还称燕王的朱棣，就是通过勾结宫中太监而掌握了建文帝的动向，此后，在围攻南京时，又靠着与宫内的太监里应外合取得了胜利，登上了皇帝的宝座。因此，朱棣夺位后，一方面抱着感恩心理，一方面又害怕得罪了宦官，会像建文帝那样被宦官出卖，故而不惜背叛祖训，曲意拉拢宦官。

《明史·刑法志》云：“初，成祖起北平，刺探宫中事，多以建文帝左右为耳目，故即位后专倚宦官，立东厂于东安门北，令嬖昵者提督之。”就是说，明成祖在建立特务机构的同时，专授宦官以权柄。这是一笔地地道道的政治交易。此后，他对于阉宦一直格外倚重，视为心腹，派其镇守边防，或者以监军身份监视各地的守将；至于派遣三宝太监郑和统率浩浩荡荡的船队七下西洋，更是中外皆知的事。迨至宣宗、英宗之世，宦官权力得到进一步的扩张；到明宪宗时，距离开国时间仅仅百年，就已经是“利源兵柄，尽以付之，犯法纵奸，一切容贷”；及至正德年间，太监刘瑾竟有“立皇帝”（明武宗是坐着的皇帝）的俗称；天启一朝的太监魏忠贤已经成了公认的“九千岁”（明熹宗是万岁爷），算是达到了权力的巅峰。明朝也因而成为历史上宦官专权最久、权势最盛的一个朝代。

“靡不有初，鲜克有终。”同宵衣旰食、朝乾夕惕的开国帝王形成鲜明的对照，越到后来，其继承者便越是趋于因循怠惰、荒淫腐化，这是中国每一个朝代都反复上演的一部回环曲。继位者得来容易，坐享其成，当然体会不到其先祖创业的艰辛，遂享乐深宫，不问政事，权柄往往委之于最亲信的宦官。于是，宦官的权力便得到了不断地扩张。

宣德年间，明代的第五任皇帝宣宗设立“内书堂”，以提高宦官文化水准，意在培养他们能秉承旨意，做个帮手，所谓秉笔太监。由于他还注意对太监的批文进行审查，当时的秉笔太监尚未敢夹杂私货；但是到了后来，他的子孙们就没了这份细致，为了腾出更多的时间淫逸享乐，干脆就撒手不管，宦官“遂得以逞其志矣”。

武宗时的宦官刘谨，遇一军人向其贿赂，他便批示：授某某官，转发兵部。兵部在批示上盖上大印，就成了正式任命文书，武宗则完全蒙在鼓里。至于熹宗，更是历史上有名的“顽童皇帝”，走马、戏水、做木匠，无所不能，就是不理朝政，因此，魏忠贤才能肆无忌惮，为所欲为。

阉宦的专权干政，引起了朝野上下许多有识之士的深深忧虑。宪宗时，庶吉士邹智在谏疏中讲：“高皇帝（明太祖）制阉寺（指宦官），惟给扫除，不及以政。近者旧章日坏，邪径日开，人主大权尽出其手。内倚之为相，外倚之为将，藩方倚之为镇抚，伶人贱工倚之以作奇技淫巧，法王佛子倚之以恣出入宫禁，此岂高皇帝所许哉!”真是义正词严，句句切中要害。无奈皇帝老倌儿根本不予理睬——高皇帝早已成了冢中枯骨，他“不许”又能怎的?

事态竟然发展到这个地步，当日高皇帝无论怎么头脑清醒，虑远谋深，恐怕也没有料到。对他而言，这真是一个绝大的讽刺。看来，事物的发展是不以人的意志为转移的，诚如民谚所说：“原本要跑向草原，结果却跌进了马厩。”事物的结局与初始的愿望恰相背反，这也是“文化悖论”中的一种表现形式吧?

根本问题在于没有法制作保证，法律、规章的制定完全取决于人主的个人意志，这是明代，也是历代宦官权力失控、擅政步步升级的根本原因。由于封建社会是人治而不是法治，统治者对制度、法律的确立与废除有很大的随意性，他完全可以根据自己的需要颁布新的律例，而不受包括祖训在内的一切制度的约束。于是，历史就上演了这样一幕讽刺剧：朱元璋最怕宦官专权，但恰恰是这个明朝，成为中国历史上宦官最有权势的时代，这不能不引起我们的深思。

三

台湾的作家兼学者柏杨在《中国人史纲》一书中指出，中国历史上有过三次“宦官的时代”：第一次是在公元二世纪的东汉时期，特别是从汉和帝到汉灵帝那一阶段。由于宦官帮助皇帝扑灭了外戚的擅权，遂逐渐参与朝政，并掌管禁军，从而握有独揽朝纲的实力。从公元159年十三个宦官先后封侯，正式以高级政府官员身份出现，到189年士大夫与外戚联合，除掉朝中全部宦官，前后达三十一年。第二次宦官时代，发生于公元九世纪的晚唐。宦官的权势大大超过东汉时期，他们依靠手中的军权，不但操纵了皇帝的废立，甚至皇帝的生死也都由他们来决定。第三次宦官时代发生在明朝，始于公元十五世纪三十年代宦官王振当权，终于十七世纪中叶明王朝覆亡。明代宦官之盛，历时最久，为害至钜，前后达二百多年，可说是空前绝后了。

清代入关之后，一切政制基本都因袭明朝，但惩于前朝的教训，对于宦官的管理，更加自觉更为严厉了。当时专门设立了内务府，确定太监归内务府管辖。这样，清代的太监就受到了一定的限制，虽然晚清期间也出了崔德贵、李莲英、小德张之流的弄权太监，但他们终竟没有刘瑾、魏忠贤那样的权势，和东汉、晚唐时期的宦官也有所不同。而内务府，由于它是流职，随时都在升迁流转，任职时间不长，所以它也不可能广树党羽，作恶多端。

历史上有一个规律性的现象，就是一些宫廷政变、皇室阴谋活动，往往都和宦官有关。这是衰微的社会和没落的统治集团的一大共同的弊害。由于封建帝制维护的是万世一系的“家天下”帝统，而不可能是天下为公，选贤任能，这就决定了皇室内部的血肉拼搏，刀光剑影，必然层出不穷。继统也好，夺嫡也好，立长也好，里面都直接关联着某一皇族、某些后妃、某些外戚，以至某些阁臣、某些阉宦的切身利益，直至荣枯兴废、生杀予夺的命运。发生于晚明时期的三大宫廷案件——“梃击案”、“红丸案”、“移宫案”集中地体现了这一点。

阉宦政治是封建专制主义集权政治的必然产物，是封建统治黑暗、腐朽的集中展现。如果把它比作一个恶性膨胀的毒瘤，那么，封建专制制度就是一具生长着各种病毒与细菌的腐尸。封建帝王为了巩固自己的权力、地位，必然要找一些他认为较之文武百官更为可靠的忠实奴才，放在自己的周围，并委之以重任。阉宦之流当然是他的首选。

而封建皇帝的荒淫无度的多妻制，则是阉宦制度得以出现的直接原因。汉代有的皇帝姬妾多达四万余人，以平均一个宦者服侍十人来计算，宫廷中至少需要四千多名宦官。到了明代，更是急剧增长，内监总数达到一万人，另外还有九千名宫女。为了侍候一个皇帝，居然要投入如此巨大的人力。换句话说，一个男人当皇帝了，就要剥夺一万个男人做男人的资格，剥夺九千名青春女子个人的幸福。所以，归根结底，这笔总账应该记在封建制度和封建帝王身上。不彻底铲除反动腐朽的封建制度，是不可能消除这种弊害的。

除了政治制度、社会环境的影响，宦官作恶，也同这个阶层的构成及其特定的人格、人性有着直接关系。宦官长年封禁在深宫之中，生活孤寂单调，枯燥无味，过着穷极无聊的日子。《明史》中说他们“饱食逸居，无所事事，多寝寐不安。又三五成群，饮酒掷骰，看纸牌，耍骨牌，下棋，打双陆，至二三更始散，方睡得着也。又有独自吃酒肉不下者，亦如前约聚，轮流办东，帮凑饮啖，所谈笑者皆鄙俚不堪之事。多有醉后纷争，小则骂僮仆以迁怒，大则变脸挥拳，将祖宗父母互相换骂”。

他们手中的资财来得容易，也用不着节省下来留给子孙后代，因而轻抛虚掷，挥霍成性。加之，身旁没有亲人、没有朋友、没有后嗣，眼前又看不到光明的前途，看不到生机与出路，自然就会形成性格的乖戾，心理的变态。这种人群，形体和心灵饱遭摧残之后，心理产生扭曲，直接的表现是恨多爱少，许多人都心怀仇恨与报复心理，变得阴暗、忮刻、狠毒、残暴，以至完全丧失人性；经常干一些有悖常情常理的事情。比如，他们一般对父母都刻薄寡恩，有的根本不认，甚至鞭笞毒打。

他们从小就低三下四地伺候人，或者干一些丧失人格的低贱之事，养成了奴颜婢膝、寡廉鲜耻、没有节操的品行；又兼看惯了宫廷中的相互仇杀、残酷斗争，只能攀援附势，在夹缝里生存，因而普遍形成一种奴性和畸形变态的人格。宦官没有什么文化，大都迷信固执，自卑多疑。有人就是因为无意中讲到“茶壶没把”、“秃驴没尾巴”、“猫狗尾巴短”等闲话，引起了阉宦的多心，而遭致杀身之祸。

那些得势的阉宦，享尽了人间富贵，常把不能御女引为终身憾恨，于是，就渴望恢复性能力。魏忠贤就曾杀过多名囚犯，吃了他们的脑髓。宦官高策为了恢复性能力，竟听信了术士所谓“童男的脑髓有效”的妄说，杀害了无数小孩，并食其脑髓。恶性劣行，不一而足。试想，由这样一个人群来当权执政，其后果如何还用问吗？

当然，这是就阉宦阶层的整体而言。在解剖阉宦政治这一毒瘤过程中，我们还须把少数当权的大太监和宫廷中广大的宦者加以区分。民间对于宦官，历来是没有好感的，说起他们来总是带有一种鄙视、轻蔑、憎恶的情绪。这主要来自于传统曲艺和现代影视作品，不能说没有根据。但客观地说，像刘瑾、魏忠贤那样聚敛资财、作威作福、横行霸道、祸国殃民的大憝元凶，终究是少数人；而大多数的普通宦者，还是受骗或者被迫进入宫中的，他们既没有弄权、贾祸的条件和地位，更非个个都具有罪恶的本性。他们从小时候，形体上就遭受惨酷的戕残，一辈子都过着非男非女、亦人亦鬼的凄苦日子，同样是充满兽性与罪恶的阉宦制度的受害者。

唐代诗人顾况有一首题为《囝》的四言古体诗，愤怒控诉对于年幼无知的儿童施行阉割手术的恶行：

囝生闽方，闽吏得之，乃绝其阳。
为臧为获，致金满屋；为髡为钳，如视草木。
天道无知，我罹其毒；神道无知，彼受其福。
郎罢别囝，吾悔生汝。及汝既生，人劝不举；
不从人言，果获是苦。囝别郎罢，心摧血下。
隔地绝天，及至黄泉，不得在郎罢前。

福建一带，习惯呼子为“囝”，父为“郎罢”。据柏杨译成的白话，全诗的大意是：“孩子啊，你生在穷乡／官员捉住你，把你损伤／为了进贡给皇帝，为了获得满屋金银／下狠心，把孩子带上刑具，当做猪羊／上天啊，你慈悲何在，使孩子遭此毒手／神明啊，你公正何在，使官员享福受赏／爸爸送别孩子：‘儿啊，我后悔生下你／当你初生时／人们都劝我不要抚养／我不忍心／果然你遭此悲惨下场——／’孩子告别爸爸，心已粉碎，流下血泪两行／‘爸爸啊，从此远隔天壤／直到死于黄泉／再见不到爹娘——’”

单从摧残人性这一点来说，阉宦政治这一毒瘤，也必须彻底地摘除。

建文帝、明成祖：
狮山梵影

在二十二年的皇帝生涯中，朱棣无时无刻不被他所夺权的侄子的疑踪搅扰着，弄得魂梦不宁，说来也是堪笑又堪悲的。而他为了清除异己，竟然持续十几年残杀无度，不仅斫丧了国家元气，而且在民族心理上造成剧烈创伤，以至毁坏了正气罡风，造成后来许多臣子只知明哲保身，顺时听命，持禄固宠，再也无心顾念社稷了。

一

说起彩云之南的风景名胜来，人们会滔滔不绝地讲滇池，讲大观楼，讲石林，讲西山，讲苍山洱海，讲西双版纳，可是，十有九人忽略了滇中北部的楚雄彝族自治州武定县的狮子山，令人不免有遗珠之憾。

其实，狮子山不仅自然风景绝佳，而且颇富人文价值。我在这里住了两天，仅仅看了三大景区中的一个角落，但已觉得充盈丰满，美不胜收。应该承认，这对一个景区来说，并不是很容易达到的。

若论幽邃、僻静，风景宜人，生态环境良好，绝少污染，同时又地处少数民族地区，这里很像川西北的黄龙山、九寨沟，也很像湘西的张家界。不同之处，是这里拥有十分丰富的历史积淀、人文景观，而且主要是围绕着一个传说遁入了空门的帝王的行止、出处展开的。这倒又一次为“天下名山僧占多”的说法提供了佐证。

狮子山在武定县城西南四公里，号称“西南第一山”，素有“雄奇古秀”之誉。在一百六十六平方公里的风景名胜区内，有四分之三面积覆盖着郁郁葱葱的长林古木，中间盘踞着一个硕大无朋的雄狮般的山峦，更显得气象非凡。

循着石级登上耸入云天的凭虚阁，但见翠海接天，不知何处是岸，一片白墙赭瓦的庞大建筑群，掩映其间。穿行在林海里，两侧有寒流啸壑，溪水潺潺，古树栖云，浓荫盖地。纵使外面溽暑炎蒸，燎肌炙肤，此地依然清爽异常，确是理想的避暑胜地。林间草地上，山花野卉，姹紫嫣红开遍，引逗得蝶舞蜂喧，把一个寂静的山陬，装点得霞拥锦簇，生意盎然。

山中的正续禅寺，始建于元武宗至大四年（公元 1311 年），其后于元延祐、明永乐、宣德年间又经过多次扩建、续建，遂使殿宇层层，依山错落，气势雄伟，颇具规模。但在明代中叶以前，对外似乎并没有产生太大的影响，文献中也很少记载。后来，由于明初流亡出走的建文帝朱允炆曾在此间避难多年的说法传播开来，遂使狮子山名闻遐迩，以致闹腾得沸沸扬扬，数百年持久不衰。

漫步山中，几乎随处可见据说在这里避难为僧的建文帝的踪迹。一进山门，就看到迎面照壁上绘有“建文逊国”故实的大型壁画。我以为，这不过是近些年随着旅游事业的开发，风景区管理部门特意找人绘制，用以吸引游人的，所以并没有怎么在意；可是，当走到大雄宝殿前，见到那株树龄五百余年、粗可五人合抱、标牌上注明“建文帝手植”的孔雀杉，就觉得非同凡响了。

在天王殿的南侧，还有一处名为“帝王居”的宅院，顾名思义，乃建文帝当年栖迟之地，院内也有他的手植柏。转到后山，在山半腰的林木葱茏处，隐约可见一处朴陋的建筑物，名曰“龙隐庵”，据说这里是明廷搜索期间这位流亡皇帝的临时避难所。

走着走着，陪同人员又引领我看了建文帝亲手栽培的白牡丹、虎头兰和木芍药。对于这些，我可就不肯轻易置信了。现在，受商品经济大潮的冲击，为了招揽游客，人们惯常在一些以古迹著称于世的旅游景点上弄虚作假，牵强附会，以致许多景物弄得不伦不类、非今非古、真假难分。说句心里话，对于这类做法，我是很反感的。

东道主可能察觉到了我的怀疑情绪，他随手打开背包，从里面抽出一本陈旧不堪、已被虫蚀多处的线装古籍，名为《纪我所知录》，作者为罗养儒。里面记载：“建文住正续寺亦积有年，乃于寺之佛殿前植木芍药二本”，“此花在云南颇少，唯见鹤庆之朝霞寺内有此佳种，建文当日或由迤西移其种而来也”。尽管这也属于古老传闻，但起码是流播久远，而且说得凿凿有据，总还称得上“一家之言”吧，我不能再作无谓的怀疑了。

最引人注目的是藏经楼下的帝王宫。有丹墀、品级阶、九龙口，完全按帝宫形制设置。宫内有塑像三尊，大小与真人相等。中间为建文帝，身披袈裟，双手合十；左右各塑一太监和老臣。藏经楼两侧有配殿，里面供奉着相传随建文帝出亡的护驾臣僚的牌位。

从一本名为《建文从亡十一先生记》的旧籍中得知，这座建筑物落成于清康熙七年，建文帝的塑像为同时作品。宫门抱柱上雕着两条夭矫的蟠龙，一条向上升腾，一条俯身下降，各臻其妙，栩栩如生。关于它们的寓意，当场我听到了两种解释：一种说法，两条龙分别隐喻抢班夺权、位登九五的朱棣与逊位出走、遁迹空门的朱允炆；另一种说法，象征着建文帝由天子沦为庶人的起伏经历。

二

帝王宫外的廊柱上嵌有三副长联，都是充满诗情、理趣、禅机的史家上乘之作。

其一曰：

> 僧为帝，帝亦为僧，四十载衣钵相传，正觉依然皇觉旧；
>
> 叔负侄，侄不负叔，八千里芒鞋徒步，狮山更比燕山高。

寥寥四十二字，概括了明初朱元璋、朱棣、朱允炆祖孙、叔侄三代君王的行藏、史迹与传说。

上联说的是祖父和孙儿。所谓“僧为帝”，是指朱元璋。他家世贫苦，十七岁，在故乡投皇觉寺为僧，手持木鱼、瓦钵游方化缘，过了三年“乞丐”生涯，又回到寺里。此时，皇觉寺已遭火毁，在走投无路的情况下，投奔濠州郭子兴起义军，以骁勇机智为子兴所器重。朱元璋善于用兵，战功卓著。经过十几年的征伐，一步步扩充实力，剪除群雄，略地南北，扑灭元朝，于公元1368年在应天府即皇帝位，国号大明。

为了巩固皇权，保持朱家天下的万世一系，朱元璋可说是“机关算尽”，煞费苦心。他既担心故元王朝的地主官员对他不服，更害怕一同起事的文臣武将怀有二心。于是，从洪武五年开始，连续颁布申戒群臣的《铁榜文》、《资世通训》、《臣戒录》、《志戒录》，篡录历代诸侯王、宗戚、宦官之属悖逆不道者数百余事，遍赐群臣，使知所鉴戒。

这充分说明，他对臣下一直是心存戒虑，防范甚严的。他不光是言者，而且是行者。先后兴起胡惟庸、李善长、蓝玉三起大狱，株连文武臣僚被诛杀者近四万人。大案而外，一些开国功臣也被相继剪除，或被明令处置，或遭暗中毒害，绝大多数都不得善终。

与此相对应，是建立了皇室分封制度，分封诸皇子在各地称王。目的在于依靠朱氏子孙辅翼王室，以确保朱明王朝的长治久安。而这一手，恰恰为日后的皇室争权，埋伏下了隐患。

明初，封建诸王分内外两线，有的分封在内线，如太原的晋王、西安的秦王、青州的齐王、开封的周王等；还有九个藩王分封到边塞前沿，主要是防止境外的事变，其中以燕王朱棣势力为最强大。允许诸王在其封地建立王府，交给他们一支护卫军和指挥当地驻军的权力，以监视和控制各地的异姓臣僚。兵力多者达万余人，有的甚至“带甲八万，战车六千”。燕王、秦王、晋王都曾屡次带兵出征，节制沿边诸将，威权日重。

洪武九年，训导叶居升曾直言进谏，说：当前，朝廷赋予诸侯王的权力过大，要警惕出现下强上弱，尾大不掉的局面。现在就应早作措置；否则，等出现离心倾向时再去减地削权，便会引起诸王的怨恨与反抗，像汉朝的七国、西晋的八王那样，或据险自守与朝廷抗衡，或率兵入京制造叛乱，到那时就无法控制了。不要认为，这些人都是皇子，不会干出这种事来。七国诸侯王于汉景帝皆为至亲，不是照样兴兵作乱吗？由此可见，分封制弊端甚多，希望皇上及早采取救治的措施。

应该说，这一建议是非常富有远见的，而且提得正是时候。可是，刚愎自用、一意孤行的朱元璋，听了之后却愤怒异常，认为叶居升心怀叵测，有意挑拨关系、制造混乱。大嚷大叫，一定要把他杀死。最后，叶居升终于被击死狱中，此后，就再也无人敢于进谏分封诸王之事了。

三

明太祖有子二十六人。太子朱标温文尔雅，赋性仁厚。朱元璋觉得他有些柔弱，有意识地让他处理一些复杂事务。这样，就更明显地看出，父子两人为政之道，差异甚大。老皇帝主张以猛治国，通过严刑酷法来威慑官民；而太子却主张仁政爱民，认为杀人越少越好。

一次，他向太祖进谏说："陛下杀人过滥，恐伤和气。"朱元璋没有做声。第二天，父子俩在东阁外闲步，朱元璋故意把一条带刺的手杖扔在道上，叫朱标把它捡起来。朱标面有难色。朱元璋说："你害怕手杖有刺不敢拿，我把这些刺先给你削光了，再交给你，岂不更好。"

眼看着"手杖"上的刺削得差不多了，不料，太子朱标竟一病不起。这时，太祖已经六十四岁了。究竟传位给谁，一时竟没有了主意。他认为四子朱棣沉雄、果断，颇有父风，有心立为太子，但群臣中多持异议。理由是，朱棣前面还有两个兄长，弃兄立弟，于礼不通。其实，更大的障碍还是，朱棣本系庶出，其生母是高丽国进贡给太祖的一个妃子。按照正统观念，入继皇位的必须是皇后所生的嫡子。

既然皇子中没有办法安排，事出无奈，只好把太子朱标的儿子、十六岁的朱允炆册立为皇太孙。朱元璋也料到了诸叔王未必服气，便特意编写一部《永鉴录》，教育诸王安分守已，顾全大局；又颁布了《皇明祖训》，把皇帝与诸藩王、臣下所应恪守与不该做的事，规定得一清二楚，还提出，皇亲中如果发现谋逆之事，格杀勿论。

但是，这一切终究是纸上文章，一当他撒手红尘，任何约束力也就化为乌有了。诸叔王凭借手中的雄厚实力，言多不敬，行辄越法，根本不把这个年轻、文弱的小皇帝放在眼里。特别是燕王朱棣，从青年时代起，即跟随父亲驰驱疆场，战功卓著，成为诸王中的实力派、佼佼者，对于朱允炆的帝位造成了严重威胁。

早在太祖册立皇太孙那天，诸王都按时侍立两侧，唯独燕王朱棣姗姗来迟，到了之后，又重重地拍打着皇太孙说："我这个侄儿真是幸运啊！"受到了太祖的严厉斥责。朱允炆即皇帝位，群臣入宫朝贺，朱棣竟无视礼法，从皇帝专用御道上殿，而且不叩不拜。

监察御史曾凤韶以"大不敬"罪弹劾燕王，建文帝却说，都是亲人，不必追究了。户部侍郎卓敬密奏建文帝说，燕王才智过人，酷似先帝。而北平向为强悍民族聚居之地，金、元两朝都从北平发迹。应速将燕王改封到南昌，以绝后患。建文帝还是不以为然，说，"燕王与我乃亲生骨肉，何至于此！"

但是，形势毕竟是异常严峻的。面对诸叔王特别是燕王声威日烈、步步进逼的局面，建文帝也日益感到问题的严重。燕王返回北平后，建文帝即派都督耿瓛掌管北平都司业务，又安排都御史景清为北平布政司参议，都是为了监视燕王府的动静。当事态进一步发展后，他便接受齐泰、黄子澄等谋士的意见，颁布了削夺诸藩的诏令。于是，燕王朱棣借口奸臣跋扈，朝廷孤立，社稷危亡，援引《皇明祖训》，以“清君侧”为由，入京“靖难”。从而爆发了一场持续四年之久的争夺皇位的内战，史称“靖难之役”。

朱棣攻占南京，登了帝位，建文帝下落不明。《明史》记载：“都城陷，宫中火起，帝不知所终”；“或云帝由地道出亡。自后，滇、黔、巴、蜀间，相传有帝为僧时往来迹。”而成书早于《明史》八十多年的《明史纪事本末》则记为：建文帝从地道出逃，一些随从人员从水关出城。鉴于多人聚集多有不便，只留三人在建文帝身边。他们乘船经吴江、京口，过六合，而后陆行，取道襄阳，最后到了滇南，又西游重庆，东到天台，转入祥符，侨居西粤，经常往来于云贵之间。

明末著名史学家谈迁在《国榷》中记载，燕兵攻破南京金川门后，建文帝束手无策，想蹈火而亡。这时，翰林院编修程济从奉先殿后取出一个铁条箍紧的匣子，说：“太祖生前嘱咐：太孙日后临大难时，可打开此匣，以找出解救办法。”建文帝忙叫人打开，只见匣子里装的全是和尚的用品，有剃度用的工具，还有两副袈裟、两副度牒。建文帝悲叹道：这是运数已尽啊！于是，抓紧剃去头发，穿上僧服，乘夜逃出聚宝门。整个亡命过程中，建文始终都是以僧人身份出现的。联语中说的“帝亦为僧”，本此。

乃祖僧为帝，阿孙帝作僧。这倒不是朱家与佛门有特殊的夙缘，更非一场简单的历史性游戏，其间存在着制度方面的深层的种因。那位以撰写大观楼一百八十字长联闻名于世的清代诗人孙髯翁，在《登狮子山吊建文帝》一诗中，有“滁阳一旅兴王易，建业千官继统难”之句，说的是朱元璋创业有方而交班无术，凭吊兴亡，寄慨遥深。

清代大诗人、史学家赵翼则从更深层次上进行剖析，在《金川门》一诗中有句云：“乃留弱干制强枝，召乱本由洪武起”，“岂知衅即起萧墙，臂小何能使巨指”。明确地指出，肇祸的根源乃在朱元璋身上，正是分封诸王制度造成了干弱枝强、指大于臂，最后，祸起萧墙，无法收拾。

联语中“正觉依然皇觉旧”，分别讲了孙儿与祖父出家的场所。建文帝避难滇中，在正续寺为僧，“正觉”是对正续寺的隐括。联语作者拉出它来与明太祖早年出家的皇觉寺相提并论，一个庙貌“依然”，一个已经“破旧”，看来也不是闲笔，里面似乎隐寓着褒贬的意味，反映出一定的倾向性。

四

“寓褒贬，别善恶”，在下联就更加明显了。下联是扯出叔侄来加以评断。燕王朱棣从侄儿手中夺取了皇位，因此，联语中“叔负侄”云云，容易理解。那么，“侄不负叔”又当作何解释呢？我以为，这里至少有两方面的根据：

燕王朱棣起兵后，曾多次遭遇危险的处境。建文三年三月的一天，在保定的夹河，燕王的军队再次败在大将盛庸手下，黄昏时节，走投无路的朱棣率领十几名骑兵竟误入盛庸的营地，被朝廷的军队团团围住，如果此时断然加以解决，那么，所谓“靖难之役”也就灯吹火灭了；但是，当时竟没有一个人前去抓捕和伤害燕王，这是因为建文帝事先向部队作过交代，双方交战，不可伤害燕王，以免背上杀害叔父的恶名。结果，燕王得以安然脱险。此其一；

其二，当燕王的“靖难”军攻入京师时，建文帝尽管逃身在外，也还是有一定的抵抗实力的。其时，江南一带基本上还是他的天下，辽东仍控制在朝廷手中，孙岳、铁铉、梅殷等几个心腹重臣分别据守凤阳、山东、淮上，旦夕间即可开赴京师，举兵勤王。民间有个说法，建文帝为了解除内战中黎民之苦而甘愿逊位于叔父。这当然是臆测之说。但是，二百四十二年后，南明福王就曾称之为“让皇帝”，并正式追谥建文为惠宗，其后，清乾隆帝又追谥为惠帝，也似乎为此种说法提供了一个佐证。

“四十载衣钵相传”，讲的是祖孙递嬗，太祖在位三十一年，建文帝在位四年，“四十载”是取其概数。这是从时间上纵论；而“八千里芒鞋徒步”，则是从空间上展开。“八千里路云和月”，形容建文帝的亡命生涯，征程迢递，远哉遥遥。

从史书记载中得知，关于建文帝的下落，最先是由明成祖朱棣一锤定音的。他在登基之后给朝鲜国王的诏书上是这样写的：“建文为权奸逼胁，阖宫自焚”。后来，官修明史便据此作了记载。在朱棣看来，若是建文帝真的死于宫中大火，这当然是最理想不过的。不仅可以减轻他继承大统时制度上的约束和舆论上的压力，而且，也消除了前朝复辟的后顾之忧。因为他比谁都清楚，只要这个皇侄还活在世上，就无异于悄然竖起一面神圣的旗帜，在他的皇帝宝座旁埋下一颗威力强大的定时炸弹，对他的皇权统治随时都会构成威胁。

为了遮人耳目，进一步坐实建文已死这件事，他又编演了一场“辍朝三日，遣官致祭”的把戏。但这显然又引起了更多的人疑窦丛生，因为要“致祭”，就总得有建文的陵寝，要有御制的碑铭。可是，这些全都没有。明末崇祯年间，曾有人上疏请将建文帝入祀，崇祯就说：“建文无陵，从何处祭？”

实际上，朱棣本人也并不相信建文帝已经死去。为了寻觅这个皇侄的踪迹，他处心积虑几十年，寝不安眠，食不甘味。他在永乐三年派遣郑和下西洋，目的之一就是在域外查探建文帝的下落。《明史》上说，“成祖疑惠帝亡海外，欲踪迹之”。

从永乐五年开始，又派遣户科都给事中（相当于现在的公安部长）胡濙以颁布御制诸书和访察仙人张三丰为名，遍行天下州郡乡邑，暗察建文藏身之地，前后两段在外奔波了十五年。为了同样的目的，成祖曾多次命礼部榜示天下，申明僧侣、道人“俾守清规，违者必诛”；还以对照度牒的办法，对出家人严加巡查。

《明史·胡濙传》载，永乐二十一年，胡濙还朝，紧急谒见皇帝，当时成祖已经就寝，听说胡濙到了，赶忙穿上衣服，召他入内。胡濙就把访察建文帝的情况作了报告，直到漏下四鼓才出来。究竟是什么内容，君臣竟谈了这么长时间？史书上没有明说。只是交代了这个情节：此前，传言建文帝蹈海去，现在才解除了疑虑。

我们可以据此推想：是不是掌握了建文帝已经死去的信息？或者，虽然建文帝尚在人世，但已寄迹佛禅，无心俗务，或因健康状况不佳，总之，对朝廷已不再构成威胁了。否则，朱棣何以“至是疑始释”呢？一年后，朱棣即病死于北伐途中。

在二十二年的皇帝生涯中，朱棣无时无刻不被这个侄子的疑踪搅扰着，说来也是堪笑又堪悲的。

五

至于建文帝究竟逃亡到了哪里，至今史学界也没有定论，可说是聚讼纷纭，莫衷一是。有的主张“在近不在远”。上海学者徐作生先生通过多年实地勘查，并研究大量文献资料，认定建文帝一直藏身于苏州吴县的穹窿山皇驾庵，其庇护人竟是曾辅佐朱棣得天下的和尚道衍（即姚广孝），有皇驾庵的碑刻资料为证；并考证，穹窿山拈花寺后半山坡上的当地人所称的“皇坟”，即建文帝的陵墓。有的则坚持“流落滇黔说”，认为武定狮子山即定居地之一。

我在武定访问期间，为了揭开这个历史上的疑团，或者说，要为“流落滇黔说”多找到一些史证，曾走访了当地的史志办、图书馆，翻阅了大量文献资料，可惜所获甚微。其中较有价值的，是清初《武定府志》的记载：“帝（建文）乃先入蜀，未几，入滇。虽往来广西、贵州诸寺，止于狮子山正续寺者数十年”。清乾隆时檀萃著《武定凤氏本末》一书，也有“让帝遁荒至滇，黔国公送之凤氏所”的记述。但即使这些资料，也都是事隔二三百年之后的往事钩沉了。

资料缺乏，载记寥寥，这原是容易理解的。鲁迅先生早就说过，过去的历史向来都是胜利者的历史，失败者如果不遭到痛骂，也要湮没无闻。何况，有明一代，以至清初，很多时间它都被当做一个异常敏感的政治问题。不过，就我闻见所及，痛骂建文帝的还没有，这对这位倒霉的流亡皇帝来说，也算是够幸运的了。

我从史书及方志中抄录了一些传说是建文帝遁迹禅林后的诗篇。其中有这样一首七律：

阅罢楞严磬懒敲，笑看黄屋寄云标。
南来瘴岭千层迥，北望天门万里遥。
款段久忘金凤辇，袈裟新换衮龙袍。
百官此日知何处，惟有群乌早晚朝。

当是初入空门时所作。尽管诗的文学价值不高，但确是一种真情的流泻。

那天，我漫步在狮子山的林间小径上，目注隐现在“云标”中的寺庙，默诵着建文帝的述怀之作，觉得他虽然已经侧身缁流，但对于往日的凤辇龙袍、早朝陛见，仍然流露出丝丝缕缕的眷恋，未能完全释然于怀。

后来，这位流亡皇帝经过南北东西的流离颠沛，沧海惯经，风霜历尽，百般磨折过去，世事从头数来，虽然未能如太上之忘情，脑子里有时仍然浮现着朝元阁、长乐宫的影子，但一切一切毕竟已经是梦幻、泡影了。这种情怀，充分反映在他的晚期的诗作中：

牢落西南四十秋，萧萧白发已盈头。
乾坤有恨家何在，江汉无情水自流。
长乐宫中云气散，朝元阁上雨声收。
新蒲细柳年年绿，野老吞声哭未休。

忽忽几十年过去了，松风吹白了鬓发，山溪涤荡着尘襟。“绝顶楼台人倦后，满堂袍笏戏阑时”。旧梦如烟，岂堪回首；风光不再，漏尽灯残。漫步山野间，这位白头老衲不禁慨然低吟：

杖锡来游岁月深，山云水月傍闲吟。
尘心消尽无些子，不受人间物色侵。

这里与其说杂有某些颓唐之气，毋宁说是翻过筋斗、勘透机锋之后的一种智慧与超拔，是经过大起大落的一种高扬的澄静。

后人也许正是根据这番诗意，撰写了一副对联刻在“建文祠阁”的廊柱上：

沧桑变太奇，可怜一瓶一钵一袈裟，忽忽把君王老了，直到那华发盈头，面目全非，听夜静钟声，皇觉始归正觉；

黄粱梦已醒，回忆走东走西走南北，处处都荆棘丛生，何如这昙云满地，庄严自在，看潭澄月影，帝心默认禅心。

六

由于建文帝的下落是个极为尖锐、敏感的政治问题，永乐年间被视为一个禁区。当时，本来知情者大有人在，但是，正如后代诗人写到的，“国初杀气浑不除，越三十年还相屠”，刀光血影中，人人都不寒而栗，噤若霜蝉。

明代中期以后，随着形势的变化和朝廷注意力由内向外的转移，诛杀较少，禁网渐疏，加上朱棣的后代已不再担心流亡皇帝会复辟，于是，士大夫中开始有人议论建文轶事；到了第十一代皇帝武宗临朝之后，甚至有人上疏请求为建文帝追加庙号、谥号。据《明实录》载，万历二年十月，神宗皇帝御临文华殿，曾与辅臣张居正谈论起建文帝的下落问题。说明此事已正式开禁。

正是在这个前后，记载建文帝行止的书也陆续出现。传闻明成化年间，浙江松阳县人王诏闲游吴中治平寺，听到寺内转轮藏上嗦有声，遂上去查看，原来是几只老鼠在啃一本旧书，翻开一看，里面载有随建文帝出亡的二十几位旧臣的轶事。王诏怜其孤忠，在每人事迹之前各加数句赞语，题名为《忠贤奇秘录》，刊行于世。

到了万历年间，又传出署名史仲彬的《致身录》，记载了建文帝南京出走后亡命西南的经过。其他还有《建文朝野汇编》、《罪惟录》等多种。其中，集大成者为刊行于顺治十五年的《明史纪事本末》，以专门一章系统记述了建文帝出亡过程和流落西南各地的行迹。因为作者谷应泰是清初官员，又是一位颇有成就的史学家，而且这部书又是以正史面目出现的，所以，传播甚广，影响颇大。

但是，到了康熙十二年冬反清事件“朱三太子案”出现后，人们又开始讳言其事。清初，流传明崇祯帝第三子尚在民间，一些人即以“朱三太子”为号召，举兵反清。京师有个叫杨起隆的人，诈称他就是“朱三太子”，组织旗下奴仆、佃户，密谋起事。因事机漏泄，为清廷镇压，杨起隆逃匿。

康熙十九年、四十年，先后又在陕西和江浙，发现诈称与拥立“朱三太子”者，闹得假假真真，使清廷大伤脑筋。这在当时是绝对忌讳的。因为如果有明室的嫡裔子孙在，就可以系故臣遗民之望，可以为反抗新朝者资为号召。所以清廷一经发现，便断为伪冒，而格杀勿论。议论建文之事，颇有借古喻今之嫌，因此，人们都避开这一话题；有的甚至进而直接指斥“建文出亡说”之谬妄，以适应当时政治的需要。

康熙十八年诏修明史，自然会受到这方面的影响。王鸿绪在《明史稿》及《史例议》中，大放厥词以谄媚时君，明史馆修撰之臣也希旨迎合，认定建文帝焚死宫内，绝无逃匿之可能，都与此有直接关系。

到了乾隆末叶，明亡已逾百年，所谓“朱三太子”被获处死也过去了六十多年，朝廷已不再担心明室嫡裔复辟的事，于是在乾隆四十二年，诏改明史本纪，把“建文焚死”改为“棣（永乐帝）遣中使出后（马皇后）尸于火，诡言帝尸”。这样，文士们才又旧话重提。乾嘉之际的赵翼在《金门川怀古》诗中，有“一领袈裟宵出窦，九江纨绮夜翻城”，“从亡芒履千山险，骈戮欧刀十族空”之句，坐定了建文出亡之事，并敢于议论明成祖惨酷杀戮建文遗臣的暴政，即是明证。

七

联语中“狮山更比燕山高”一语，寓意十分丰富而深刻。它涉及建文帝与永乐帝的历史评价问题。由于作者认定建文帝匿迹武定狮子山，所以，这里以“狮山”借代建文，而“燕山”则指的是永乐。

这种句法原是从唐宋诗人那里学来的。唐人罗隐评价光武帝与严子陵，有“世祖升遐夫子死，原陵不及钓台高”的诗句。范仲淹则把东汉开国功臣拉出来和严子陵对比，结论是：“世祖功臣三十六，云台争似钓台高!”这些诗句，都是通过对严子陵那种不慕名利、淡泊自甘的风范的颂扬，体现出浓重的士大夫自命清高、浮云富贵、粪土王侯的思想感情。联语中揄扬退位隐居的建文，而贬抑攘权窃位的永乐，与此有一定关系。

中国自古以来，就有崇尚隐逸的传统。几千年前的《易经》上就讲，“肥（飞）遁，无不利”；“不事王侯，高尚其事”。特别是庄子，系统地宣扬了隐逸思想。他最先阐发了对后世发生极大影响的“身外之物”论。他说，外物偶然到来，只是寄托，寄托的东西，来时不能阻挡，去时不能挽留。可是，人们并不懂得这个道理，“寄去则不乐”。因此，他感喟地说：“今世俗之君子，多危身弃生以殉物，岂不悲哉!”

庄子为人们描绘了一幅热衷权势者的画像：权到手了战战兢兢，权势丢了痛哭流涕；睡了做噩梦，醒着不安宁。磨墨墨磨，弄权权弄。究竟是人在当官，还是官在磨人？这种隐逸思想文化的确立，正是泥涂轩冕、归钓江湖的严子陵被历代文人捧得那么高的社会思想背景，也是关于建文帝的这幅联语的意蕴所在。

由于这副联语是悬置于正续禅寺的，因此，它对于是非、高下的判定，必然考虑到佛禅的“红尘觉悟”。佛家认为，功名富贵不过是因缘和合的一种偶遇，用终极关怀的眼光看，并不具备真正价值和实际意义。建文帝王冠落地，遁入空门，由大起大落而大彻大悟，在佛家看来，当然要比不择手段地追逐权位的永乐帝高超百倍。

如果不从庄、禅的角度，而是就史论史，专从事件本身来考究，联语中的结论也可说是“言之成理，持之有故”的。

据明史记载，朱允炆继位之后颇有一番作为，深得人心。他“天资仁厚”，“亲贤好学”，对祖父的诛戮功臣、雄猜忌刻，一直持有异议；亲政之后有意识地调整那种君主集权政治，注重发挥臣下作用，提高文臣地位；同时诏行宽刑薄赋，举遗贤，兴教化，重农桑，赈饥民。这一系列的兴革措置，为长期生活在高压、紧张的政治环境里的官民，提供了一种宽松、温煦的气氛，一时道化融洽，万民称治。不期这位颇得人心的青年皇帝，只维持了四年统治，就横遭惨败，饮恨终生，自然引起了当时和后世许多人的同情与怀念。

明乎此，就容易理解：当朱棣挥师进入南京后，为什么朝中诸臣拒不降燕，战死及自杀者那么多，仅弃官逃走的就有四百六十多人。许多人无视酷刑峻法，甘冒斧钺之诛，抗命不屈，死得极为惨烈。史称，“建文诸臣，三千同周武之心，五百尽田横之客”。所表现的气节，简直比改朝换代、异姓称王还要厉害。

对此，明代诗人朱鹭借凭吊死难遗臣方孝孺作了真实的描述：

> 四年宽政解严霜，天命虽新岂忍忘！
> 自分一腔忠血少，尽将赤族报君王。

而对于朱棣，在明清两代文人中则多有微词。人们当会记得，吴敬梓在《儒林外史》中曾借一位儒士之口，说：“本朝天下要同孔夫子的周朝一样好的，就为出了个永乐帝，就弄坏了。”不仅朱棣本人，就连受他器重、辅佐他“靖难”夺位的僧道衍（姚广孝）也遭到了时人的非议与厌弃。

据《明史》和《逃虚子集》记载，由于道衍助“桀”为虐，滥杀无辜，在他贵登高位之后，回到家乡吴县去拜望姐姐，姐姐却闭门不纳。访问老朋友王宾，王宾也不肯相见，只是站得远远的，连声说道："和尚误矣，和尚误矣！"亲人、朋友的鄙视和冷漠，使他的心灵受到强烈的震撼，此后便不再参政，潜心遁迹佛门。

传说，在他的晚年还曾保护过逃匿在外的建文帝。但明朝的后世君臣对他仍无好感。嘉靖年间，明世宗以"姚广孝系释氏之徒，恐不足尊敬祖宗"为由，将他的牌位从太庙中搬出。

说句公道话，无论如何，永乐帝在历史上还算得一位英主。他继承太祖的基业，巩固了明王朝的统治。同时，坚持"怀柔远人"的方针，力求与周邻国家和睦相处，避免战祸，进而成功地建立了经济与政治的联系。他的名字将与郑和下西洋、营建北京城、修纂《永乐大典》的丰功盛烈同其千古。而且，我们评议历史人物的功过是非，既不应感情用事，也不能囿于封建伦理。无论叔侄哪个作了皇帝，应该说，都是代表封建地主阶级掌权，代表反动统治者利益的。

八

这里想要指出的是，永乐朝的弊政为后世提供了许多深刻的教训。成祖之失，一是晚年一意北征，劳师耗饷，招致边境不宁；一是信用宦官，为政苛猛。永乐帝为侦察臣民的行动，除加强原有的锦衣卫外，又设置东厂，交由宦官掌管，秘密侦察朝内外官员动静，阁臣一切活动，都由宦官秘密陈报；甚至派遣宦官赴外地监军，以防范驻防军将专权。

但是，最大的最不能令人原谅的过失，还是夺位之后，对建文遗臣和所有的逆命之士，大开杀戒，滥用酷刑，从开国元勋、硕儒、宿将，到诸司官吏、州县衙役，一直到平民百姓，凡有牵连，就要满门抄斩，甚至诛灭九族，转相攀染，村里为墟，直杀得朝野震怖，四海惊心，因而不免受到后世的强烈谴责。

据史料记载，建文帝有两个儿子，长子文奎在靖难之役中失踪；次子文圭当时仅仅两岁，但朱棣也不放过，告诉太监将他幽闭起来，只许喂饭，不许教他说话，让他成为会喘气的废物。结果，监禁了五十五年，出狱时文圭果真成了白痴。建文帝的三个弟弟，有两个死于凤阳的牢狱，另一个由朱棣授意他人纵火，被烧死在家中。

朱棣在夺取皇位之后，有案可查的共杀戮了一万四千多人，而且，手段也非常残忍。胡闰被剥皮；铁铉被油炸；景清不仅本人被敲牙、割舌、剥皮，九族也被诛灭无遗，连同村的人都全遭屠戮，这便是历史上所说的“瓜蔓抄”。以文章、理学名世，人称“正学先生”的方孝孺，由于不肯为朱棣起草即位诏书，并号啕大哭，掷笔痛骂，先被削掉下颏、割断舌头，后又千刀万剐，并被诛灭九族及其门生，号为十族，共处死八百七十三人。

罪人的妻女则被发付到教坊去作妓女。一般的娼妓是静候嫖客，而她们按照永乐定法，需要不断“转营”，每个兵营里都要住上几天，以便被尽可能多的男性糟蹋。生出孩子来，被称为“小龟子”和“淫贱材儿”，更要遭受非人的待遇。对前朝逆命之臣及其遗属，竟施以如此惨酷、如此残暴的惩罚，在中外历史上都是少见的。

持续十几年的血腥屠杀，不仅斫丧了国家元气，而且在民族心理上造成了剧烈的创伤，以至清初有人总结明亡教训时，把这作为一个缘由。他们认为，由于朱棣残杀无度，毁坏了正气罡风，造成后来许多臣子只知明哲保身，顺时听命，持禄固宠，再也无心顾念社稷了。

离开武定狮子山，已经三个月了。每当记起有关建文帝的种种传说和后人对明初这场惨烈的流血斗争的评判，我总觉得，西哲的那句名言："历史，就是耐心等待被虐待者获救的福音。"确是有些道理。

清太祖：
一代雄杰　百年盛业

一切民族和国家，军事、政治上的胜负成败，突出地表现在定都、迁都的措置上。这一重大问题的妥善处理，需要最高决策人具备战略的眼光、卓绝的识见。努尔哈赤在挥师猛进、战胜攻取的同时，因势利导，建都迁都，时刻不忘建立巩固的后方，像爱护眼珠一样，牢牢地守护着他的“源头”。这个战略思想，终清之世，得到了继承与发展。

一

辽东山区的滚马岭，浓荫密布，万木葱茏，这里那里——其实不知是从哪里——渗出了涓滴的水线，穿出山体，越过峭岩，潜入丛莽，由开始的纤纤一脉最后化为滚滚滔滔、浩浩荡荡的浑河。浑河古称沈水，水北曰阳，沈阳以其在浑河之北而得名。

古籍《荀子》中说，江“始出也，其源可以滥觞”。意思是，长江源头的水量甚小，仅仅能够浮起酒杯来。浑河源头也正是这样。站在竖有“浑河之源”碑石的旁边，我蹲下身子，双手捧起清湛得可以辨形鉴影的泉流，猛劲地喝了几口，觉得清爽、甘甜，还带着丝丝凉意。至于志书上所记载的："浑河以其水势湍激，泥土混流而得名"，乃是下游的情况。难怪古人说："在山泉水清，出山泉水浊"啊。当时，即兴吟了两首七绝：

意绪飘岚入莽苍，高山流水翠云廊。
涓涓不弃成江海，始觉源头意味长。

穿林破嶂不栖迟，矢志南奔似有知。
物理人情通一体，滔滔沈水是良师。

浑河上游，原是满族以及清王朝的肇基之地。翻开一部清前史，人们会注意到，中国历史上杰出的政治家、军事家、满族的民族英雄努尔哈赤创建后金的整个历程，不仅同浑河流域紧密地联系在一起，可说是结下了不解之缘；而且，它的由小到大，由弱到强，战胜了重重险阻，一路由东向西、由北向南，矢志不移，锐意扩展的进程，恰同浑河从源到流，步步向西、向南，最后奔流入海，一模一样。——这当然是巧合了。

二

满族从古代的肃慎、中世的女真发展而来。努尔哈赤一支起身于建州女真，十四世纪中叶，这支人马从牡丹江流域迁到了辽东山区的浑河上游一带定居下来。他的祖父和父亲皆以女真部首领世袭明朝的建州左卫指挥使，他们一贯忠于职守，岁时朝贡，同朝廷保持着良好的依附关系。明嘉靖三十八年（公元 1559 年），努尔哈赤出生在浑河主要支流苏子河畔的费阿拉（一说赫图阿拉），从小就喜欢读《三国演义》和《水浒传》，受汉文化的影响比较深。他通过采集山货和参与马市贸易，结识当地许多汉人，学得多方面知识，熟悉辽东山川地理、风物人情。

万历十一年（1583 年），努尔哈赤的祖父和父亲在一次战役中遭到明军误杀。朝廷和地方长官一再向努尔哈赤就此事表示歉意，但努尔哈赤始终耿耿于怀，到底还是以报仇为名率众起兵，当时矛头的公开指向，是声讨有关的当事者。四年后，努尔哈赤开始在费阿拉筑城池，建宫室，定朝政，陆续统一女真建州五部，征服长白山三部。万历三十一年（1603 年），努尔哈赤率部由规模十分狭小的费阿拉迁往地势闳阔的赫图阿拉，筑城据守，图谋发展。在并吞异己的同时，对朝廷施行两手策略：明里称臣纳贡，互市通好，暗中积蓄实力，伺机而动。

万历四十四年（1616 年），努尔哈赤公开称汗，登上九五之尊，宣布成立后金国，建元天命。尔后，在两年多的时间里，集中主要精力整顿内部，同时也不忘记扩充实力、拓展疆土的各项军事目标。天命三年四月，他感到明廷朝政腐败，军事废弛，辽东地区灾荒严重，这正是可以利用的有利时机，于是，以“七大恨”告天，誓师伐明，激发女真人的民族情绪，把群众的不满引向明朝。首战告捷，用计突袭了辽东重镇抚顺城，接着又拿下了清河。这时，腐朽、颟顸的明朝君臣，才上下震惊，莫知所措。经过十个月的酝酿和准备，组织西、南、北、东四路大军，一齐扑向后金都城赫图阿拉，全面进击。当时号称四十七万（实际是十万余人），以壮声威；而后金兵力仅有六万余人。明军的战略部署是兵分四路，分进合击；努尔哈赤则采取集中优势兵力，各个击破的战略原则，他有一句名言，叫做：“凭你几路来，我只一路去。”结果，在萨尔浒之战中，后金以少胜多，大获全胜，歼灭明军四五万人，使双方攻守之势互换了位置，军事地位发生了根本性的变化。

此后，努尔哈赤为了进军辽沈，决定把大本营由赫图阿拉西迁一百二十里，建都界凡城，作为向明军发动大规模进攻的前哨阵地。天命五年（1620年）九月，又自界凡城迁往萨尔浒。次年二月，后金发动辽沈之战，连克沈阳、辽阳，攻下城堡七十余座。紧接着，努尔哈赤就把都城迁往辽阳，很快就占领了广宁、义州、锦州，挺进辽西。天命十年（1625年）三月，迁都沈阳，奠定了大清（1636年后金改名清）席卷东北，最后挥师入关的坚实基础。

三

在努尔哈赤几十年的战斗生涯中，当军事进攻取得节节胜利、不断向前推进之时，为了适应战争的需要，曾多次建都、迁都，一步步靠近军事斗争前线。有人也可能产生疑问：迁都、建都之事十分复杂，他何以那么轻而易举地实施呢？这里有两个关节点：一个是打仗要求“指挥靠前”，司令部需要不断地前移，否则，在从前通讯极不发达的情况下，容易贻误军机；同时，还有安全方面的考虑，临时都城应该既靠近前线，又易守难攻，而且交通便利。这是讲需要；二是频繁迁都，完全有可能。因为那时的少数民族政权，大本营也好，根据地也好，都城也好，都是至为简陋的，并没有多少建筑，不过是一些营帐，搬运起来比较容易。当然，即使这样，由于人们存在一种“安土重迁”的保守思想，由于下属一班人贪图眼前安逸，满足既得利益，留恋家园，胸无大志，因此，要实现及时搬迁，以适应形势需要，就要求统帅必须具有一往直前，锐意进取，不恤一时劳苦以成百世盛业的远见卓识。

事实上也是，努尔哈赤的每一次迁都，都遇到了这种由短视与惰性所形成的强大阻力。其中最激烈的有三次：

一次是从定居十六年之久的赫图阿拉迁都界凡。诸贝勒、大臣缺乏战略眼光和远大抱负，以劳师久战，人疲马乏为由，共同向天命汗努尔哈赤请求班师整顿，“息马浓荫之下”，“且使士卒还家，缮治兵仗”。努尔哈赤力排众议，晓谕大家：

> 现今正值六月盛夏，行兵已经二十日矣。若是还都赫图阿拉，需要两到三天才能到达，军士由都城返回各路屯寨又得三到四天。炎热之时，这么折腾起来，兵马怎么能够壮健？如果按照我的安排，在界凡城安营扎寨，牧马于此，人员也得以休养生息，到八月间就又可以兴师矣。

在他的坚持下，到底还是没有返回旧都，而是就地筑城，安顿人马。实践证明，这一决策是完全正确的。当年七月，努尔哈赤就攻下了铁岭，八月收取了叶赫部，一切均如所愿。

另一次争议，是由仅居住半年的萨尔浒迁都辽阳。当初修建萨尔浒城，的确耗费了很多人力物力，本来也想多住一个时期。但是，形势发展之快为始料所未及。努尔哈赤感到，此间山路险阻，继续住下去很不利于向外扩展；而辽阳作为大明的辽东首府，人口众多，货财丰富，补给充足，交通便利，军事地位极为重要。无奈，那些贝勒、大臣已习惯于攻下一座城池，抢掠完毕，就弃城回归，因此，很不愿意移居新地。努尔哈赤严厉批驳了他们贪图暂时安逸、留恋眼前富贵、不思进取的想法。靠着他的无可动摇的绝对权威，半是说服劝解，半是强制执行，总算勉强统一了意志，统一了行动，最后，迁都辽阳，新建城隍，取名东京。

四年后再由辽阳迁往沈阳，同样经历了一场激烈的争议。诸贝勒、大臣认为，东京城宫室新建，迁往新地必将再次大兴土木，只恐劳役过重，民不堪命，因而竭力加以劝阻。努尔哈赤考虑的却是后金的长远发展大计和长治久安之策。他感到辽阳离海口较近，深恐敌军从海上进袭；而沈阳进可以攻，退可以守，又靠近抚顺、铁岭、开原等女真故地，既有利于巩固后方，突出满族共同体的核心地位，又可以在西征大明，北伐蒙古，东略朝鲜中发挥其地域、经济、资源方面的优势。

由于沈阳地处辽河平原的中心地带，沃野千里，资源丰足，而且水有浑河之利，陆扼关外要冲，交通极为便利，切实成为辽沈地区乃至整个东北经济、政治、军事、文化的中枢。建都沈阳之后，后金王朝迅速获得了长足的发展，为接下来的进军关内、统一全国奠定下坚实的基础。

古今中外，一切民族和国家，经济、文化的发展往往都借助于地缘与地理优势，军事、政治更不必说。而军事、政治上的胜负成败，又突出地表现在定都、迁都的措置上。这一重大问题的妥善处理，需要最高决策人具备战略的眼光、卓绝的识见。努尔哈赤以父、祖十三副遗甲揭竿而起，最后发展到数十百万大军，战胜攻取，靠的就是这种政治上的远见和坚忍不拔、之死靡它的奋进精神。他像浑河那样，认准了一个方向，不管遇到什么样的崎岖险阻，都要一往无前地流向前方。这对于一个身临战阵，指挥百万雄师的领导者来说，无疑是一种极为可贵的素质。

四

提到努尔哈赤的迁都、建都，使人联想起那位“一世之雄”的西楚霸王项羽。宋代文学家苏洵有过评论，说项羽“有取天下之才，而无取天下之虑”，当年如果他能引军趋秦，及锋而用，即可以据咸阳，制天下。可是，最后他却留恋故土，挥师而东，定都彭城。所持理由十分幼稚可笑：“富贵不归故乡，如衣绣夜行，谁知之者?”完全不像出自一位叱咤风云的盖世雄杰之口。

清代诗人王昙写过一首评说项羽的七律，可谓恰中肯綮：

秦人天下楚人弓，枉把头颅赠马童。
天意何曾袒刘季，大王失计恋江东。
早摧函谷称西帝，何必鸿门杀沛公。
徒纵咸阳三月火，让他娄敬说关中。

诗的开头，用了两个典故：“秦失其鹿，天下共逐之。”“楚人遗（丢失）弓，楚人得之。”这句诗的大意是，在群雄逐鹿中，西楚霸王项羽最有把握夺取天下。次句说，项羽最后以失败而告终（他在乌江自刎时，答应把头颅送给同乡吕马童）。下面六句，分析他的失败原由。第三句，针对项羽死前说的“此天之亡我，非战之罪也”，劈头断喝，说天意并没有袒护刘邦。第四句紧接上，说项王的失策在于他留恋江东，决计要回故乡，以致坐失良机。第五、六句进一步展开说，如果能够早日攻破函谷关，进军长安，登上帝座；又何必等到后来刘邦成了气候，才想到设下鸿门宴去杀他呢！最后两句说，这一切都没有做到，项羽只是徒劳无功地纵火烧了咸阳的阿房宫，人家刘邦倒是听了谋士娄敬的进言，最后建都关中，终成大业。

唐代诗人李商隐也有一首咏史诗，是把刘、项二人拉到一起来加以论说的：

> 乘胜应须宅八荒，男儿安在恋池隍！
> 君王自起新丰日，项羽何曾在故乡。

诗中一正一反，对比鲜明。有以“八荒为宅”的宏图远志的刘邦，在建立了统一全国大业之后，可以按照自己的意愿，另建和家乡一样的新丰；而眷恋“池隍”的项羽，到头来兵败身亡，又何尝能在故里称王称霸，矜夸富贵呢！

对于努尔哈赤来说，这一千八百年前的往事，富有直接的教益。

同样，今天我们认真研究一番比努尔哈赤迁都稍后的闯王李自成的失败教训，也是很有意味的。李自成领导的农民军，没有注意建设巩固的根据地，始终是流动作战，随得随失，重蹈历史上“流寇主义”的覆辙，结果如一首民谣所说：“朱家面，李家磨，蒸了一锅大馍馍，双手送与赵大哥（指爱新觉罗氏）。”终于一败而不可收拾，被入关的清军摘取了胜利果实。

确立明确的军事战略目标，矢志不移，一往直前，在这方面，努尔哈赤与李自成十分相似。但是，他比李自成棋高一招的，是在挥师猛进的同时，时刻不忘建立巩固的后方，像爱护眼珠一样，牢牢地守护着他的“源头”。浑河流域始终是他据以战胜攻取的大本营。这个战略思想，终清之世，得到了继承与发展。

努尔哈赤的祖陵在其龙兴故地，今为新宾满族自治县永陵镇，紧靠着故都赫图阿拉和浩浩荡荡的浑河。而他自己及其继承者皇太极，死后也都埋骨浑河岸边，俗称“东陵”、“北陵”，附近还有他们亲手擘画的殿宇巍峨的皇宫。它们都坐落在沈阳。

康熙帝、乾隆帝，嘉庆帝、咸丰帝：
避暑山庄里的两对祖孙

比起祖父康熙帝的雄才大略，乾隆帝已经差逊一筹；但这对祖孙毕竟还是有所作为的。而嘉庆、咸丰帝这一对祖孙，就只剩下丧权辱国、丧魂失魄、窝囊晦气了。除了称之为“龙头鼠尾”、一代不如一代，夫复何言！

一

说到承德避暑山庄，它的旖旎风光，人们无不交口称赞，叹为观止；而其灿烂、丰厚的文化蕴涵，尤其令世人倾倒。可以说，这里浓缩了一部多姿多彩的清代历史，而且，随处都能感受到当日创建者的深谋远虑，良苦用心。

徜徉其间，人们首先会想到康熙大帝。当时，处于内忧外患频仍之时，特别是沙皇俄国侵略扩张的触角已经伸向了黑龙江地区，这引起了康熙帝的高度警觉和深重的忧虑。于是，在平定了“三藩之乱”后，及时地把主要精力转向了北方，着手策划反击沙俄的侵略和统一厄鲁特部蒙古。而这一切，都有赖于整军经武，弘扬民族的尚武传统，保持八旗军固有的勇悍的战斗力。为此，他坚持了由顺治皇帝始创的北出口外，围场射猎的制度，并圈建了总面积约一万平方公里的木兰围场，以身作则，倡导娴习骑射，演练兵马。

与开辟木兰围场相结合，康熙四十二年，又在靠近围场的承德武烈河畔始建避暑山庄。这里“左通辽沈，右引回部，北压蒙古，南制天下”，地理位置十分优越，是沟通中原与东北，直达黑龙江、尼布楚，接连内、外蒙古的必经通道。而且，此间离京师不过二百公里，驿差驰马传递文书，往返只需两天时间；如果用“五百里加急”方式传送皇帝诏谕，甚至可以朝发夕至，确实是个理想的所在。

纵观历代园林之营造，一般都着眼于创造理想的栖居环境。尤其是皇家园林，几乎无一例外，都是为皇帝提供游幸、憩居、享乐、赏玩的生活空间。而康熙帝营造避暑山庄，则有意突破这一局限，除了夏日避暑，更多地还是出于巩固政权、治理国家的考虑，带有浓重的政治色彩。结果，这里成了以弘扬民族尚武传统、安抚和团结边疆少数民族、巩固国家统一为旨归的清代第二个政治中心。在康熙皇帝心目中，此处之山水园林，实际上是表达与寄托着帝王政治思想与治国抱负的特殊场所。诚如他的孙子、后来的乾隆帝所言：“我皇祖建此山庄于塞外，非为一己之豫游，盖贻万世之缔构也。”西方哲人黑格尔也敏锐地发现了这一点，他从避暑山庄这座园林诸多与众不同之处，特别是从“周围那些规格高贵的寺庙”，看出了“亚洲大皇帝的用心”。这种政治考量，当时的朝鲜使臣也分明注意到了，他们在山庄接受觐见后，就说：此乃“天子身自备边也”；具见“康熙皇帝之苦心。而其曰避暑者，特讳之也”。

这从康熙皇帝在山庄题写的两首“望月”七绝中，也可以充分地看出：

荒塞天低夜有霜，一轮明月照苍凉。
不贪玉宇琼楼看，独在遐陬理外疆。

桂树清光挂碧天，云开万里塞无烟。
远人向背由敷政，惟在筹边与任贤。

前一首，通过述志抒怀，表达了这位雄才大略的帝王的志趣：不贪恋九重丹陛、玉宇琼楼的荣华、尊贵，而是居安思危，励精图治，置身遐荒塞外，处理安边固本的大事。后一首，由绘景抒怀进入理性思考，得出规律性的认识——面对着蟾桂高悬、云开万里的碧空清景和边烽不举、紫塞无烟的升平气象，他想到了政策与策略关系着人心向背、国脉兴衰这一千古至理，要想“合内外之心，成巩固之业”，一在筹边，即实施恰当的民族政策，同时，整军经武，建立牢固的国防；一在选贤任能，治理内政。

康熙大帝深深懂得，历代边关不宁，多在北方，祸患往往起于居无定所的游牧民族。为此，他把维护国家统一、笼络北方民族、实现民族团结作为营造避暑山庄的落脚点。为了接待蒙古王公，在山庄周围敕建了溥仁寺、溥善寺等豪华的寺庙，营造一种浓重的神秘的宗教气氛，用以象征边疆各民族心向朝廷，如众星之拱月。以后又应其他各族之需，修筑了十多座寺庙，笼括了藏传佛教、中土佛教、各地民俗多神信仰、伊斯兰教和尊孔崇儒等多方面供奉的内涵，以及各具特色的建筑格局，形制华美、壮观，格调威严、肃穆，成为北部、西北部和西南边疆各个民族礼佛、朝觐向往之所在。其用意是既深且远的。

当然，更实际、也是更深层的考虑，还是通过辟建围场，开展名为“木兰秋狝”的习武、射猎活动（实质上即是古代形式的大规模的军事演习），保持与发扬本民族的尚武精神。满族原本是一个在严酷的自然环境下成长起来，以骑射宰制天下的勇猛精进的民族；可是，自从八旗军进关之后，数十年间，承平日久，渐远干戈，昔日那种勇武剽悍的传统已日渐式微。表现在平定吴三桂叛乱的战斗中，许多当关的将帅已无攻城拔寨之志，而个别久战沙场的名将，一听说要提兵打仗，竟然托病请求免征，有的甚至丢开队伍，临阵脱逃。这一危险的兆头，使康熙帝深感忧虑。

于是，他下决心要对八旗将士严加整饬，首先由皇子皇孙、宗室子弟带头，先行严格训练。规定从康熙二十年开始，每年都要定期北巡，组织骑兵、射手去木兰围场习武射猎。前后达四十八次之多，每次二十天左右。他把这里看做是训练军队的战场，磨炼皇子皇孙意志和体力的熔炉。那个时期的围猎活动，要求与实地作战一样，纪律非常严格，条件非常艰苦。康熙帝有言：木兰秋狝，“往来沙塞，风尘有所不避，饮食或致不时”，可以让那些公子哥儿，“博犀兕以作气，冒风雪以习劳”。用意是十分鲜明的。

二

显然，康熙帝创建避暑山庄的初衷，是弘扬祖上尚武传统和中华大一统精神，开展多种有利于巩固边疆的活动；而几十年过后，到了他的孙子乾隆帝手里，这里的主要功用，便逐渐转化为赏赐封爵，召见各民族首领，开展各种外事活动。一以迎宾宴集，歌舞承欢；一以笼络各方，强化统治；一以宣扬中华大国的天威。当时，正处在清代的鼎盛时期，又兼乾隆帝本人极爱也极善于表现自己，所以，整个山庄便成了他借以示富、示威、示盛、示恩的理想场所。即以木兰秋狝来说，名称没有改变，但内容实质已发生了变化，遵照蒙古习俗，在这里举行所谓“塞宴四事”：赛马、什榜（演奏活动）、相扑（摔跤）、教駣（驯马表演）。从山庄中满布着一些赏景、饮宴与观戏之设施，即可以充分地看到其由实战性向娱乐性的转变。

继位的第六年，乾隆帝首次以君王身份驻跸山庄，曾即兴赋两首七绝：

香风摇荡绿波涵，花正芳时伏暑三，
词客《关山月》休怨，来看塞北有江南。

菱花菱实满池塘，谷口风来拂棹香。
何必江南罗绮月，请看塞北水云乡。

《关山月》，汉乐府横吹曲名，出自文人笔下，内容多写边塞士兵久戍不归伤离怨别的情景。唐人王昌龄《从军行》有“更吹羌笛《关山月》，无那金闺万里愁”之句。乾隆之诗翻用了这层诗意。两首七绝的主旨，都是说山庄就是“塞北江南”。正因为塞北也有江南，所以，告诫词人不要再谱写怨别伤离的《关山月》曲了。他写的也是塞外，而且也写到了月华，我们不妨拿它同康熙帝的两首“塞外望月”诗对照一下，研究研究他们祖孙在立意方面的差异。

乾隆的诗没有多少味道，但应该承认，他的感觉还是不错的。漫步在芝径云堤上，与如意州、冷香阁隔水相望，确实有一种置身江南的感觉。想象中，一列文臣雅士在风流皇帝带领之下，衣冠雍容，神情潇洒，凭栏远目，赏景吟诗，实在很难把他们同那个轻骑射猎，骁勇顽强的民族联系起来。心中不由地涌出了一句话："真个是：江南妩媚，雌了男儿！"

乾隆皇帝的寿辰为农历八月十三，当时称为"万寿节"，正处于山庄避暑季节。因此，除个别时候要返回京师庆贺，平时每年的祝寿活动都要在山庄内举行。在他的七十寿诞那天，所有部院大臣和全国各地的督府、大员都赶到避暑山庄来向皇帝送厚礼，结果在古北口外，当时运送礼品的大车就有三万多辆。同康熙时代"落日照大旗"、"沙场秋点兵"的寒光闪烁、刀剑争辉的场景相对应，此际的笙歌彻夜、舞影蹁跹的承平气象，成了山庄的另一类风景线。

举行于山庄万树园等处的"草原盛宴"是另一类的典型。乾隆年间，先后经历了对厄鲁特蒙古两个部落的战争，对回部布拉尼敦、霍集占的战争，完成了天山南北的统一，从而最终实现了全国的统一。对这一煌煌胜绩，乾隆颇引以为豪。因此，每当回部、厄鲁特部、哈萨克部首领入朝进贡时，他都要在避暑山庄设宴款待，设置多处大黄幄宝殿，可容纳上千人，宗室王公、贝勒和各少数民族首领都要与会，俗称"大蒙古包宴"。银花火树，万盏齐明，亮同白昼。乾隆帝曾咏诗以纪其盛：

西陲平定已多年，宴赉频施毕后先。
孰意新归额济勒，山庄重看设灯筵。

乾隆帝在山庄的生活，可说是穷奢极侈。这里只说一件事：他听说泉水分量越轻，水的质量便越好，于是便把全国各地的名泉统统收集起来进行比较，其中有无锡的惠山泉、杭州的虎跑泉、济南的趵突泉、北京的玉泉山水，经过用戥子分别秤量，认定北京玉泉山的水最好。可是，这时又有专家说了，泉水不仅要“轻”，还必须“清”。那么，比玉泉山水更清的是什么呢？唯有荷花上面的露珠了。这样，他就要喝露水，要用露珠来烧水泡茶。结果，避暑山庄里每天都要出动很多人划着船去荷塘中收集露珠。他所享用的水果也必须是最新鲜的，要用驿站快马不分昼夜地从福建运送鲜荔枝过来，像当年的杨贵妃那样：“一骑红尘妃子笑，无人知是荔枝来”。

到了晚年，乾隆皇帝对于这种奢侈无度的生活，也曾有所悔悟。在《避暑山庄后序》中，他写道：

> 若图己乐而忘人苦，亦非仁人之所为也。若夫崇山峻岭，水态林姿，鹤鹿之游，鸢鱼之乐，加之岩斋溪阁，芳草古木，物有天然之趣，人忘尘世之怀，较之汉、唐离宫别苑，有过之而无不及也。若耽此而忘一切，则予之所为膻芗山庄者，是设陷阱，而予为得罪祖宗之人矣。此意蓄之久而不忍言。今老矣，终不可不言，故书之，既以自戒，仍警告我后人。若后人忘予此言，则与国休戚相关之大臣，以及骨鲠忠直之言官，执予此言以谏之可也。设谏而不从，或且罪之者，则是天不佑我国家，朕亦无如之何也，已矣。

尽管这种悔悟为时已晚，但其恳挚的态度、沉痛的话语，仍然发人深省，令后世感怀无限。当然，即使他逐渐形成了忧患意识，但也没有觉察到，实际上，这个天朝帝国已经危机四伏，种种盛极而衰的气象已经显露出来。听听外方人士的说法，也许要较为清醒与客观一些。乾隆五十八年七月下旬，由马戛尔尼率领的多达六百人的英国外交使团，经海道至天津大沽口岸，然后赴承德避暑山庄，以为皇帝祝寿名义，被恩准觐见乾隆皇帝。在接受了一大笔十分贵重、当时比较罕见的祝寿礼品之后，大清皇帝给予使团以很高的接待规格，招待费每天为银币五千两，但对使团所提出的通商、建交及一些具有殖民主义性质的无理要求一一加以回绝。最后，为了显示天朝的富庶与强大，安排他们纵穿中国本土，一路南下，取道海上回归。然而，这一切恰恰给予马戛尔尼广泛接触社会、客观了解中国的绝好机会，他没有为豪华的排场、纷繁的表象所迷惑，当乾隆皇帝大肆夸耀其“十全武功”，沉醉在盛世狂欢中的时候，他却敏锐地发现：不管英国人进攻与否，“中华帝国只是一艘破败不堪的旧船，只是幸运地有了几位谨慎的船长，才使它在近一百五十年期间没有沉没。它那巨大的躯壳使周围的邻国见了害怕。假如来了个无能之辈掌舵，那船上的纪律与安全就都完了”。船“将不会立刻沉没。它将像一个残骸那样到处漂流，然后在海岸上撞得粉碎”，而且“将永远不能修复”。马戛尔尼对清王朝的印象，遂成为英国制定以后对中国外交政策的主要参考依据。

三

“人事有代谢，往来成古今。”大清王朝这一艘“躯壳巨大”的航船，终于更换了掌舵者。继康熙、乾隆帝这对祖孙之后，紧接着，山庄又迎来了嘉庆、咸丰帝这一对祖孙。

嘉庆帝的才华不及他的父亲乾隆皇帝，但素质差强人意。他不像乃父那样爱炫耀，尚虚荣，喜奉承，游山玩水，征歌选色，登基以后，在修身、用人、节用、奖廉方面，都做出了积极努力，并取得了一定成果。但是，封建社会的末日和清王朝的没落，两者重叠在一起，实实地压在他的身上，这注定了他难以有所作为，只能以悲剧收场。嘉庆一朝，可说是与变乱相终始，一波未平，一波又起，确是没有一天宁静过。

乾隆朝后期，社会矛盾日益滋长，灾患频仍。嘉庆帝一登上龙墩，就赶上了湖北、四川的白莲教徒武装起义；接着，又遇到东南沿海所谓“海贼”的骚动和几乎酿成大乱子的接连三次发生在陕西宁陕、西乡和四川绥定的兵变；尔后，便是直隶、河南、山东的天理教徒起义；并且在十年间，先后发生了刺客闯劫御轿和农民起义军冲进紫禁城的险情，使他精神上受到了强烈的刺激。当时官贪，兵疲，民乱，河决，财困，整个社会千疮百孔。在位二十五年，他曾跑到避暑山庄来十七八次，主要目的已经不同于先祖的尚武、筹边，甚至连乾隆时期那种歌舞升平、强化统治、宣扬国威的气象也不见了。虽然也曾举行过秋猎活动，但已经不具备往昔那种浩荡的气派和声势了。结果，嘉庆帝就在这次“秋狝”中病倒了，回到避暑山庄后，即“觉痰气上壅，至夕益盛”，最后于烟波致爽殿“龙驭宾天”。其死因，可能是年逾花甲，身体肥胖，天气暑热，旅途劳顿，诱发心脑血管病而猝死。

四十年后，他的嫡孙咸丰皇帝遭遇到比他更为惨淡的结局。他在位十一年，虽然也有锐意图治之举，但其自身纵情声色，宴安怠惰之行愈益发展。同他的祖父一样，咸丰朝同样一直处于多事之秋，内忧外患如影随形。内忧是洪秀全领导的太平天国革命，遍布几十个州的捻军，以“按三尺剑以开基，重见汉高事业；着一戎衣而戡乱，依然周武功勋”为号召的杜文秀率领的云南回民等反清势力。贪官污吏的勒索和水灾旱灾造成的饥馑，迫使农民大批离开土地，加入这些造反队伍；外患是，英国人占广州，英法联军占京城，俄国人占伊犁和黑龙江流域大片地区，举凡亚罗号事件、第二次鸦片战争、圆明园被焚，《北京条约》的签订，都给他以沉重的打击。

自从《天津条约》签订之后，咸丰帝就整天忧思抑郁，更加寄情文酒，贪恋女色。鉴于宫中行止有节，诸多不便，因而“尤喜园居”。整天蜗居在圆明园里，又是制曲，又是排戏，有时还去如意洲看戏，恣意享乐。直到英法联军北犯通州，他就再也稳不住神了，当即打算逃遁到热河（热河，简称热，省会承德市。现包括河北省的承德地区、内蒙古的赤峰地区、辽宁的朝阳、阜新地区。）行宫躲起来，一时京城上下惶恐万分，纷纷迁徙。清军八里桥败退之后，他更是丧魂落魄，紧急任命奕䜣为钦差大臣，督办和局，自己则于次日凌晨，带上皇后钮祜禄氏、宠妃叶赫那拉氏等十三名妃嫔及五岁的小皇子载淳逃往避暑山庄，变“避暑”为“避难”。由于没有足够的准备，一路上，又饥又渴，又惊又累。出发不久，他就紧急发谕，让奕䜣等留京官员设法牵制英法联军，防止他们再向热河进逼。

尽管奕䜣等多次请求圣驾回銮，但咸丰帝由于害怕回京后遭到外国侵略者的挟制，硬是在山庄里躲避了十一个月，这是他以皇帝身份“北巡”山庄的第一次，也是他的最后一次，同时也是清朝最后一位走进山庄大门的最高统治者。这样，北京城则完全处于失去任何抵抗的状态。很快，英法侵略军就闯进了圆明园，先是抢劫园内珍宝，最后放火焚烧，使中国珍宝荟萃的皇家宫苑化为灰烬。而他则躲在烟波致爽殿里，整天贪恋女色、美酒、丝竹皮黄、过万寿庆典，赏“有功”群臣；再就是屈辱含愤地“御批”几个丧权失地的卖国条约，其他没有任何堪足载记的修为，最后也是在这里黯然辞世。

比起康熙帝的雄才大略，乾隆帝已经差逊一筹；但这对祖孙毕竟还是有所作为的。而嘉庆、咸丰帝这一对祖孙，就只剩下丧权辱国、丧魂失魄、窝囊晦气了。除了称之为“龙头鼠尾”、一代不如一代，夫复何言！

清太祖、康熙帝——光绪帝、宣统帝：
从“还债者”到“讨债者”

“三百年风水轮流转”。努尔哈赤在辽东抚顺以十三副遗甲起兵，开基创业，而末代皇帝溥仪最后以囚徒身份在这里接受审判和改造。正应了《左传》上那句话：“君以此始，必以此终。”

一

这天清晨，我正在抚顺市区浑河岸边闲步。河水清且涟漪，照鉴着我的颀长的身影；吹面不寒的清风，温煦而湿润，轻轻地梳理着鬓发，令人感到神凝气爽。净洁的青空，像刚刚擦拭过的，又高又远，不现一丝云迹。

我忽然发现，初起的朝阳和渐落的晓月，同时出现在左右的天边；而笔直的河流竟像是一条长长的扁担，挑着这一为鲜红、一为玉白的两个滚圆的球体，悠然向西流去。霎时，我被这奇异的景观惊呆了。

联想到努尔哈赤以十三副遗甲起兵，艰难缔造，创业开基，军威赫赫，战胜攻取；随之，他的继承者挥麾出关，中原跃马，实现中华一统；外御强敌，拓土开疆，奠定下现当代中国版图的牢固基础。可是，到了晚清之世，包羞忍辱，受尽欺凌，最后竟至傀儡登场，卖国求荣，导致国破家亡，身败名裂。不禁百感中来，兴怀无限，遂口占七绝四首：

浑河今古浪翻新，悲笑兴亡照影频。
东上朝阳西下月，一般光景有升沉。

十三遗甲困龙伸，星火燎原势若神。
六合乾坤如电扫，兴勃亡忽果何因？

八荒同轨谈何易，寸草为标虑亦深。
讨债跟踪还债者，拓疆卖国一家人。

兴王祖迹久成尘，谁记当年万苦辛？
鼠尾龙头堪浩叹，英雄自古少传人！

二

抚顺及浑河流域，不仅是满族与大清王朝的发祥地，龙兴所系，王气所钟，而且，也是他们的先祖，以及努尔哈赤与皇太极两代开国帝王的夜台长眠之地。终清之世，此间都是人们最为向往的神圣区域。顺治帝曾发布东巡祭祖的圣谕，说是“自登极以来，眷怀陵寝，辄思展谒”。由于他盛年早夭，未克所愿，遂由他的儿子康熙帝予以践履，先后进行三次东巡，通过谒陵祭祖，追远思源，炫耀成功，光大祖业。这个先例一开，东巡祭祖活动，在尔后的几代帝王中遂成定例，其中乾隆帝四次，嘉庆帝两次，道光帝一次。实际上，雍正帝也曾参加过谒陵祭祖活动，那是在康熙三十七年第三次东巡时随同前往的。

这些皇帝到达抚顺等地之后，览古兴怀，都曾留下诗篇，以纪其盛。康熙第三次东巡，到达兴京（今抚顺新宾）时，曾题五言律诗一首：

霭霭兴王地，风云莫可攀。
潆洄千曲水，盘叠百重山。
瞻拜陵园肃，凝思大业艰。
茏葱松柏茂，瑞鸟满林间。

彩云缭绕的兴京，是大清王业肇基勃兴之地，地处浑河、苏子河上游，周围有烟筒山、启运山环绕，苍松翠柏，葱葱郁郁，蔚为壮观。这里埋葬着清太祖努尔哈赤的远祖孟特穆、曾祖福满、祖父觉昌安、父亲塔克世，是为永陵。瞻仰、肃拜中，先祖披荆斩棘、历险克艰的精神，叱咤风云的气概，创业垂统的煌煌盛业，令人缅怀无尽。

作为随从的皇子，雍正帝当时也写了两首五律，题为《侍从兴京谒陵》，其二曰：

龙兴基景命，王气结瑶岑。
不睹艰难迹，安知启佑心。
山河陵寝壮，弓剑岁时深。
盛典叨陪从，威仪百尔钦。

诗句典雅、谨严，作为追步皇父的唱和之作，非常得体。首联从前诗的“兴王地”中衍生“龙兴”、“景命”，王气所钟的话题；颔联展扩前诗“大业艰”之意；颈联一写陵园依山面河，气势雄壮，一写“马上得天下”的岁时久远；结尾，颂扬这次东巡盛典。

康熙帝与乾隆帝祖孙二人，相隔半个世纪，都曾在东巡期间凭吊过萨尔浒古战场，并各题七绝一首：

城成龙跃竦重霄，黄钺麾时早定辽。
铁背山前酣战罢，横行万里迅飞飙。

铁背山头歼杜松，手麾黄钺振军锋。
于今四海无征战，留得艰难缔造踪。

两首诗都是歌颂努尔哈赤的。诗的侧重点不尽相同，爷爷的诗重在开辟，万里横行，所向无敌；孙儿的诗作于守成之际，强调勿忘创业维艰。“城成龙跃”，指铁背山城。“早定辽”，指萨尔浒一战扭转了辽东战场大明与后金发展的大势。乾隆的诗前有小序：“太祖高皇帝以五百人破明数十万众，实王业之基也。”萨尔浒之役，后金首战告捷，明总兵杜松战死。

康、雍、乾三代帝王的诗，贯穿一条共同的思想红线，就是通过缅怀兴王故迹，颂扬先祖丰功盛烈，表达永志不忘创业艰辛的奋斗精神。

可是，到了后来，这种昂扬奋发的精神，这个为子孙后世所经常夸耀的传统，却渐渐地被丢弃得一干二净。

三

如果说，这种成于斯也败于斯的现象，纯属历史的巧合，或者称之为偶然性，那么，“其兴也勃焉，其亡也忽焉”的王朝兴废特征，则是带有规律性的。

这里面有个典故，出自《左传·庄公十一年》：

宋其兴乎！禹、汤罪己，其兴也勃焉；桀、纣罪人，其亡也忽焉。

这是鲁国大夫臧文仲的话。大意是，宋国将要兴盛起来吧！因为当年的大禹王和商汤王都是以身作则，反求诸己，所以，他们的国家能够很快就强盛起来。而夏桀王和殷纣王总是归罪于别人，他们的国家就很快灭亡了。

后来，在抗战时期，黄炎培先生到延安访问，与毛泽东主席交谈，在论及历史上政事兴衰时，引用了“其兴也勃焉，其亡也忽焉”这句成语，把它作为一种历史的“周期率”提出来。

“兴勃亡忽”，或者说“龙头鼠尾”现象，在数千年的文明史上，确是屡见不鲜。所有的封建王朝，无一例外地都在绕这个圈子，有的圈子大，有的圈子小，有的时间长，有的时间短，最后，九九归一，都没有逃出这个铁律。

司马迁在《史记·项羽本纪》中指出：

羽……何兴之暴也！夫秦失其政，陈涉首难，豪杰蜂起，相与并争，不可胜数。然羽非有尺寸乘势，起陇亩之中，

> 三年，遂将五诸侯灭秦，分裂天下，而封王侯，政由羽出，号为“霸王”，位虽不终，近古以来未尝有也。及羽背关怀楚，放逐义帝而自立，怨王侯叛已，难矣。自矜功伐，奋其私智而不师古，谓霸王之业，欲以力征经营天下，五年卒亡其国，身死东城，尚不觉悟而不自责，过矣。

这是就楚霸王自身而言。那么，作为整个一个王朝，又如何呢？

就说有清一代吧。经过太祖、太宗父子两代六十年的苦心经营，费煞移山气力，南征北战，创业垂统，奠定下二百九十六年的鸿基伟业；而到了光、宣末世，就如同李鸿章所形容的，清王朝简直就是一个纸糊的破屋，表面看上去，还算完整；可是，风一鼓荡，到处都出窟窿，糊不胜糊，堵不胜堵，千疮百孔，破烂不堪。同样反映了这种“兴勃亡忽”、“龙头鼠尾”的规律性现象。

当然，这里的为“勃”为“忽”，大抵是以“势”而言。京剧《霸王别姬》中，虞姬有一句唱词：“自古常言不欺我，成败兴亡一刹那。”古代文人也常用“不旋踵间”来状写成败兴亡的疾速，这不过是一种文学表现手法。实际上，国家的兴衰成败，犹如人的生老病死，原是一个由量变到质变的积累、渐进的过程。清王朝从努尔哈赤崛起于抚顺地区的穷乡僻壤赫图阿拉，中经萨尔浒、辽阳、沈阳三次建都迁都，最后定鼎北京，中华一统，前后经过六十余年；而从鸦片战争前后呈现国运倾颓之势，到最后完全垮台，仍然维持了七十几度春秋。

再者，人的晚年疾病，尤其是内科慢性疾病，往往种因于中年时期。同样，研索一个国家、一个朝代——比如清朝——的衰亡肇因，也应求源溯本，关照全局，要追溯到尚处于盛世的中、前期。择其荦荦大端，这里只谈一点：面对西方资本主义科学文化的蓬勃发展，乾隆皇帝却狂妄自大，以天朝大国自居，闭关锁国，拒绝开放，视西方先进科学为异端邪说，使中国失去了转轨并与西方对接的历史机遇；而政治、思想的极端专制，更扼杀了科学与民主的思想萌芽，使新的启蒙运动无法形成，从而直接影响到近代中国的发展；洎乎末季，由于不能因应形势变化，迅速而决绝地推进社会变革，遂使这个老大帝国一败涂地。

这么说，绝不意味着那些阴险的太后、孱弱的君主、昏聩的权臣，不应该对晚清的衰亡负有直接的责任。他们早已被钉在历史的耻辱柱上，饱遭千秋唾骂。这里只是想说，如果抛开那些致命的“传统基因”于不顾，只从个别人身上寻找病原，尽管显得实际，也不能说不中肯，但终归是“舍本逐末”，不得要领。否则，不妨设想，假如最后换上一个颇有作为的君王来收拾残局，难道就能从根本上挽救这个垂死挣扎中的末世王朝吗？充其量，只能起到几支“强心剂”的作用，使“一命呜呼”勉强延缓几日罢了。

四

末代皇帝溥仪在《我的前半生》中，叙述过一个“寸草为标”的故实：

> 在那些陈列品之间有一样东西值得一提的，是“寸草为标”。据说这是康熙皇帝留下来的一种家规的象征。这位皇帝曾经这样规定过：宫中的一切物件，哪怕是一寸草都不准

丢失。为了让这句话变成事实，他拿了几根草放在宫中的案几上，叫人每天检查一次，少了一根都不行，这就叫“寸草为标”。我在宫里十几年间，这东西一直摆在养心殿里，是一个景泰蓝的小罐，里面盛着三十六根一寸长的干草棍。这堆小干草棍儿曾引起我对那位祖先的无限崇敬，也曾引起我对辛亥革命无限的愤慨。但是我并没想到，康熙留下的干草棍虽然一根不曾短少，而康熙留下的长满青草的土地被儿孙们送给“与国”的，却要以成千上万平方公里计。

这里体现了康熙皇帝作为一代英主，坚持国家与民族的“大一统”的光辉思想。

整个清代前期，“三祖一宗”（清太祖努尔哈赤、清世祖顺治、清圣祖康熙和清太宗皇太极）一直坚定地奉行这一思想传统。他们以实现统一、巩固统一、发展统一为依归，为了维护国家主权和领土的完整，展开了长达百余年艰苦卓绝的斗争。他们内平叛乱，外御强敌，经文纬武，拓土开疆，创立下中华一统的煌煌盛业，奠定下现当代中国版图的坚实基础。其中最堪称颂的就是这位康熙大帝。

在他统治的初期，南方有“三藩”割据，东南海上有郑氏政权占据台湾，西北边疆有蒙古准噶尔部上层分子制造民族分裂，东北部沙俄侵略势力卷土重来，入侵黑龙江流域。形势十分严峻。亲政之后，康熙帝首先除掉了鳌拜集团，实现了君主集权，这为铲除各种分裂势力，维护国家的大一统，创造了政治条件。

当时，镇守云南的平西王吴三桂，镇守广东的平南王尚可喜，镇守福建的靖南王耿精忠，拥兵自重，割据一方，与中央对峙。特别是实力最为雄厚的吴三桂，于康熙十二年，以“反清复明”为号召，向朝廷展开了大规模的武装进攻，来势十分凶猛。康熙帝坚决果断，且又调处有方，对强藩吴三桂坚决打击，对随同叛乱的耿、尚等人，实施抚剿兼用、分化瓦解的方针，并封赏、重用一批汉族将领，经过八年苦战，终于取得了平叛全胜，维护了中国的统一。

“三藩之乱”平定以后，制止分裂、解决台湾郑氏政权长期割据的问题，就成为当务之急了。台湾自古以来是中国的领土。明代末年被荷兰人侵占，后来郑成功率军驱逐荷兰殖民者，收复了台湾，大有功于中华民族；但他的子孙及其统治集团，却坚持割据，实质上是坚持分裂。他们仿琉球、朝鲜例，只称臣纳贡，同清朝保持藩属朝贡关系。在招抚政策行不通、谈判失败的情况下，康熙帝圣裁独断，任命施琅大将军为福建水师提督，统率大军跨海出征，终于使台湾回归祖国。

面对沙俄入侵黑龙江流域的频繁蠢动，康熙帝明确表态：“环黑龙江流域一水一溪，皆我领土，决不能允许沙俄侵占。”康熙二十二年，调兵永驻黑龙江，紧接着，又先后发起两次雅克萨反击战，将沙俄侵略者逐出中国领土。后来又签订了《中俄尼布楚条约》，收复了黑龙江流域被俄占领的失地，并从法律上明确肯定了黑龙江流域、乌苏里江流域是中国的领土。随着条约的签订，战争也宣告终结，康熙帝得以及早腾出手来解决噶尔丹叛乱问题，以进一步完成国家的统一。

“经文纬武，寰宇一统。虽曰守成，实同开创焉！”《清史稿·圣祖本纪》中对康熙大帝的评价，应该说是很确当的。

五

可是，到了晚清之世，包羞忍辱，受尽欺凌，最后竟到了“割地赔款年年有，卖国条约岁岁签”的地步。道光年间，鸦片战争失败，清政府在英国海军炮舰的威逼下，卑躬折节，屈辱投降，最后签订了清朝历史上第一个不平等条约——《中英南京条约》，割地赔款，被迫开放五个通商口岸，开西方列强大肆侵略中国之先河。

接着，又签了《中英虎门条约》；并分别同美国和法国签订了《中美望厦条约》、《中法黄埔条约》；紧接着，比利时、瑞典、挪威等国也于十九世纪四十年代后期，与中国签订了一批不平等条约。从此，天朝的大门被彻底打开，中国的领土主权、关税自主权、司法主权和领海主权遭到了严重的侵犯。

到了咸丰年间，第二次鸦片战争之后，中俄、中美、中英、中法签订了《天津条约》，中英、中法签订了《北京条约》。而狡猾的沙俄，三十多年间通过中俄《瑷珲条约》、《北京条约》、《中俄勘分西北界约记》等不平等条约，侵占了我国一百四十多万平方公里的领土，抵得上十个辽宁省那么大。

光绪年间，中法战争之后，签订了《中法和约》；特别是甲午战争之后《中日马关条约》的签订，丧失领土主权之重、损失权益之多、赔款数额之钜，打破了以往纪录，成为一次空前浩劫。紧接着，又与俄、德、法、英等签订了多种丧权辱国的条约。美国来晚了一步，不甘落后，便以“门户开放，机会均等”为由，谋取了在华实际的经济利益。最后，八国联军进北京，烧杀劫掠，而躲在西安的慈禧太后，主使李鸿章等与十一国列强签订了卖国、屈辱的《辛丑条约》。从此，中国便沦陷为半封建半殖民地社会，在帝国主义列强掀起的瓜分惨剧中，蒙受了空前的民族灾难。

那种情景，正像辛亥革命前出色的宣传家陈天华在《猛回头》中所写的：

大地沉沦几百秋，烽烟滚滚血横流。
伤心细数当时事，同种何人雪耻仇？

俄罗斯，自北方，包我三面；英吉利，假通商，毒计中藏。
法兰西，占广州，窥伺黔桂；德意志，胶州领，虎视东方。
新日本，取台湾，再图福建；美利坚，也想要，割土分疆。
这中国，那一点，我还有分？这朝廷，原是个，名存实亡。
替洋人，做一个，守土官长；压制我，众汉人，拱手降洋。

痛只痛，甲午年，打下败阵：痛只痛，庚子年，惨遭杀伤。
痛只痛，割去地，万古不返；痛只痛，所赔款，永世难偿。
痛只痛，东三省，又将割献；痛只痛，法国兵、又到南方。
痛只痛，因通商，民穷财尽；痛只痛，失矿权，莫保糟糠。
痛只痛，办教案，人命如草；痛只痛，修铁路，人扼我吭。
痛只痛，在租界，时遭凌践；痛只痛，出外洋，日苦深汤。

看到这里，人们不禁要问：面对着这种丧权失地的奇耻大辱，那些熟记康熙皇帝“寸草为标”的圣谕的帝胄皇孙们，又是如何作想呢？

史载，道光帝在批准了中英《南京条约》之后，他为自己打破了天朝帝国的领土的完整，久久愧怍于心，死前还下了“罪己诏”，遗命：死后不许配天、祔庙，不许立功德碑。可说是“羞恶之心”未泯，尚有天良发现。而到了他的儿子咸丰帝，虽也不愿与“夷使”同城居住，移居热河避暑山庄，终有避事、苟安之嫌。从他自号“且乐道人”，并终日酣嬉宴游、骄纵淫侈，就可见本质上是陈后主之辈的“全无心肝”者流。后继者更等而下之。到了慈禧太后，则对大清的国运如何全不在乎；只要能保住“垂帘听政”的大权，不管签订什么和约，割多少地，赔多少款，根本不作考虑。即此，对于“宁赠友邦，勿予家奴（汉人）”，“量中华之物力，结与国之欢心”的深义，也就可以洞悉底里了。至于末帝溥仪三度傀儡登场，最后竟沦为汉奸、卖国贼，就更是“马尾串豆腐——提不起来了”。

这种一代不如一代的“龙头鼠尾”的现象，使人想起了鲁迅先生在《书苑折枝（三）》一文中关于“还债者”与“讨债者”聚于一家，先后出场的论述。他说，无论什么局面，当开创之际，必靠许多“还债的”；创业既定，即发生许多“讨债者”。此“讨债者”发生迟，局面好；发生早，局面糟；与“还债的”同时发生，局面完。

在清代，崛起、开基时期的太祖、太宗、顺治皇帝，鼎盛时期的康、雍、乾三帝，都属于创业者，亦即“还债的”；而从道光帝以降，咸、同、光、宣四帝，则都是“讨债的”。努尔哈赤开基创业，直到二百九十多年之后，才出现溥仪这样的“讨债者”，此亦大清不幸中之幸也。

从道光帝开始，整个晚清之季，这类“讨债者”，不知为什么竟一代压过一代，层出不穷，愈演愈烈。而那位道光帝的曾孙、末代皇帝溥仪，堪称此其尤者。他是自公元前 221 年秦始皇称帝后的两千一百三十二年间，中华封建帝制的最后一个皇帝，也是四百九十二个皇帝中，唯一登基过三次又摔下来三次，每次都是被当做傀儡而登上“九五之尊”的儿皇帝。

宣统帝：
玩偶生涯

“傀儡明星”溥仪，在中国两千余年的封建帝制中，唯一在龙墩上三上三下，并始终充当傀儡角色；三次傀儡登场，分别由太皇太后操弄、野心家权臣拥戴、外国侵略者扶植，全面经历了“玩偶生涯”的各种生存状态，可说是集中外古今傀儡角色之大成。

一

傀儡，原义为土木制成的偶像，古称“木偶人”。后来，作为幕后受人牵线的戏具，用于表演人生故事，称做“傀儡子”或“傀儡戏”。据任半塘《唐戏弄》：“傀儡戏中，专以人生为主题，以老人为主角，散场之后，致使观众兴‘此生’与‘一世’之感，其有故事、有情节，有相当效果，不仅作龙钟踊踏，以博浅笑而已。”由此而衍生出现代的涵义——借指那些用以充当道具和摆设的政治玩偶。玩偶生涯，也是一种生命存在形式，但它却是没有重量的。

古代咏叹这一内容的诗文很多，其中最有名的是唐天宝年间梁锽的《傀儡吟》：

刻木牵丝作老翁，鸡皮鹤发与真同。
须臾弄罢寂无事，还似人生一梦中。

此诗由于受到太上皇李隆基的赏识，遂得以广泛传播。

事情是这样的：安禄山发动叛乱，直逼京城长安，唐玄宗仓皇西遁，太子李亨即位于山西灵武，是为肃宗。玄宗回来被迫逊位，当了太上皇，居于兴庆宫。当时，他们父子间的关系很紧张，李隆基颇不满于儿子擅自登极称帝；而儿子李亨在身边亲信的挑拨下，担心老皇帝东山再起，重新夺取皇位。意欲采取果断措施，又怕承担“不孝”的恶名；最后，由他所宠信的宦官李辅国出面，逼使太上皇迁至西内，并罢黜其多年倚重的几个旧臣，彻底将之孤立起来。这样，太上皇便失去了一切权柄与人身自由，像“玩偶”一样被人操弄于股掌之上，尝反复吟诵傀儡诗以自况，可谓寄慨遥深。

权柄，在这里是一个关键词。封建社会中，由于皇帝的权力最大，地位最高，所谓“普天之下，莫非王土；率土之滨，莫非王臣”；“手握王纲，口含天宪”，因而，强藩、政要，社会上的各种势力，尤其是那些野心家、阴谋家、权欲狂，都要围绕着夺取皇权施展伎俩，明争暗斗，直至血肉拼搏。结果，造成许多帝王不得不扮演傀儡角色。他们的幕后操纵者，形形色色，或为异民族的侵略者，或为临朝称制、垂帘听政的太后、贵戚，或为阉宦、权臣，不管是什么货色，他们所死死盯住的无非都是一个“权”字。而作为政治斗争的工具与牺牲品的皇帝，则同玩偶一样，俯仰由人，一切听从摆布，手中权柄形同虚设。

翻开中国封建王朝的史册，著名的“傀儡明星”还真有那么一串串，其中最具典型性的应数清朝的末代皇帝溥仪。他有三点独特之处：其一，他是自公元前221年秦始皇称帝后的两千一百三十二年间，中华封建帝制的最后一个皇帝；其二，他是历代封建王朝中四百九十二个坐过龙墩的，唯一爬上过三次又摔下来三次，而且始终充当傀儡角色的皇帝；其三，他在三次傀儡登场中，分别由太皇太后操弄、野心家权臣拥戴、外国侵略者扶植，全面见识并经历了“傀儡人生”的各种生存状态、各种人生境遇，可说是集中外古今所有傀儡角色之大成。

二

溥仪承继光绪帝位而登上“九五之尊”。他也像光绪帝一样，是被慈禧太后选中的一个理想的玩偶；登基之日，他只有三岁，也是一个娃娃皇帝。有人统计，中国历史上两岁到十岁登基的娃娃皇帝，总共有二十八位。除去个别的后来成为一代英主，像清朝的顺治帝、康熙帝，其余多数都是末帝、殇帝、亡国之君，许多人还都扮演了傀儡角色。

晚清的光绪皇帝载湉，是颇具代表性的。同治帝载淳年仅十九岁就病死了，年少无嗣。作为生母，慈禧太后所最为关注的，是选择怎样的继统者她才能继续垂帘听政。按照常理，“载”字辈的皇帝过世，应该从下一代的“溥”字辈中挑选一人承继大统，但这样一来，慈禧就将被尊为太皇太后，相隔两辈，她便没有再度听政之理。于是，由她独自做主，在与载淳同辈里找出一人，而这个人又不能年岁很大，否则，垂帘听政也失去了足够的依据。这样，皇冠就落到了四岁的载湉的头上，是为光绪帝。

这个政治玩偶没有实权自不必说，而且，自从入宫以后，就连普通人的自由也享受不到了。为了驯服这个小皇帝，使他能服服帖帖地听从摆布，慈禧太后整天对他横眉怒目，疾声厉色，动辄喝斥骂詈，稍不如意，就长时间罚跪，有时还施以“杖责”。他每日要按照家规，定时向皇太后跪拜请安，不发令让他起来，他绝对不敢起立。慈禧外出时，他“必须随扈，炎风烈日，迅雷甚雨，不敢乞休”。这样，载湉从小就被慈禧吓破了胆，一见到她，如同豺狼狮虎照面，立刻浑身颤抖，色为之变。

慈禧太后的训政模式是：“必须永照现在规制，一切典礼规模，咸赖训政饬诫。”这无异于说，一切事件，要事先请示太后懿旨，然后才能在皇帝面前奏闻。待到光绪帝举行大婚典礼之后，慈禧碍于祖宗法制，为了掩人耳目，不得不住到颐和园去“颐养天年”；实际上，她仍然通过种种手段，继续总揽朝纲，千方百计干预皇帝独立行使权力。光绪帝名曰“亲政”，但朝中一切大事，都必须向太后“禀白而后行”；稍有违抗，就会横遭制裁。因此，史家说：“光绪帝作为西太后的一个傀儡，才有他存在的意义。不愿当傀儡，就绝不能当皇帝。”

而同是傀儡皇帝的溥仪，相对于他的前任光绪帝，有过之而无不及；不同之处，是他入宫后三天，慈禧就结束了人生之旅，一命呜呼了。当时，慈禧并未料到她会这么快就拉上了人生大幕，直到宣布溥仪嗣位那天，她仍然不想放弃手中的权力。光绪死后不过两个小时，她就吩咐监国的摄政王载沣：“所有军国政事，悉秉承予之训示裁度施行。”就是说，即使当了太皇太后，不便亲自参与政事，她还要通过百依百顺的摄政王的牵线，间接地操控小皇帝。随着太皇太后“归天”，这副摆布傀儡皇帝的担子，便自然地转到了溥仪的父亲载沣的肩上。其实，摄政王也只是个名分，到头来也是一个玩偶，他的幕后牵线人，则是总揽军政大权的野心家袁世凯。就这样，这个无知无识、浑浑噩噩的小皇帝，糊里糊涂地当了三年政治玩偶，而后又糊里糊涂地被赶下台，退了位。

当事人还清晰地记得，光绪三十四年十二月初二举行登极大典那天，天气奇冷，年仅三岁的溥仪，被人抬上了太和殿，放在又高又大的皇帝宝座上。由于紧张、害怕，他在龙墩上号啕大哭，连声叫喊："我不挨（待）这儿！我要回家！我不挨（待）这儿！我要回家！"他的父亲、摄政王载沣扶着他，急出了满头大汗，一个劲地劝哄说："别哭，别哭，快完了，快完了！"这番话，曾引起在场的王公大臣窃窃私议，认为太不吉利，乃是"不祥之兆"。民间也流传着顺口溜："不用掐，不用算，宣统不过二年半。"果真，很快他就下台、完蛋了；而后便真的回到了老家——他的出生地醇亲王北府。

当时，根据"清室优待条件"，"大清皇帝辞位之后，尊号仍存不废。中华民国以待各外国君主之礼相待"，仍然留在紫禁城里过着异化了的帝王生活。但"光复故物"、"还政于清"的复辟活动，却在暗地里酝酿着、筹划着，由王爷、师傅、内务府大臣们指导着溥仪去扮演这种角色。"但是后来我逐渐地明白"，溥仪回忆说，"实现复辟理想的实际力量并不在他们身上，连他们自己也明白这一点。说起来滑稽，却是个事实：紫禁城的希望是放在取代大清而统治天下的新贵们的身上的。第一个被寄托这样幻想的人，正是引起紫禁城愤愤之声的袁世凯大总统"。

其实，这种寄托也是大谬而不然的。袁世凯惦着复辟倒是不假，但他想的却是自己当皇帝。只是，好景不长，仅仅八十三天，还没等龙墩坐热乎就被气死了。继任民国大总统的是黎元洪，段祺瑞出任国务总理。于是，紫禁城里的“小朝廷”又派人前去祝贺，寄希望于新的权贵。黎元洪也派了代表答谢，并将袁世凯要去的皇帝仪仗送回了紫禁城，“小朝廷”的内务府又开始活跃起来，拟旨赐谥法、赏花翎顶戴，又授什么“南书房行走”，又给太妃们选秀女，忙得个不亦乐乎。而在国民政府那面，两巨头之间的矛盾逐渐趋于激化，军阀割据、纷争，日甚一日。

在这种形势下，一向效忠清王朝的北洋系军阀、直隶总督北洋大臣张勋等人，认为皇清复辟的时机已到，遂于1917年（民国六年）6月14日，以调停为名，率领三千名“辫子兵”进驻北京，康有为也不甘寂寞，赶忙化装成乡下老头，揣上事先拟好的复辟诏书，潜入了紫禁城。于是，一场复辟清王朝的闹剧开演了。

伴随着“宣统”年号宣告恢复，溥仪便又重新登上了皇帝宝座，颁发了一系列封官授爵的诏书。当时北京城里，一片乌烟瘴气，警察们通知各户悬挂龙旗，居民们一时找不到，就用纸糊的来应付；一些遗老遗少纷纷放下了头上已经盘起的辫子，找出压在箱底的蟒袍，或者到估衣店里租买，然后匆匆赶到皇宫，准备入朝受封承赏。结果，满街上奔走的都是一些仿佛“从画上走出来的人物”，到处是拖着辫子的袍袍褂褂，花翎顶戴。报纸出版了报道复辟消息的“号外”。只是，这场闹剧开场突然，收场也快，不到十二天，宣统皇帝便又被赶下了台。

三

尔后，溥仪又是昏天黑地、纸醉金迷地混了几年。直至1924

年11月5日，民国政府修正了清室优待条件，其中重要一款是“即日移出宫禁”。这样，溥仪连同他的“小朝廷”便被冯玉祥的国民军驱逐出紫禁城，回到了他的出生地、由国民军把守着的醇王北府。

据溥仪自己讲，当时，他面临着三种出路可供选择：一种是按照新的《条件》规定的，放弃帝王尊号，抛开固有的野心，做个仍然拥有大量财宝和田庄的“平民”；二是争取“同情者”的支援，取消国民军新订的条款，全部恢复袁世凯时代的旧的优待条件，或者“复号还宫”，重新返回紫禁城，仍然过着原来那样的生活；三是走最曲折的路线，“借助外力以谋恢复”。最后，在“亲日派”的怂恿和支持下，他作出了第三种选择，被野心勃勃的日本关东军物色为理想的傀儡角色。

这时的溥仪，已经步入青年时期。为了实现这“第三种选择”，他从走进北府大门那天起，一直到离开天津去东北之前，日夜筹划着“借助外力以谋恢复”，可说是殚精竭虑，费尽心机。而日本关东军以武力强占了我国辽东之后，也正在加紧策划建立傀儡政权。在日本人看来，要侵占中国，必须先物色一个政治傀儡以为“遮羞布”。这叫做“欲渡河而船来”，于是，二者珠胎暗结，一拍即合。

当时，溥仪的周围活跃着几派势力：有以旧臣陈宝琛为首的“还宫派”，有以罗振玉为首的寄希望于外国、主要是日本的“联日派”，也有的主张联络、收买军阀，即“用武人”一派。这里既有前清的遗老，也有民国的政客，包括了各色人等，当然，中心人物还是溥仪自己。“联日派”中有两个人起了特殊作用：一个是做过清朝驻日本神户领事、深得溥仪信任的郑孝胥。起先他并不属于某一派，好像哪一种主张他都考虑过，也曾赞成，又曾反对，因而遭到各派人士的排斥，弄得“姥姥不喜欢舅舅不爱”。但当他拿定了投靠日本人这一主意之后，由于他的才能、魄力与老谋深算，一切反对派就都不是他的对手了。另一个人是罗振玉。他曾长期居留日本，与日本人有着特殊的关系。这两个人原本是相互对立的，现在，共同的目标把他们联结在一起。经过他们从中斡旋，最后在日本关东军策划与操纵下，于1932年3月9日，溥仪傀儡登场，就任了伪满洲国执政，两年后改称“满洲帝国皇帝”，前后历经十三年，算是过足了一把“皇帝瘾”。

但是，日本人并没有做出帮助他恢复大清王朝的承诺，只是让他以“满洲国”的“康德皇帝”的身份充当关东军掌上的玩偶。完全秉承主子的意旨，溥仪在“建国十年诏书”中宣称，“仰赖天照大神之神庥，天皇陛下之保佑”，“奉天承运之祚，垂统无穷，明明之鉴如亲，穆穆之爱如子”。“宜益砥其所心，励其所志，献身大东亚圣战，奉翼亲邦之天业，以尽报本之至诚”。这“如亲”、“如子”，正画出了儿皇帝的嘴脸；而“亲邦”云云，则源于梅津美治郎的谕示。他曾责令下属训导溥仪：须知“日本是父亲，满洲国是儿子，所以当称日本为亲邦”。既然是父子关系，那么，整个伪满洲国政权，就应由日本关东军控制，各级伪职皆由关东军各级军官兼任；溥仪的所有对外讲话，事先都要由关东军拟稿，然后，一字不差地照本宣科；他的活动范围也受到严格的控制，连走出宫门的自由也没有。

溥仪佞佛，平日供奉一尊佛像，是从紫禁城带过来的。可是，关东军司令官却告诉他，不能信仰这类外国的宗教。日满精神为一体，信仰自然应该同一。日本的宗教就是满洲国的宗教，应当把天照大神迎过来，立为国教。一次，溥仪要去奉天祭祀清朝的祖陵，日本人知道后，立即加以拦阻，理由是他是满洲国的皇帝，并非清朝皇帝。溥仪解释说，他是爱新觉罗的子孙，祭的是爱新觉罗的祖先。不管他如何辩说，最后仍然未获批准。事情竟闹到这种地步，自己的祖宗祭不了，却要把别人的祖宗认做自己的祖宗，溥仪也觉得“此情难堪”。但为了维护一己的地位与人身安全，只能点头称“是”，不敢讲半个“不”字。

十多年间，他由开始时对日本人充满感激之情而变为心中暗藏着不满，再进一步发展为整天提心吊胆，忧心忡忡，唯恐大难临头。就这样，一直挨到1945年日本鬼子投降，他也成了苏军的俘虏，1950年移交中国政府，监押在祖上的龙兴故地——抚顺的战犯管理所，1959年获得特赦。

就溥仪为了重登帝座，竟卖身投靠，甘当异族侵略者的儿皇帝来看，他和五代时的石敬瑭十分相似。石敬瑭借助契丹国太宗皇帝耶律德光的力量，从唐明宗的儿子李从珂手中夺得了皇位，建立了后晋傀儡政权。表面上称做皇帝，但一切都须听命于异族主子。不仅丧失了国格，对契丹俯首称臣，割让“燕云十六州”，每年要向契丹主子进贡三十万匹锦帛，逢年过节要派使者敬送厚礼；而且，还丧失了人格，主动叩拜在耶律德光的膝下，尊之为父皇，而自称为儿皇帝。这一年他已经四十有五，却称只有三十四岁的耶律德光为父皇，真是无耻之尤。

四

玩偶生涯也是一种人生样式。既然叫做“人生”，必然要涉及命运问题，涉及对人生际遇、生存状态、生命价值的追问与反思。这样，问题就出来了：溥仪的“傀儡人生”究竟是怎样造成的？

表面看来，似乎是历史老仙翁对他开了个恶意的玩笑，亦即带有一定的历史偶然性。如同古书上说的，人生譬如一棵树上的花朵，它们被风一刮，纷纷落下，有的通过窗帘，飘到花团锦簇的床褥上，有的经过篱笆，落在臭气熏蒸的粪坑旁边——所谓“飘茵、坠溷”，似乎纯属偶然。扩大而至宇宙万物，看上去，纷繁复杂，茫无头绪，像是杂乱无章的偶然堆积；实际上，内在却有一条因果相续的有序链条，有迹可察，有章可循，存在着一定的规律性，也就是说，都是事物合乎逻辑的发展结果。正如近代著名思想家梁启超所说的，人们遭受的任何际遇和承受的任何后果，都不是无端的，不是突如其来的，其间必有业因。一个人究竟应该承受什么样的命运，完全是由他自造自得、自力自择的结果。应该说，溥仪的三岁登基，冲龄践祚，是身不由己的；但后来的先后两次的傀儡登场，则全部应该由他自己负责。

溥仪确实是有“皇帝瘾”的。当他被逐出紫禁城时，国民军北京警备司令鹿钟麟曾经问他：“溥仪先生，你今后是还打算做皇帝，还是要当个平民？”答复是：“我愿意从今天就当个平民。”“我本来早就想不要那个优待条件，这回把它废止了，正合我的意思，所以，我完全赞成你们的话。当皇帝并不自由，现在我可就得到自由了。”一番话博得了国民军士兵的掌声。谁知，这竟是一通言不由衷的堂而皇之的谎言。他的真实想法，是：“我要‘自由’，我要自由地按我自己的想法去实现我的理想——重新坐在我失去的宝座上。”

1926 年，溥仪与张学良同在天津，他们混得很熟。张学良劝他把身上的皇袍脱掉，辞掉周围的皇室旧臣，说：“你身边那些老臣围着你，就是在揩你的油啊！”张还劝他“到大学去念书，如果嫌南开不方便，可以远走，到美国去念书”。他们每番见面，溥仪老爱打听军队的情况，问这问那，张学良就说：“你打听那玩意儿干什么？你呀，应该好好地做一个平民。你若是老想着当皇帝，早晚会把脑袋混掉。”由于溥仪自有其政治主见，这一切金玉良言，他一句也没有听进去。

他还顽强地固守着“过去那一套”。本来早已离开了帝座，可是，仍然以“万乘之尊”自居，每日接受随侍与遗老们的朝拜。他从小便习惯了别人给他跪地磕头，哪怕是年岁大他十几倍的清朝遗老和亲族中的长辈，他也都安之若素。他在天津张园自设了“行走”办事处，仍然以“宣统皇帝”的身份称孤道寡。往来文书中，凡是遇到他的名讳，还照样坚持“敬缺末笔”。这使人想到《晋书》中那个自称为“太平皇帝”的王始，已经到了临刑受戮的时刻，有人问他的父兄所在，他还不忘摆“冒牌皇帝”的谱儿，说：“太上皇帝蒙尘于外，征东将军、征西将军（兄与弟）为乱兵所害。惟朕一身，独无聊赖。”实在是堪笑又堪悲的。

五

在溥仪的脑子里，有个根深蒂固的观念，就是只有“祖宗”，而没有“祖国”。他的理论是“我在，即大清在”，“我就是国家和大清的化身”，这样，临死时才有资格、有勇气喊上一声“太祖高皇帝万岁”。溥仪后来回忆，在他被驱逐出紫禁城之后，有一次，骑车来到故宫的筒子河边，突然想起了紫禁城里的龙墩宝座和明黄色的千重宫殿，顿时，复辟和复仇的欲望一齐涌上了心头，“不由得心如火烧，我眼里噙着泪水，心里发下誓愿：将来必以一个胜利君王的姿态，就像第一代祖先那样，重新回到这里来”。为了实现复辟的愿望，他曾采用过拉拢军阀、收买政客、任用客卿等多种手段；当这些全然不见功效之后，日本人便开始在他的心里占据了重要位置。

据他自己讲，自从出宫进了北府，就不断地得到日本人的“主动关怀”，亲切照应，从而增长了对日本人的信赖。随着时日的增加，这种信赖在脑子里潜滋暗长着；到了天津之后，更是一天天地膨胀、发展、成熟，直至把日本人看做实现未来复辟的唯一可能依靠的力量。这是他投靠日本人、甘当汉奸与儿皇帝的心路历程和思想根源。

他自己多年的阅历，特别是蒋介石的发家史，以及孙殿英东陵盗墓的诸多实例，使他坚定了一条信念，就是欲求成事必须手握兵权。因此，他决定派遣身边最信任的亲族子弟去日本学习军事。在他的弟弟溥杰东瀛投军之后，他曾写过这样一首诗：“久欲奋双翼，继游于东方；奈为俗营牵，日夜交彷徨。勾践志报吴，薪卧兴胆尝。”他把自己比作勾践，流露出强烈的复辟愿望；而把希望寄托在东方的日本人身上。

“九·一八事变”对于中国人民来说是一场大灾难，可是，在溥仪看来，却是他重圆皇帝梦、开启新纪元的良机。他认为，满洲是他祖上的龙兴之地，当年进军关内、跃马中原、完成统一华夏的伟业，正是从这里起步的。他也要据此而重兴祖业，再造家邦，因而急于要同日本特务头子土肥原取得联系，以便早日出关，赶赴东北。郑孝胥劝他不必着急，日本人肯定会主动找上门来的。果然，像卡夫卡所说的，“一只笼子正在寻找一只鸟”，关东军很快就派人来与之接洽，表明他们对他的浓厚兴趣；说他们进军东北“完全没有领土野心”，是诚心诚意要帮助他“在满洲建立新的友好政权”。而他则主动给日本陆军大臣南次郎写信，宣称：“我朝以不忍目睹万民之疾苦、将政权让与汉族，今者欲谋东亚之强固，有赖于中日两国提携，否则无以完成”，主动向日本侵略者输诚相与，卖身投靠。那些天里，他兴奋异常，夜不成寐，“心里盘算着复位的时间，想象着登基大典的场面，越想越高兴，浑身的血液都像沸腾了起来”。

十四年间，在东北人民的反抗、痛骂、怨恨和呻吟声中，他为了满足复辟的欲望，驯顺地为日本主子效劳，按照日本侵略者的要求，签订了丧权辱国的《日满密约》，内容包括：“将满洲国的国防及维持治安权委托于日本；日本军在国防上认为必要时，得以管理满洲国的铁路、港湾、水路和空路等，并得增设；对于日本军所需的各种设备，满洲国须加以援助；推荐日本的贤达之士为满洲国参议。”这样，从经济到军事，从治安到国防，从设备到人事，从天上到地下，日本主子通过他的手拿走了一切想要攫取的东西。而他所得到的酬劳，就是在洋爸爸的卵翼下当个屈辱的儿皇帝。

在那水深火热的政治旋涡里，他把自我、尊严、灵魂、气节丢失净尽，包括普通人的正常生活与人生乐趣，通体罩上了凄怆、惨淡与悲凉。诚如元人姚燧在散曲《醉高歌·感怀》中所咏叹的：

荣枯枕上三更，傀儡场头四并。
人生幻化如泡影，哪个临危自省！

人类社会是一种强调重量的空间，在这个空间里，重量与价值同构。因此，太史公有“死或重于泰山，或轻于鸿毛”之说。

其实，生，更是如此。那类傀儡人生，虽说也同样阅历了春花秋月，经受过七情八苦，但其实质，却是一种没有重量的生存。从这点来说，这种“生”岂不是真正意义上的“轻于鸿毛”！